DANS LA MEME COLLECTION :

Georges Barbarin : *Le Livre de la mort douce.*
Claude Darche : *Initiation pratique au Tarot.*
Nerys Dee : *Comment interpréter vos rêves.*
Melita Denning & Osborne Phillips : *La Visualisation créatrice.*
Yves Gaël : *Talismans dévoilés.*
Judee Gee : *Comment développer votre intuition.*
Josephine Harper et Michael Miller : *Comment développer votre énergie psychique.*
Paul-Clément Jagot : *Comment développer votre magnétisme personnel.*
Paul-Clément Jagot : *L'Influence à distance.*
Paul-Clément Jagot : *Méthode pratique de magnétisme, hypnotisme, suggestion.*
Paul-Clément Jagot : *Théorie et pratique de l'hypnotisme.*
Philippe Kerforne : *Hypnose et autohypnose.*
Jean-Pol de Kersaint : *Toute la numérologie.*
Jean-Pol de Kersaint : *Tout par la radiesthésie.*
René Lacroix à l'Henri : *Manuel de radiesthésie.*
Joanne Leslie : *La Cartomancie pour tous.*
Antoine Luzy : *La Radiesthésie moderne.*
Michel Nicole : *Initiation au magnétisme curatif.*
Papus (Dr Gérard Encausse) : *La Réincarnation. Ce que deviennent nos morts.*
Papus (Dr Gérard Encausse) : *Comment on lit dans la main.*
Kurt Tepperwein : *Méthode de training mental.*

Comment développer votre intuition

collection « **Initiation** »

L'AUTEUR :

Née en 1956 en Australie, Judee Gee est clairvoyante formée professionnellement et psychothérapeute. Vers la fin des années 70, elle commença à Sydney ses études en médecine chinoise et en naturopathie, puis les poursuivit aux Etats-Unis, dans la baie de San Francisco, où elle étudia puis enseigna le développement de l'intuition et la guérison psychique et fut diplômée de l'*Heart Song Institute for Psychic Development* de Berkeley.

Formée durant les années 80 au rebirth, thérapie de la respiration, au massage profond et à l'astrologie humaniste, elle s'installa à cette époque en tant que psychothérapeute praticien aux Etats-Unis puis en Australie et enseigna une formation de rebirth, gestion du stress et vision intérieure. En 1988 elle vint en France et s'établit en Haute-Savoie où elle continue de développer ses activités professionnelles.

Fondatrice et directrice de « l'Ecole de l'Intuition », elle voyage dans toute la France pour enseigner le développement de l'intuition et autres techniques de guérison psychique et spirituelle. Elle dirige également une formation professionnelle de thérapeutes en rebirth : « A cœur ouvert », synthèse d'intégration émotionnelle privilégiant le corps, de transformation psychologique et d'évolution transpersonnelle.

Elle crée, en collaboration avec Jean-Louis Abrassart, « l'Ecole de la Lumière » : mouvement spirituel pour l'évolution et la méditation dont les enseignements sont des transmissions de guides spirituels reçues lors de séances de channeling. Les « Enseignements de la Lumière » sont transmis et pratiqués comme faisant partie intégrante du développement spirituel.

Elle est créatrice et productrice des cassettes de méditations intitulées *Visioning* (1986) et de *Journey for a Healing Heart* (1987).
Elle est également l'auteur du livre : *Le Pouvoir de l'Intuition* (Editions Recto-Verseau, Suisse 1989).

Judee GEE

Comment développer votre intuition

L'éveil de votre être intérieur

Edition sous la direction d'Aline Apostolska

Traduit de l'anglais par Véronique Groux de Mieri,
en collaboration avec l'auteur

Editions Dangles

18, rue Lavoisier
45800 ST-JEAN-DE-BRAYE

ISSN : 0763-8566
ISBN : 2-7033-0428-5

A mon fils Graham qui, durant ses premières années, fut obligé de me suivre dans mon chemin et dont la présence m'a appris sur l'amour, la sagesse et la voie de l'authenticité plus qu'il ne pourra jamais l'imaginer.

A tous mes clients et mes étudiants dont la présence m'a permis de développer ma propre intuition, merci pour votre confiance et votre accompagnement sur ce chemin.

Remerciements

La gratitude est un nectar qui nourrit véritablement le cœur. En arrivant à la fin de ce projet, je comprends plus profondément combien l'écriture est une aventure solitaire. Il est nécessaire, afin de créer l'état intérieur que requiert l'accomplissement de cette tâche, de se couper de tout pour ne garder que les aspects indispensables du quotidien. La gratitude que j'éprouve dans mon cœur est destinée à tous ceux qui font partie de mon existence et qui, chacun à sa manière, m'ont aidée dans cette tâche.

Pour m'avoir aidée à réaliser ce livre,

Je suis profondément reconnaissante envers Jean-Louis Abrassart, mon compagnon dans la vie et mon frère dans la Lumière, qui m'a encouragée depuis le début et m'a aidée à traverser les moments difficiles même si cela impliquait de sacrifier d'autres projets importants. Je le remercie pour son esprit généreux, pour son engagement dans ce chemin et pour la force de ses convictions qui m'ont aidée à clarifier ma propre vérité.

A Véronique Groux de Mieri, mon amie et la traductrice de l'édition française, avec ma gratitude pour sa capacité à percevoir l'essence du message et à le retransmettre, pour son professionnalisme, pour son diabolique sens de l'humour et pour sa complicité tant appréciée dans notre projet de collaboration.

Avec ma gratitude et mon amour pour ces personnes qui me sont chères et avec qui j'ai le privilège de travailler :

A Vanessa Mielczarek, pour son aide pour les photographies et pour sa confiance et sa fidélité.

A Gilles Bouilliez, pour sa sincérité et son engagement.

A Michèle Isorez, véritable sœur, pour son honnêteté et son authenticité.

A Alain Roux, pour son amitié et sa présence dans ma vie.

Merci également à Marie-Françoise, « super secrétaire », à Momo, Vanina, Françoise et Ann, pour leur temps, leur aide et leur feed-back sur le manuscrit.

Introduction

Le mystère infini de l'intuition m'a toujours fascinée, et lui donner une existence tangible a été l'une de mes principales préoccupations depuis 1980, année où j'ai découvert l'évidence irréfutable de ma propre intuition à l'*Heartsong School for Psychic Perception* de Berkeley aux Etats-Unis. La révélation de mon don intuitif, rendue possible grâce à l'enseignement que j'ai reçu, transforma profondément – et pour toujours – ma perception de moi-même, des autres et du monde.

Cette découverte fut, en fait, une redécouverte de moi-même. Quand je pense à ma façon d'être avant de découvrir mon intuition, c'est comme si j'avais été fragmentée en de très nombreux morceaux, en de nombreux êtres différents. J'étais perpétuellement en quête de quelque chose que j'avais perdu, de quelque chose de précieux et d'essentiel à mon bien-être et au sentiment que j'avais de moi. Alors que je réunissais lentement les morceaux, me reconstruisais et me souvenais qui j'étais, la réconciliation avec mon intuition réunifia soudainement tous ces éléments pour ne former qu'un tout. La redécouverte de ma capacité à accéder et à percevoir la vérité qui est en moi engendra une profonde guérison dans mon cœur et le sentiment de revenir enfin à moi-même.

J'avais toujours cru que l'intuition était un don réservé à quelques privilégiés et, lorsque je pris conscience que **cette capacité sommeillait en chaque être, attendant d'être éveillée,** cela fut pour moi une fabuleuse source d'inspiration. Je sus immédiatement que j'avais trouvé ma voie, mon chemin. Je sus avec certitude que mon but était d'enseigner le développement de l'intuition autour de moi. Je compris que j'avais «perdu» puis redécouvert ma propre intuition afin de mieux comprendre et de mieux aider les autres dans leur propre processus d'éveil intérieur.

J'aime l'intuition. J'aime son mystère, sa profondeur et sa vérité. Guider les autres est un travail délicat, puissant et béni auquel je participe avec respect et gratitude. Au cours de mes années passées en tant que guérisseuse et psychothérapeute, j'ai compris que les quatre questions qui incitent le plus les gens à s'engager sur un chemin de transformation personnelle et de développement spirituel sont les suivantes :

– Qui suis-je ?
– Pourquoi suis-je ici ?
– Que m'arrive-t-il ?
– Où vais-je ?

Ces questions engendrent la recherche spirituelle, la quête. Lorsque nous commençons à nous poser ces questions, nous débutons le voyage initiatique et notre vie devient le moyen grâce auquel nous explorons et découvrons les réponses à nos questions, lesquelles réponses sont impossibles à trouver avec le seul esprit rationnel. Il se peut que nous commencions à y répondre grâce à un processus logique de déductions rationnelles, mais nous découvrons rapidement que les réponses raisonnables du mental sont linéaires, limitées et ne possèdent ni profondeur, ni inspiration. Nous sommes obligés, afin d'explorer les réponses possibles, d'aller chercher plus profondément et de revenir à nous-même de façon différente.

Le don de notre intuition est celui du souvenir, de la connaissance et de l'appartenance. L'intuition nous amène à nous poser ces questions, mais elle est une âme aimante et nous fournit les réponses, nous montrant qu'elles ont toujours été là, précieusement protégées jusqu'à ce que nous soyons prêts à les découvrir.

L'intuition constitue notre droit de naître, un droit de naissance béni, l'existence du divin incarné dans notre forme physique. Grâce à elle, nous pouvons trouver notre place et notre but dans ce monde et réaliser notre plus profond potentiel. Grâce à notre intuition nous pouvons nous réconcilier avec la Lumière que nous percevons grâce à nos sens intérieurs, nous pouvons nous guérir et participer à la guérison des autres et à celle de notre monde, notre « chez nous ».

J'espère sincèrement que la lecture de ce livre vous aidera à recevoir dans votre vie la grâce et les bienfaits de votre intuition.

Novembre 1994,
Clermont (France).

PREMIERE PARTIE

L'intuition : le droit à la naissance de chaque être

CHAPITRE I

Qu'est-ce que l'intuition ?

1. L'intuition est un don

L'intuition est une capacité mystérieuse, puissante et subtile que chaque être humain possède et peut développer. C'est un don avec lequel nous naissons, une capacité innée. Nous pouvons choisir de l'ignorer ou de la suivre, de la négliger ou de la nourrir.

La fonction intuitive n'est pas impérative à notre survie, mais elle tient une place extrêmement importante dans notre bien-être physique, notre expression créatrice et notre capacité à nous comprendre, à comprendre les autres et l'expérience de la vie elle-même. Sa définition, d'après l'*Oxford Dictionary,* est : « Perception rapide de la vérité sans attention consciente ni raisonnement. Connaissance intérieure. Connaissance ou ressenti instinctif... »

L'intuition, de par sa nature, n'est pas une fonction de l'esprit conscient. Elle est « rapide », « sans raisonnement », sans pensée « consciente ». Elle jaillit d'une source plus profonde que celle de l'esprit rationnel et linéaire. Avec notre intuition, nous pouvons percevoir la vraie nature, le véritable état d'une personne, d'une situation ou de nous-même. Cette perception, cette compréhension vient de l'« intérieur » de nous ; elle s'apparente à l'instinct et au ressenti.

2. L'intuition est conscience

L'intuition est reliée au fonctionnement du subconscient, de l'hémisphère droit imaginal de l'esprit, qui opère d'après une perspective globale et unifiée. Mais l'intuition n'est pas une fonction du subconscient. La perception intuitive est une fonction de la conscience de l'être, agissant par le biais de l'esprit et des niveaux conscient et subconscient de la conscience mentale. Elle jaillit d'une source plus profonde que celle du mental, même si ses messages sont reçus et intégrés par l'esprit subconscient et traduits par l'esprit conscient.

3. L'intuition est présence et lucidité

Afin de mieux comprendre l'intuition, nous pouvons la considérer par rapport à l'instinct et à l'intelligence. Si nous imaginons que l'instinct est une fonction de la conscience du corps et l'intelligence une fonction de la conscience de l'esprit, nous pouvons alors considérer l'intuition comme une fonction de la conscience de l'âme et de l'esprit de l'être humain.

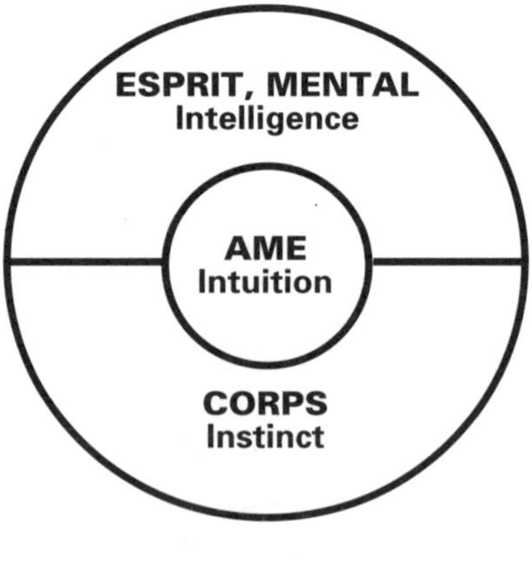

Instinct, intelligence et intuition.

L'intuition est l'expression de la conscience de l'âme. C'est dans l'âme que se trouve la sagesse profonde de l'être humain, ce qui est immortel dans cet être, dont les origines sont dans la Lumière et qui n'a jamais perdu le pouvoir de se connecter sur une plus large vision du monde et sur une vérité plus vaste.

4. L'intuition, l'âme et l'esprit

Au-delà de notre personnalité, de notre dimension d'être humain en tant que corps/esprit, nous existons avant tout en tant qu'être. L'être est fait d'une âme et d'un esprit, et ce sont la présence (l'âme) et la conscience (l'esprit) de cet être qui animent le corps/esprit de l'être humain.

L'âme est la manifestation de la nature féminine de notre être, c'est elle qui cherche à entrer en relation, à comprendre la signification des choses, à entrer dans le ressenti et la fusion. L'incarnation dans un corps humain lui donne la possibilité de vivre une grande diversité d'expériences terrestres et d'accumuler progressivement la sagesse qu'elle en retire. L'évolution s'accomplit avec le temps, grâce aux interactions de l'âme avec d'autres êtres vivants. Au cours de nos incarnations successives, nous sommes confrontés à de nombreux défis dont nous tirons des leçons et qui nous permettent de développer des qualités ; c'est ainsi que nous apportons à notre âme la diversité d'expériences dont elle a besoin pour devenir un Etre réalisé.

De nature féminine, l'âme reçoit, absorbe et intègre les expériences de son existence dans une structure où prédominent les sensations et les sentiments. Réceptive et passive, elle découvre sa nature dans le reflet de l'autre ; l'âme étanche sa soif d'évolution et de réalisation en embrassant les leçons que la vie lui apporte. Etant certaine de son immortalité, l'âme peut aller loin dans sa recherche d'expériences diverses. Le but de l'âme est la sagesse, et c'est à travers la relation qu'elle y parvient. Le monde des émotions et des sensations reste son domaine, et c'est dans le monde intérieur de nos émotions et de nos sensations que nous pouvons nous relier avec sa profondeur.

L'esprit est la manifestation de l'aspect masculin de notre être. Il est pure conscience, lucidité incarnée. Détaché de nature, l'esprit observe, perçoit et reste témoin. Tout en étant présent et disponible au processus de la vie qui se déroule, il garde cependant une certaine distance par rapport aux événements. L'esprit perçoit la vie avec distance, avec la vision globale d'un être conscient de ses origines, de sa nature originelle et de sa relation avec la source de toute vie. L'esprit est conscient de sa nature divine et de son immortalité. D'essence masculine, il est expressif, dynamique et actif. Il génère et crée, pénètre le monde de la matière avec la vitalité charismatique de sa présence. L'esprit perçoit la réalité avec profondeur et lucidité, et agit dans le monde avec certitude et pure puissance. Les qualités de l'esprit trouvent leur expression dans la conscience de l'esprit et dans l'action des pensées sur le monde de la matière.

C'est la présence de l'âme et de l'esprit, incarnés sous forme humaine, qui donne naissance à notre fonction intuitive. L'intuition est à la fois le moyen grâce auquel notre être perçoit la réalité et celui avec lequel il peut agir et entrer en interaction avec cette même réalité.

Notre être intuitif est notre être le plus évolué, notre être supérieur, à la fois conscient et lucide. L'être intuitif perçoit les actions de la personnalité (corps/esprit) dans le monde et observe les expériences de la vie avec lucidité et attention. Si nous désirons comprendre les dynamiques qui nous habitent, saisir celles d'une autre personne ou d'un événement – et cela avec la profondeur et les prises de conscience de notre intuition – nous devons être capable d'entrer en contact avec cet être pour pouvoir recevoir les prises de conscience de ses perceptions.

5. L'intuition, notre guide intérieur

Notre intuition nous aide à nous connaître, à nous comprendre et à connaître et comprendre le but de notre vie. Elle joue le rôle de guide en nous aidant à développer notre plus haut potentiel créatif. Elle nous montre la voie et nous encourage à toujours plus nous développer, à explorer plus profondément, à nous découvrir et nous connaître plus pleinement.

Il est sain et naturel d'être capable de percevoir profondément la véritable nature de la réalité qui nous entoure. Il est naturel d'être capable de comprendre comment les gens, les situations et les événements existent les uns par rapport aux autres. C'est notre droit de naissance de percevoir notre juste place dans le monde et de comprendre la contribution créative et personnelle que nous pouvons apporter dans notre vie.

Avant de pouvoir bénéficier pleinement de notre intuition, nous devons être capable d'entrer en contact avec elle, pouvoir reconnaître sa façon de fonctionner et apprendre à communiquer avec elle. Nous devons entrer en relation avec elle et entretenir cette relation. Avec le temps, et en y étant attentifs, nous pouvons apprendre comment elle nous transmet des vérités et des prises de conscience, et nous pouvons comprendre plus clairement comment nous pouvons les recevoir et les traduire.

6. Les quatre expressions de l'intuition

Bien que le fonctionnement de l'intuition soit personnel à chacun, elle possède quatre principaux moyens de nous transmettre ses messages, qui sont :

– Le *clairsenti* (ou le ressenti) : sentir clairement.
– La *clairaudience :* entendre clairement.
– La *clairvoyance :* voir clairement.
– La *connaissance :* perception directe.

a) Le clairsenti

Le *clairsenti,* ou littéralement « sentir clairement », consiste à recevoir l'information intuitive sous forme de sensations physiques ou d'émotions. L'information peut alors se présenter sous la forme d'une réaction ou d'une réponse instinctive qui déclenche un changement ou un mouvement physique notable. Cette réaction peut également être perçue de façon plus subtile en agissant sur le monde de nos sensations physiques. Votre être intuitif peut communiquer avec vous en créant des sensations dans votre corps physique (sensations de chaleur, de froid, de picotement, de tiraillement, de serrement, de détente…) qui vous indiqueront quelque chose de significatif si vous y faites attention et en êtes conscient. Le *clairsenti* est l'expression la plus fréquemment empruntée pour reconnaître et comprendre le fonctionnement de l'intuition. C'est grâce à lui que vous « sentez » l'état émotionnel de quelqu'un, que vous « comprenez » ses douleurs, sa joie, sa souffrance. Votre *clairsenti* est à l'origine de la sensation d'abattement que vous pouvez ressentir après avoir côtoyé un ami déprimé ou de l'amélioration de votre moral après avoir passé quelque temps en compagnie d'un ami plein d'enthousiasme et de projets pour son avenir.

Votre *clairsenti* vous permet de « sentir » une situation ou de « comprendre » une atmosphère. Il vous prévient de la présence d'un éventuel danger afin que vous puissiez vous retirer de la situation ou changer votre comportement afin de l'éviter.

C'est avec votre *clairsenti* que vous contrôlez vos réactions émotionnelles envers les autres et que vous modifiez vos réponses pour maintenir un état d'équilibre et d'harmonie. Avec l'aide de votre *clairsenti,* vous sentez l'état d'esprit de l'autre et modifiez votre comportement pour entretenir un rapport harmonieux. Si quelqu'un près de vous est en colère, il se peut que vous perceviez sa colère par une sensation d'oppression ou de douleur dans votre plexus solaire, ou par une tension au niveau du front ou des mâchoires. Votre corps vous retransmet des informations significatives de l'état véritable de l'autre, qu'il exprime ou non sa colère.

De même si vous êtes stressé ou nerveux, les autres peuvent se sentir épuisés, nerveux ou peut-être même avoir des maux de tête en votre présence. Si vous ne reconnaissez pas dans votre corps les symptômes dus au stress ou à la fatigue nerveuse, les autres peuvent les ressentir avec leur propre *clairsenti,* en entrant en contact et en rapport intuitif avec vous. Moins vous êtes en contact avec vous-même, avec votre état émotionnel intérieur et avec votre corps physique, moins vous pouvez être en contact avec votre *clairsenti.* Plus vous refoulez vos émotions et plus vous êtes physiquement bloqué, plus votre capacité de *clairsenti* est bloquée et refoulée. Plus vous êtes en contact avec votre corps physique et votre propre état émotionnel, plus votre *clairsenti* pourra s'exprimer pour vous dans votre vie.

Quand vous aurez développé votre capacité à ressentir clairement à un niveau intuitif, celle-ci vous apportera une aide inestimable dans toutes les situations de votre vie. Cependant, vous découvrirez peut-être, lorsque vous commencerez à être conscient de cette aptitude, qu'elle engendre en vous confusion et doute à votre sujet ainsi que des difficultés à différencier vos propres sentiments et sensations de ceux d'autrui. Si tel est le cas, soyez particulièrement attentif, lors de votre préparation intérieure, aux exercices d'*enracinement,* de *centrage* et de *création de la frontière personnelle.*

b) La clairaudience

La *clairaudience,* ou littéralement « entendre clairement », est la capacité de recevoir les messages de votre intuition par le biais de vos canaux auditifs. Vous *entendez* l'information. Dans ce mode d'expression, votre intuition vous parle et vous recevez ses messages sous forme de mots. Il se peut que vous entendiez une voix intérieure à la tonalité ou à l'accent particuliers, mais ce peut aussi être une voix qui ressemble à la vôtre… Vous pouvez aussi entendre plusieurs voix, différentes. La *clairaudience* est également connue sous le nom de *télépathie* ou de *communication de l'esprit.* Parfois, il se peut que vous pensiez à quelqu'un et que le jour même vous receviez une lettre ou un coup de téléphone de cette personne, ou bien que vous entendiez intérieurement le nom de la personne qui vous appelle avant même de décrocher le téléphone.

Vous êtes préoccupé par un problème ou une question et êtes en train d'y réfléchir quand vous ouvrez un livre, et là, devant vos yeux, se trouve la réponse, une réponse écrite qui vous donne un conseil utile. Toutes les informations et les conseils que vous recevez de façon auditive sont l'expression de votre *clairaudience* intuitive.

Les signes d'un talent de *clairaudience* peuvent le plus souvent être observés chez les personnes qui possèdent un talent pour la communication. Si vous avez confiance en votre capacité à vous exprimer et dans la vérité de vos paroles, si vous êtes à l'aise en partageant vos perceptions, il est probable que votre intuition fonctionne dans une structure de clairaudience.

Si vous avez tendance à douter de votre aptitude à communiquer, si vous éprouvez de la difficulté à entendre, à écouter les autres et à comprendre ce qu'ils expriment, alors cette fonction est peut-être bloquée. Les affections chroniques de gorge, les tensions dans le cou, les problèmes de dents et de mâchoires et les douleurs du haut du dos sont aussi des indications d'une aptitude de *clairaudience* réprimée. Les exercices qui vous encouragent à parler et à exprimer vos sensations et vos sentiments intérieurs vous aideront certainement à développer votre habileté intuitive et à transmettre la vérité avec des mots.

c) La clairvoyance

La *clairvoyance,* ou « voir clairement », est la capacité intuitive de percevoir la vérité dans une structure visuelle. Lorsque l'intuition opère selon ce mode, nous avons des visions, recevons des images symboliques et métaphoriques et voyons des scènes ressemblant à des rêves prenant toute leur signification après traduction et interprétation.

La *clairvoyance* permet de percevoir les énergies subtiles que nous ne pouvons pas percevoir avec les yeux de notre corps physique. Le don de la vision intérieure nous permet de voir au-delà des limites de la matière ; nous pouvons percevoir la structure énergétique subtile de l'univers et ce qui existe entre les particules de la matière. Avec la *clairvoyance,* nous pouvons percevoir le visible et l'invisible ainsi que ce qui relie la structure et le vide. Nous pouvons voir les dessins et les rythmes des situations, des gens, des relations et des événements. En regardant en l'autre, nous pouvons voir le cheminement de ses expériences passées et son état d'être présent ; nous pouvons percevoir ses types de comportements, ses habitudes émotionnelles et ses systèmes de croyance.

La *clairvoyance* nous offre le cadeau de la grâce artistique, le goût des formes, des courants et de la couleur. Le monde intérieur de l'imagination est relié à la fonction clairvoyante, tout comme le sont les rêves et les phantasmes.

Si vous possédez une imagination riche et souple et si vous exprimez votre talent artistique sous forme visuelle, si vous pouvez percevoir les schémas sous-jacents en vous-même, chez les autres et ce qui se passe « derrière » leurs actions ; si vous pouvez également percevoir leurs besoins et leurs motivations profondes, vous faites l'expérience de votre *clairvoyance.*

Si vous trouvez les techniques de visualisation difficiles, si vous éprouvez des difficultés à vous souvenir de vos rêves et à utiliser votre imagination et si vous avez tendance à ne pas voir les choses « arriver dans votre vie », cette capacité est probablement bloquée en vous. Les problèmes oculaires et les maux de tête dus à des tensions peuvent également indiquer un refoulement du potentiel de votre vision intérieure. Les techniques qui vous aident à vous enraciner, à vous centrer et à avoir confiance vous aideront à établir une base pour redécouvrir votre capacité à voir dans votre monde à la fois intérieur et extérieur. Les exercices de visualisation et ceux qui insistent sur votre capacité à être détaché et à rester témoin, vous aideront à trouver votre véritable centre et à acquérir de plus en plus de confiance en vos perceptions intuitives.

d) La connaissance

Ce quatrième aspect de l'intuition fonctionne de façon totalement unique, c'est la *perception directe.* Avec notre conscience intuitive nous savons soudainement que quelque chose est vrai sans pour autant percevoir comment nous pouvons le savoir. La perception directe opère au-delà des trois autres modes d'expressions de l'intuition : nous sommes confrontés au défi de faire confiance aux informations que nous recevons, même si nous ne recevons pas d'autres évidences visuelles, sensorielles ou auditives. Pour que cette capacité nous soit accessible, nous devons progresser en conscience et en confiance en nous. Nous devons être prêts à accepter d'agir d'après les conseils que nous recevons en ayant totalement confiance en eux, convaincus qu'ils sont justes et appropriés.

Lorsque nous fonctionnons à ce niveau de perception intuitive, notre vie devient une continuelle expérience créative de confiance, de communion et de sentiment d'appartenance globale. A ce niveau, nous réalisons que nous sommes liés de manière intrinsèque à l'Intelligence créatrice de notre univers et que nous pouvons prendre part à l'expression de cette Intelligence.

Quand nous vivons notre *connaissance,* nous comprenons que nous sommes par nature des êtres illuminés. Tout ce qui existe, a existé et existera est accessible à notre conscience en éveil. Le temps n'opère plus de la façon linéaire qui nous est habituelle lorsque nous fonctionnons avec notre esprit logique et rationnel. A ce niveau de conscience, le concept de séparation disparaît, tout simplement, et nous devenons capables de percevoir l'absolue perfection de l'ordre chaotique de l'univers et sa façon joueuse de nous révéler ses mystères.

Nous comprenons et nous acceptons intuitivement la vérité de nos perceptions. Nous comprenons que nous créons nos conceptions de la réalité dans les limites de nos attitudes et de nos systèmes de croyance et que, par conséquent, nous possédons la capacité de transformer ces limites selon nos choix et notre libre arbitre.

Il peut être utile et encourageant de se souvenir que nous sommes tous capables de fonctionner à ce niveau de perception et de conscience intuitive. Nous sommes nés avec cette capacité, **c'est notre état d'être naturel.** Notre être intuitif attend de nous guider vers cet état.

7. L'intuition, catalyseur d'évolution personnelle

L'intuition est notre connaissance intérieure, la sagesse de notre âme. Lorsque nous savons quelque chose avec notre intuition, nous le savons avec nos os, avec notre cœur ; c'est une connaissance, une certitude qui résonne dans l'ensemble de notre corps/être.

Apprendre à accéder à notre capacité intuitive innée nous permet d'accéder à notre vérité ainsi qu'à celle des autres. Si nous demandons à notre intuition de nous montrer quelle est la direction la plus juste pour nous, la vérité d'une situation, elle répondra à nos questions, nous indiquant quel est le juste chemin à suivre dans chacune des situations auxquelles nous sommes confrontés. Connaître la vérité d'une situation et en comprendre la dynamique nous procure un certain avantage. Mais sommes-nous prêt à agir d'après cette vérité ? Sommes-nous prêt à suivre la vérité que nous percevons grâce à notre être intuitif ? Si nous ne suivons pas ces conseils, nous n'en tirerons aucun bénéfice.

a) L'intuition et le risque

Trouver le courage de suivre les conseils que nous offre notre intuition peut constituer un **défi exigeant.** Développer l'assurance et la confiance en elle demande du temps et un véritable engagement. Nous devons être courageux pour développer notre intuition, parce que nous devons être prêts à prendre un risque : celui d'avoir peut-être tort. Il est difficile d'accepter et de gérer le fait que nous avons peut-être eu tort de faire ceci ou de prendre telle décision, mais si nous ne prenons pas ce risque, nous ne le saurons jamais. Nous sommes ainsi confrontés à d'incessants défis lorsque nous développons notre intuition.

Le premier de ces défis est d'entrer en contact avec notre intuition. Le second est de savoir comment vivre avec : comment partager notre intuition et comment y rester fidèle par rapport aux personnes qui nous entourent. Le troisième défi est de retirer un bénéfice de l'existence de notre intuition.

Qu'avons-nous à gagner en développant notre intuition ?

Imaginons qu'il vous soit devenu nécessaire de commencer à utiliser votre intuition. Vous êtes conscient que cet aspect de vous-même est jusqu'à présent resté endormi. Vous vous êtes terriblement négligé mais, aujourd'hui, vous aimeriez vous réveiller et commencer à partager cet aspect de vous-même avec le monde. Qu'avez-vous à y gagner ? Vous ne vous réveillerez pas si vous n'avez rien à y gagner, c'est normal. Il est douloureux de se réveiller. Il est plus facile de rêver et de rester confortablement enveloppé dans une illusion qui nous rassure. Se réveiller est un défi, devenir conscient est un défi, devenir lucide est un défi. Qu'avez-vous donc à gagner en développant votre intuition ?

b) L'intuition et l'engagement

Si vous vous engagez véritablement dans votre intuition, vous évoluerez plus profondément, plus à fond, et aurez plus de lucidité par rapport à votre processus d'évolution personnel. Vous développerez votre potentiel plus rapidement. Cependant, se transformer et évoluer n'est pas forcément facile. Il est de toute évidence plus facile de rester endormi plutôt que de se réveiller et de prendre la responsabilité de sa vie, de soi-même et de la direction dans laquelle on évolue.

Si, cependant, vous êtes fatigué de dormir, d'être une victime, de vous sentir égaré, d'avoir perdu le contrôle et d'être dans un état de confusion, alors développer votre intuition vous servira réellement, vous donnera une ressource vers laquelle vous pourrez toujours vous tourner... Une ressource qui est en vous, qui l'a toujours été et qui attendait patiemment de pouvoir vous guider et de vous servir.

c) L'intuition et le choix

S'engager vers son intuition est quelque chose de profond. C'est un engagement qui vous mettra au défi, intérieurement et extérieurement, de **devenir honnête et authentique.** Cet engagement pourra parfois faire basculer temporairement votre vie dans un état de chaos. Si, en vérité, vous vous sentez bien dans votre vie, si vous êtes sur votre chemin et si vous poursuivez le but de votre vie, alors votre engagement envers votre intuition vous apportera simplement des améliorations et ajoutera à votre existence une dimension de richesse et de profondeur. Mais si vous n'êtes pas là où vous devriez être, où vous pourriez être, si vous ne faites pas le travail qui vous convient vraiment, si vous n'êtes pas satisfait de vos relations intimes ou de votre vie de famille, si vous vous sentez perdu et pas à votre place, alors le fait de développer votre intuition vous aidera à induire des changements dans votre vie. Les changements surviendront parce que c'est ce dont vous avez besoin. Votre être intuitif désire que vous alliez bien, il désire que vous soyez à votre place, au bon moment et avec les bonnes personnes. Votre être intuitif vous guidera toujours vers ce qui est le mieux pour vous, vers ce qui est parfait pour vous.

Cependant, votre besoin profond et véritable peut ne pas correspondre à l'idée conditionnée que vous vous en faites. Si c'est le cas, vous découvrirez que vous avez un problème. Votre être intuitif vous mettra au défi de voir, de sentir et de comprendre plus clairement votre problème. Vous serez mis au défi de régler le problème, de créer des changements concrets dans votre vie. Si dans l'idée conditionnée, programmée, que vous avez de vous-même vous désirez quelque chose alors que votre être profond désire autre chose, vous devrez prendre une décision. Vous aurez le choix… de suivre votre besoin profond, ou de suivre votre désir. Nous avons toujours le choix. Nous avons toujours notre libre arbitre.

Si, par exemple, pour mon déjeuner je désire manger un hamburger alors que le besoin profond de mon corps est de manger quelque chose de plus simple et de plus nourrissant comme une salade verte, je peux manger le hamburger et survivre. Je ne serai pas punie pour avoir suivi mon envie plutôt que mon véritable besoin. J'ai l'avantage de connaître mon besoin, même si je ne m'y conforme pas. Peut-être qu'en suivant mon désir, en y répondant, je le dépasserai un jour. La prochaine fois que je serai confrontée à ce choix, je choisirai peut-être la salade et nourrirai mon besoin plutôt que mon désir.

d) L'intuition et la confiance

Plus vous écoutez votre guide intérieur et plus vous vous laisserez guider par sa sagesse, plus vous aurez confiance en ce qu'il vous apporte comme étant le meilleur pour vous. Mais, pour cela, vous devez **prendre le risque** de le suivre.

Par exemple, vous faites le même travail depuis plusieurs années et ne l'appréciez plus guère, mais vous gagnez bien votre vie… Si vous demandez conseil à votre intuition et que vous obtenez la réponse suivante : « Quitte ce travail… Il ne te nourrit pas en profondeur… Tu n'évolues pas… Sois ouvert à d'autres possibilités… », votre esprit rationnel ne sera probablement pas d'accord avec ce conseil. Il pourra répondre : « Mais si je quitte ce travail, qu'est-ce que je vais faire ? Je le fais depuis 20 ans, j'ai 45 ans, qu'est-ce que je peux faire d'autre ? Pas de travail, pas d'argent… pas d'argent, pas de place… pas de place, pas de reconnaissance sociale… » Pourtant, chaque fois que vous posez cette question vous recevez la même réponse : « Quitte ce travail… quitte ce travail… » Tôt ou tard vous devrez choisir, prendre une décision. Voulez-vous vous sentir bien dans votre vie ? Oui, bien sûr ! Voulez-vous évoluer, explorer ? Oui, bien sûr ! Est-ce votre intuition qui vous pousse à quitter ce travail ou le phantasme névrotique d'un esprit qui s'ennuie et qui gaspille son temps dans un bureau ? Si vous quittez ce poste, que se passera-t-il ? Trouverez-vous un autre travail ou rejoindrez-vous les rangs des sans-emplois, désespérés et misérables, obligés d'accepter n'importe quoi ?

C'est de ce genre de risque dont nous parlons dans le développement de l'intuition. De vrais risques, des risques qui peuvent changer votre vie. Il ne s'agit pas là de faire un choix entre un hamburger et une salade, mais de faire un choix dont l'impact concernera votre vie entière. C'est de cette façon que votre intuition peut vous mettre au défi. Très souvent, trop souvent dans votre vie, vous n'êtes pas là où vous souhaiteriez être vraiment. Vous n'êtes pas satisfait de l'endroit où vous êtes, ni des gens qui vous entourent parce que vous n'êtes pas satisfait de vous-même. Vous ne vous sentez pas nourri en profondeur. Il vous manque quelque chose d'essentiel. Ce sentiment de manque et de perte est un état d'être que de nombreuses – trop nombreuses – personnes connaissent chaque jour.

e) L'intuition et la joie

Il est une chose sur laquelle vous pourrez toujours compter si vous suivez les conseils de votre intuition : vous ressentirez plus de joie dans votre cœur et dans votre vie. Le résultat des changements que vous aurez créés est que vous vous sentirez nourri dans votre profondeur. Alors quand, finalement, vous aurez enfin pris la décision de quitter ce travail, vous vous sentirez libéré, soulagé : « Je l'ai fait, je suis sans travail… mais je me sens bien ! » Le soulagement est une sensation que vous éprouvez intimement, un sentiment de certitude, de justesse. Mais vous devez prendre le risque de le faire pour pouvoir le ressentir. Vous devez mettre votre décision à exécution pour obtenir un résultat.

Il faut beaucoup de courage. Il est difficile de changer, de laisser tomber le passé. Il est encore plus difficile de suivre sa propre vérité. Les autres peuvent en être effrayés, même se sentir menacés si vous suivez votre vérité. Si vous prenez le risque d'avoir raison, d'être juste, d'être vrai et courageux et de suivre votre cœur, vous risquez de menacer la conception que les autres personnes se font de la réalité. Même si elles vous aiment, même si elles veulent le meilleur pour vous, même si elles désirent vous voir heureux, joyeux et satisfait, elles ne peuvent pas vous encourager à suivre votre cœur à cause de leurs propres peurs, de leur propre manque de courage et de leur propre misère. Sans parler de leur peur de vous perdre.

Il faut beaucoup de courage pour appliquer les conseils de son intuition et suivre son chemin.

f) L'intuition et le cœur

Pour réussir sur le chemin de l'intuition il faut avoir l'esprit d'un guerrier, beaucoup de courage, une grande détermination et croire profondément en soi. Vous devez être prêt à vous débarrasser des excédents de bagages que vous portez dans votre vie afin de pouvoir aller de l'avant avec lucidité et légèreté. Vous devez avancer, même si la peur habite votre ventre et la crainte envahit votre mental. Une fois que vous aurez choisi ce chemin vous ne pourrez plus reculer et ne pourrez qu'avancer. Vous pourrez vous arrêter et vous reposer, vous pourrez regarder le passé avec nostalgie et différer votre prochain pas en avant avec les bavardages d'un mental circonspect, mais vous ne pourrez plus reculer.

Pourquoi ? Parce que votre cœur, votre âme et votre sagesse qui s'éveillent et se fortifient ne vous laisseront pas faire. C'est aussi simple que cela. Même si parfois suivre l'esprit du guerrier est un défi difficile et fatigant, la lucidité, la confiance en soi et la reconquête de notre puissance qui en résultent valent la peine d'en faire l'effort. Il n'y a rien de plus enrichissant que de savoir intérieurement que vous avez trouvé votre chemin et que vous le suivez avec l'accord et les encouragements de votre être le plus profond.

Le chemin de l'intuition est celui du cœur, celui de l'âme. C'est un chemin qui **vous ramène à vous-même,** « à la maison ». Dans ce *homecoming* (1), dans ce retour sur vous-même, vous vous souvenez véritablement, de vous, de votre place, de votre but. Dans ce retour à soi vous pouvez redécouvrir la joie de votre cœur, la danse de votre être de Lumière et l'antique sagesse de votre âme. Vous pouvez savoir que vous n'êtes pas seul, que vous n'avez jamais été abandonné. C'est en vous abandonnant, en vous oubliant vous-même que vous avez perdu le sens de vous-même et que vous vous êtes senti abandonné. En revenant à vous-même, à votre cœur intuitif, vous vous ressourcez de la manière la plus profonde qui soit. Vous cessez d'être dépendant des autres en ce qui concerne votre bien-être et vous commencez à en prendre vous-même la responsabilité. En étant librement indépendant vous pouvez commencer à créer des relations de véritable échange, de vrai partage qui nourriront réellement votre vie de joie.

1. *Homecoming* signifie littéralement « revenir chez soi ».

CHAPITRE II

L'intuition, un don inné oublié

1. Nos racines perdues

Si nous considérons les avantages dont nous bénéficions en nous réconciliant avec notre être intuitif, il est surprenant de constater que la grande majorité des humains traverse l'existence sans jamais prendre consciemment le temps de développer une relation avec cet aspect d'elle-même. Préoccupés par la gestion du quotidien, les exigences du travail, de la famille et de l'existence dans le monde matériel, nous avons collectivement relégué le monde intérieur de notre âme, de notre esprit et de notre être à une place de moindre importance.

Nous avons perdu la vérité de ce que nous sommes et, tragiquement, ne sommes même plus conscient d'avoir perdu quelque chose de précieux et de fondamental. Trop souvent en quête de sécurité matérielle et de reconnaissance terrestre, notre sens des valeurs s'est déformé ; nous avons confondu qualité et quantité, et sommes plus préoccupés par notre image que par notre authenticité. Nous avons perdu notre but, nos origines et, par conséquent, nos traditions pour nous guider. Le chemin spirituel autrefois reconnu comme une vocation enrichissante pour le bien-être collectif de la société est, à la fin de notre XXe siècle, réduit à l'état d'indulgence pour les quelques privilégiés capables de se l'offrir, ou à celui d'échappatoire pour marginaux inadaptés incapables de trouver leur place dans un monde dur où règne la compétition. Nous nous sommes séparés de la nature, des rythmes des saisons et même du mouvement de la vie qui coule dans notre ventre. Nous vivons coupé des autres, de nous-même et avons perdu la conscience des mystères qui était l'héritage de notre incarnation.

A force de vivre dans un monde où règnent la peur, la souffrance et la tristesse, nous ne pensons plus qu'il puisse en être autrement. Nous ne pouvons pas imaginer un monde unifié, un monde de paix, en harmonie avec lui-même. Nous sommes collectivement déchus de notre état de grâce et le constatons autour de nous chaque jour.

Nous avons perdu le sens de la communauté et de la fraternité. L'autre est une menace et nous devons nous protéger de sa violence en nous séparant de lui, en nous repliant sur nous-même. Nous avons perdu notre sens de la communion ; nous n'appartenons plus qu'à nous-même et sommes loin de Dieu et de la Nature à qui nous devons pourtant nos origines. Nous avons perdu notre capacité à communiquer, à offrir ce que nous sommes avec des mots et à partager avec notre cœur. C'est que nous avons tant délaissé et avons tant perdu !

Dans notre désir ardent d'acquérir notre indépendance et d'exprimer notre individualité, nous avons commis l'erreur collective de nous couper de nos racines, de notre source originelle. Nous nous sommes séparés de notre propre cœur, de notre être véritable, et nous nous demandons pourquoi nous trouvons le monde tellement cruel et dur, sans cœur et sans âme. Nous sommes confrontés à une crise collective et ne pourrons survivre que si nous nous unissons dans l'intégrité, la fraternité et l'authenticité.

Nous sommes aujourd'hui obligés de revenir à nous-mêmes, de réviser les concepts que nous formons à notre sujet, quant à nos origines et à notre destination. Nous devons réfléchir aux raisons pour lesquelles nous nous sommes séparés de nous-mêmes, des autres, de Dieu et de la Source. Nous devons nous guérir de nos traumatismes du passé et nous donner la possibilité de nous réconcilier avant tout avec nous-mêmes.

2. Comment avons-nous perdu l'intuition ?

Prenons l'image d'un être humain qui n'est pas en contact avec son intuition et qui traverse l'existence sans jamais prendre en compte son être essentiel, sans jamais avoir accès à ses ressources intérieures ni aux qualités indispensable à son bien-être. Dans de telles conditions, il n'est pas surprenant que tant d'êtres souffrent de dépression chronique, de tristesse et de désespoir.

On pourrait rechercher l'origine de l'aliénation de l'humanité, de sa nature originelle et de la grâce Divine dans les mésaventures de l'homme en compagnie d'Eve et de la pomme dans les jardins d'Eden… En cherchant à se connaître, il s'est de plus en plus éloigné de sa vérité fondamentale, mais il trouva cependant de nombreuses réponses au sujet de la structure et de la nature de l'univers physique ; la recherche comportait donc des avantages. Bien que son intention fût bonne, elle était maladroite.

Il n'est pas nécessaire de remonter si loin pour explorer les raisons pour lesquelles nous avons oublié notre être intuitif. Il suffit d'observer la vie et les traditions du monde dans lequel nous vivons pour y trouver toutes les évidences propres à expliquer cette terrible fragmentation de notre intégrité originelle.

3. Le traumatisme de la naissance

La naissance est une expérience violente pour la majorité des enfants nés dans le système médical occidental moderne. Le travail et la délivrance ont de tout temps été physiquement traumatisants pour la mère et l'enfant mais, dans des circonstances naturelles, il suffit de quelques jours de repos pour que la mère et l'enfant récupèrent et retrouvent un équilibre physique, émotionnel et psychologique normal. Le bébé est à même de gérer le stress de l'accouchement, mais l'atmosphère qui entoure sa venue au monde est trop souvent froide, clinique, bruyante et brutale.

L'enfant est enlevé à sa mère, le cordon ombilical est rapidement sectionné et noué, ce qui l'oblige à respirer instantanément et sans transition pour adapter ses poumons à l'air froid qui l'entoure. Le bébé est alors emporté, aspiré, piqué, lavé, étiqueté, mesuré et pesé. S'il a de la chance, on le rendra à sa mère pour qu'elle le prenne dans ses bras et le cajole. Sinon, il peut attendre des heures avant de retrouver la présence sécurisante de sa mère.

L'hôpital est froid, bruyant et les lumières y sont aveuglantes. Bébé est manipulé par des gens qu'il ne connaît pas encore. Il est sensible, vulnérable, innocent et tout neuf. Il ne peut pas parler, mais cela ne veut pas dire qu'il n'est pas conscient. Il est impuissant, mais cela ne signifie pas qu'il ne sent rien.

En fait, il sait tout ce qui lui arrive. Il entend tout, chaque mot prononcé près de lui. Il se peut qu'il ne comprenne pas, mais cela ne veut pas dire qu'il l'oublie. Trop souvent, malgré toute sa merveilleuse beauté et sa sensibilité, le nouveau-né est traité comme un objet hermétique à ce qui l'entoure. Il n'est pas reconnu comme l'être qu'il est en vérité, un être sensible, intelligent, une âme dotée d'une histoire. C'est parce qu'il n'est pas reconnu pour ce qu'il est au-delà de son corps de nouveau-né qu'il en souffrira terriblement.

C'est à cause de l'environnement dans lequel il naît, à cause de l'accueil qui lui est réservé que la naissance est violente.

Si, au cours des précieuses heures de sa venue au monde, l'être qu'est déjà le nouveau-né n'est pas reconnu ni nourri, comment pouvons-nous espérer qu'il conserve intact cet aspect de lui-même. Si nous ne reconnaissons pas l'être divin en lui ni ne l'aidons à le découvrir et à l'entretenir, il oubliera certainement qui il est, comme nous l'avons oublié et comme nos parents l'ont eux-mêmes oublié avant nous.

4. Corps, respiration et blocages énergétiques

Notre venue au monde est inscrite en nous de façon indélébile. De nombreux êtres humains ne guérissent jamais du traumatisme originel de leur naissance. Naître dans la violence, avec l'intervention d'instruments chirurgicaux, dans un environnement aux apparences hostiles, submergé de sensations nouvelles et fortes engendre chez le nouveau-né la peur et même la terreur. L'enfant respire, mais il a peur. Il respire instinctivement pour vivre, mais il est menacé et se trouve dans un véritable état de panique. Il a peur, il est submergé par ce qui lui arrive et ne peut facilement trouver le réconfort dont il a besoin pour se calmer. Sa mère est, au début, sa seule référence. S'il peut se relier à elle, si elle peut le prendre dans ses bras et lui donner le sein, il se sécurisera et commencera à guérir du traumatisme qu'il vient de vivre. Si sa mère n'est pas disponible et qu'il ne peut trouver le réconfort et la sécurité dont il a besoin pour se détendre et respirer naturellement, il se retranchera dans son traumatisme lequel s'inscrira en lui, à un niveau inconscient, jusqu'à la fin de ses jours. Ce traumatisme influencera sa respiration, sa nature émotionnelle et sa structure psychologique.

La peur ressentie dans les toutes premières heures de sa vie déterminera la relation qu'il établira avec son corps, sa respiration et son environnement. Si cette peur n'est ni résolue ni intégrée, il éprouvera envers la vie un réflexe de peur instinctif. Sa respiration sera trop superficielle et trop précipitée, une respiration de stress. Il deviendra nerveux, hypersensible et tendu. Les systèmes circulatoires de son corps auront, à cause de cet état de tension intérieure, de la difficulté à fonctionner efficacement et il ne recevra pas la nourriture physique et énergétique dont il a besoin pour être en bonne santé physique et psychologique.

A cause de ce manque de sécurité psychologique, il lui sera difficile d'avoir confiance en lui, en autrui et en l'existence. Il lui sera difficile de se détendre et de lâcher prise. Il lui sera pratiquement impossible d'imaginer la vie comme une suite d'événements sans heurts, comme un voyage d'évolution. Le monde extérieur ne lui apparaîtra ni amical ni accueillant ; il aura au contraire l'impression de devoir s'en protéger et adoptera une posture défensive et protectrice qui entraînera d'autres blocages physiques et énergétiques. Il lui sera difficile d'avoir une respiration pleine et fluide, ce qui engendrera en lui un sentiment d'aliénation, de séparation d'avec son corps physique.

Privé d'un sentiment de bien-être physique, il lui sera virtuellement impossible d'établir et d'intégrer un sentiment d'harmonie spirituelle et d'équilibre.

5. La famille : traditions, conditionnement, attentes

Depuis notre naissance nous sommes sujets, de la part de nos parents, à tout un lot d'attentes, de projections et de programmations comportementales qui influencent notre développement social et le sentiment de qui nous sommes. Modelés par les idées de nos parents, nous nous conformons inconsciemment à leurs attentes et nous nous comportons comme ils le souhaitent, en acceptant les limites qu'ils nous imposent. Nous sommes élevés pour percevoir le monde avec leurs yeux et par rapport à leur propre expérience. Très souvent, en particulier à l'adolescence, nous sentons que nous devons nous battre contre notre famille pour obtenir le droit de découvrir, d'explorer et d'assumer notre originalité propre. Nous sommes obligés de rejeter les stéréotypes sociaux traditionnels et conditionnés de l'homme et de la femme pour pouvoir découvrir ce que nous sommes vraiment, au-delà de la définition donnée par notre sexe et le corps dans lequel nous sommes nés.

Malgré leurs bonnes intentions, nous nous sentons souvent emprisonnés par le système de valeurs de nos parents. Malgré leur amour pour nous, nous nous sentons limités par la conception qu'il ont de nous et de nos capacités. Si nous restons dans les limites des traditions familiales, nous avons tendance à reproduire inconsciemment les schémas qui ont conditionné la vie de nos parents. En adhérant à leurs attentes, nous conservons une certaine sécurité, mais ce choix signifie que nous ne nous donnons pas la possibilité de découvrir notre véritable potentiel puis de le développer.

6. Le style de vie

On ne nous apprend pas à donner de l'importance à notre bien-être spirituel pas plus qu'à nourrir notre relation avec la nature et la Lumière. Nous sommes, depuis tout petit, conditionnés à rechercher à l'extérieur de nous-même le ressourcement, le divertissement, l'attention et l'échange. Nous n'apprenons pas à réfléchir, à contempler et à méditer. Personne ne nous apprend qu'il est possible de trouver en nous les réponses à nos questions, dans la quiétude de notre être profond. Notre vie est organisée de telle façon que nous ne pouvons trouver le temps de prendre soin de nous. Nous prenons soin de notre famille, de notre travail et de la maison ; trop souvent il ne reste plus de temps pour autre chose. A la fin de la journée, nous nous couchons, épuisés, pour recommencer le lendemain matin. Nous ne trouvons pas le temps de préparer une nourriture complète et équilibrée, ce qui nous fatigue, nous vide et nous décourage. Nous sommes stressés : trop de détails à gérer, trop de bruit, trop de violence, trop d'abus… Nous ne pouvons pas respirer pleinement.

Nous avons besoin de nous ressourcer dans la nature, mais n'en avons pas le temps parce que nous avons trop de choses importantes à faire et que certaines d'entre elles sont urgentes. Nous sommes tous pris au piège du *faire* et de l'*avoir*. Nous ne nous donnons pas le droit d'*être,* alors la spirale du stress continue de tourner. Nous y sommes piégés et n'allons nulle part.

7. L'esprit rationnel et les systèmes de croyance

Ce n'est pas en pensant que nous trouvons les réponses que nous cherchons. Penser nous ramène toujours à notre point de départ. C'est parce que nous sommes dépendants de l'esprit rationnel et logique que nous croyons qu'il est le seul en qui nous puissions avoir confiance pour résoudre nos problèmes et y apporter des solutions. C'est ainsi que nous nous propulsons de plus en plus dans le désespoir. Nous sommes collectivement conditionnés à accorder la priorité à l'esprit logique en toutes circonstances.

A l'école, nous apprenons pendant des heures et des heures à utiliser notre esprit rationnel et à croire en la logique, à l'évidence et au raisonnement scientifique. Nous avons été conditionné à négliger notre hémisphère créatif, puni pour avoir été dans la lune, avoir relâché notre attention et permis à notre imagination de s'envoler. Nous avons appris à croire que notre valeur sociale dépend en grande partie de nos capacités scolaires.

Coincés entre les pressions scolaires et le conditionnement familial alors que nous atteignons la puberté, nous sommes programmés à accepter des systèmes de croyances à notre sujet qui ne nous quitteront probablement plus jusqu'à la fin de nos jours. Eduqués, socialisés puis intégrés au système de la vie moderne, nous vivons notre existence du mieux que nous le pouvons, utilisant les quelques ressources que nous pouvons trouver en nous pour nous aider à traverser les périodes difficiles de questionnement, de doute et de dépression.

8. La religion et les archétypes traditionnels

Nous sommes nombreux à ne pas avoir de religion parce que celle dans laquelle nous sommes nés ne satisfaisait pas à nos critères. Nous sentions que cette expérience religieuse n'était pas ce qu'elle aurait dû être, ou ce qu'elle aurait pu être.

Le Dieu chrétien, qu'il soit catholique, protestant, anglican ou méthodiste, peut difficilement être considéré comme un Dieu facilement accessible. Si nous suivons les enseignements des Eglises, nous sommes obligés de passer par l'intermédiaire du prêtre pour pouvoir avoir accès à Sa présence, à Sa *guidance* (1) et à Sa sagesse.

A cause de l'interprétation de l'enseignement du Christ que nous donne l'Eglise, nous avons souvent appris qu'en tant que peuple nous sommes impurs, ternis et que nous sommes pêcheurs de par notre nature humaine. On nous a inculqué que notre corps physique et notre désir de plaisir sont des tentations du diable qui nous éloignent de Dieu et conduisent nos âmes vers un péril certain. Si nous devions croire ce que nous a enseigné la religion, il ne nous reste qu'un infime espoir de réhabilitation.

La croyance que nous sommes impurs et condamnés à l'exil loin de l'amour de Dieu parce que nous sommes imparfaits est profondément enracinée chez tous ceux qui ont été touchés par certaines confessions. Quoi que nous fassions, nous n'arriverons

1. *Guidance :* terme anglais faisant appel aux notions de conseil, d'aide et de soutien que nous avons décidé de conserver.

probablement jamais à la pureté qu'exigerait de nous un tel Père sévère et catégorique.

L'Eglise nous encourage à prier et nous apprend à avoir confiance en ce qui est bon, juste et miséricordieux. Nous sommes guidés vers le développement de notre foi en l'amour de Dieu. On nous impose des valeurs qui nous aident à vivre en harmonie, coopération et respect avec notre prochain. On nous enseigne l'importance de la communauté spirituelle. On nous rappelle que Dieu existe, même si nous nous sommes éloignés de Lui.

Mais trop peu nous apprennent que Dieu et l'Esprit divin existent aussi *en nous*. Trop peu nous encouragent à chercher Dieu dans la nature et à croire que dans le silence intérieur de notre être, au plus profond de notre cœur, nous pouvons parler avec Lui et recevoir Son amour pour nous guérir chaque fois que nous en avons besoin. Alors, déçus, nous tournons le dos à l'Eglise, ne fermons pas les yeux pour prier et ne méditons pas en présence de notre Dieu intérieur.

9. La négligence

Nous ne pouvons pas dire qu'une personne en particulier soit responsable de l'état de négligence dans lequel se trouve notre bien-être spirituel. Il est difficile de dire avec certitude que le niveau de conscience spirituel de notre société est pire qu'il y a cent, deux cents ou même deux mille ans.

Il est certain que nous ne pouvons tenir nos parents, nos enseignants ou nos obstétriciens pour responsables du fait que nous ne pouvons organiser nos vies de façon à assurer notre évolution personnelle et spirituelle. Pourtant, il ne semble pas raisonnable d'endosser toute la responsabilité et d'en subir la culpabilité.

C'est comme si nous nous étions collectivement plongés dans le sommeil de l'oubli et qu'il nous était extrêmement difficile de reprendre conscience. Nous avons tous pris la mauvaise habitude de la négligence, et croyons sincèrement que c'est là une maladie de notre temps.

10. L'intuition au tournant de ce siècle

Malgré tous ses malheurs et toutes ses tragédies, notre monde demeure une terre pleine d'espoir et de possibilités. Nous avons la chance de vivre une époque particulièrement chargée de dangers mortels et, en même temps, riche en prises de conscience pour l'évolution de l'être humain, pleine de révélations scientifiques, de négociations et de réconciliations politiques. Le tournant d'un millénaire annonce la fin de certaines choses, leur achèvement. C'est aussi le moment de nouveaux commencements. L'humanité fait face à sa mort symbolique qui sera naturellement suivie d'une renaissance.

Individuellement, nous vivons un processus de transformation alchimique dans le monde intérieur de nos pensées et de nos ressentis. Alors que notre siècle approche de sa fin, nous sommes confrontés à la possibilité d'accélérer notre évolution personnelle. Cette « accélération » dans la conscience de l'humanité annonce l'arrivée tant attendue de l'ère du Verseau, que certains nomment le « nouvel âge ». Peut-être cela n'arrive-t-il pas comme nous l'avions imaginé, mais cela se produit tout de même et nous sommes tous entraînés par cette accélération dont les effets se ressentent dans notre monde intérieur, dans notre conscience, autant qu'à travers les multiples événements extérieurs, collectifs ou individuels.

Nous vivons une époque de prises de conscience, de révélations et de découvertes majeures. La possibilité nous est offerte de nous libérer des illusions, des limitations et des souffrances inutiles. Nous sommes confrontés au choix d'une plus grande liberté individuelle. **Nous réconcilier avec nous-même et avec ceux que nous aimons devient un impératif** plus qu'une préférence. Nous nous transformons intérieurement, devenons plus sensibles, plus perceptifs. Notre échelle de valeurs est en train de basculer. Nous recherchons ce que qualité veut dire et essayons de redécouvrir notre intégrité. Il y a de l'espoir pour notre humanité. Nous commençons à comprendre la signification de la responsabilité, de la fraternité et de la solidarité. Grâce à cette mutation, l'humanité donnera un jour naissance à une nouvelle philosophie de vie.

Dans cette structure philosophique, l'intuition retrouvera toute sa place, faite de valeur et de respect. L'individu sera encouragé à développer son intuition, à écouter ses sentiments et à suivre sa *guidance* intérieure. Dès le plus jeune âge, l'habileté de chacun à accéder à sa vérité intérieure et à la respecter sera intégrée dans les programmes d'éducation. L'Etre, avec ses qualités et ses ressources intérieures, retrouvera alors sa place dans le monde.

DEUXIEME PARTIE

La dimension du corps, de l'esprit et de l'être.

Comprendre et transformer notre monde intérieur.

CHAPITRE III

Le corps, temple de l'âme

1. Nous avons oublié notre corps

Le corps physique est l'ancrage qui nous retient à la terre et le moyen grâce auquel nous accomplissons le but de notre vie. Nous pouvons parfois nous sentir restreint par ses limitations et accablé par la densité de cette matière qui contient notre conscience. Nous pouvons aspirer à être libre, à voler et à nous échapper de ce corps qui, loin d'être parfait, vieillit, se ride, s'affaisse, grossit ou maigrit, de ce corps qui semble ne pas pouvoir supporter avec grâce les épreuves du temps et de la gravité.

Quoi qu'il en soit et quels que soient nos critères, notre corps est néanmoins un instrument impressionnant. Si nous prenons le temps de considérer tout ce que nous lui faisons subir durant notre existence, nous ne pouvons que lui être reconnaissant pour sa ténacité et sa loyauté. Considérez le nombre de kilomètres que vos pieds ont parcourus, toutes les images qu'ont vues vos yeux, le nombre de repas que vos dents ont mâchés… Pensez à toutes les actions que vos mains ont exécutées, à tout ce que vous avez touché, tenu, porté, lâché et repoussé. Imaginez le nombre de cheveux qui ont poussé sur votre tête, toutes les respirations que vos poumons ont assurées. Prenez un moment pour penser à votre cœur qui, sans arrêt, bat pour vous et prend en charge votre vie organique même lorsque vous dormez et rêvez.

Nous sommes tous coupables d'avoir à un moment donné et d'une façon ou d'une autre manqué d'égards envers notre corps. Nous sommes, pour la plupart, assez ignorants de notre fonctionnement physiologique et déléguons ce domaine de connaissance aux médecins de ce monde. Ce n'est que lorsque nous tombons malade et que nous souffrons que nous commençons à y penser. Ce n'est qu'à cause de l'inconfort que déclenche la maladie que nous acceptons de changer nos habitudes physiques et alimentaires. Le fait est là, et il est triste que la souffrance soit très souvent le catalyseur qui nous amène vers la conscience et le changement.

Souffrir nous oblige à faire attention, à écouter et à agir différemment envers notre corps physique. La douleur exige de l'attention et la maladie doit être traitée efficacement si nous voulons survivre et prospérer jusqu'à un grand âge. Bon nombre d'entre nous sont terriblement dissociés de leur corps, n'ayant jamais réellement accepté la responsabilité de prendre soin de leur bien-être physique, en tout cas pas plus qu'il n'est nécessaire pour continuer d'avancer. Le corps est négligé, ignoré ; nous en abusons, le prenons pour acquis et nous nous demandons pourquoi nous nous sentons coupé de nous-même, peu séduisant et sans grande vitalité.

2. Le corps, instrument sacré

Dans le cadre philosophique de l'enseignement intuitif, le corps est considéré comme un instrument sacré. Nous sommes des êtres conscients qui avons un but à réaliser ; le corps physique est le temple sacré de l'être, l'espace sacré dans lequel nous fonctionnons, au travers duquel nous nous exprimons et grâce auquel nous revenons en nous-même pour récupérer et nous reposer. Nous reconnaissons le corps comme quelque chose de sacré, comme une création fondamentalement divine dont nous sommes responsable durant notre vie sur terre. Si nous souhaitons réaliser le potentiel de notre être en nous exprimant de façon créative et en apportant notre contribution à la vie, nous devons honorer et respecter le véhicule grâce auquel cette réalisation est possible.

Pour développer notre intuition, nous devons reconnaître la place du corps physique et son importance dans notre destinée. C'est à travers notre corps que notre intuition fonctionne et que nos sens intérieurs perçoivent la réalité de l'existence qui nous entoure. Moins nous sommes sains, équilibrés et physiquement nourris, plus nos perceptions du monde sont déformées par notre état physique déséquilibré. Corps et esprit sont intrinsèquement reliés, raison pour laquelle les maladies physiques et les déséquilibres émotionnels sont le reflet d'un déséquilibre mental. Lorsque nous demeurons attentifs au bien-être de notre corps physique, nous commençons à assumer la responsabilité de notre évolution spirituelle.

3. Les besoins du corps

Le corps physique est tangible ; il est le reflet de la réalité concrète et il nous donne un feed-back concret sur nous-même, sur notre état de bien-être physique mais également sur notre état d'être à un niveau plus subtil. Il n'est pas difficile de prendre soin de notre bien-être physique : il suffit d'une dose raisonnable de bon sens et de respecter ce qui est indispensable à la santé de notre corps :

- Une nourriture équilibrée.
- La lumière.
- L'air pur.
- L'exercice.
- Le repos et la relaxation.

Pour vivre une vie saine, nous devons simplement nous souvenir de la sagesse contenue dans cette parole : « De tout un peu. » Il est possible de bien manger en utilisant des produits frais, en évitant les produits déjà préparés, en limitant notre consommation de viande et de laitages et en leur préférant les fruits, les légumes et les céréales.

Lorsque nous mangeons avec modération nous facilitons une digestion et une élimination efficaces. En choisissant des produits simples, propres et pleins de vie nous transformons notre corps en un instrument propre et plein de vie (1).

Le corps physique a besoin de respirer, de bouger et de faire de l'exercice. Nous sommes obligés d'honorer ses besoins si nous voulons qu'il fonctionne de manière efficace. Une activité régulière à l'extérieur est essentielle à la santé. Les étirements, la respiration, la marche, la danse et toutes les activités aérobiques pratiquées régulièrement assurent le bien-être corporel. Nous avons aussi besoin de nous détendre.

Les périodes de méditation, de repos, de sommeil et les moments pour simplement *être* sont nécessaires à notre corps afin qu'il puisse fonctionner à son plus grand potentiel. Nous devons, pour honorer notre corps, lui prêter attention et le respecter. En faisant attention à notre hygiène, à notre régime, en prenant le temps de faire de l'exercice, de nous détendre et de nous reposer, nous nous donnons les moyens pratiques d'assumer la responsabilité de notre incarnation et nous assurons à la fois notre bien-être physique et notre évolution spirituelle.

C'est en nous souvenant que notre corps est un temple sacré que nous pouvons assurer son entretien avec respect et sensibilité. Nous pouvons être bons avec notre corps si nous sommes bons envers nous-mêmes. C'est en acceptant nos limites physiques que nous acceptons nos limites existentielles. C'est en entraînant notre corps à aller plus loin, au-delà de ses vieilles limites, que nous nous encourageons à prendre des risques et à aller au-delà de nos vieilles habitudes. C'est en écoutant les besoins de notre corps que nous nous écoutons et que nous répondons à nos besoins fondamentaux ; c'est ainsi que nous assumons notre rôle de guérisseur envers nous-même.

---

1. Voir l'ouvrage du docteur André Passebecq : *Votre santé par la diététique et l'alimentation saine* (Editions Dangles).

4. Physiologie de la peur et de la confiance

a) Le rôle de l'hypothalamus

Lorsque nous développons notre intuition, nous nous concentrons sur le développement de notre sensibilité et de notre capacité à nous accorder aux subtils et profonds courants d'énergie qui existent dans notre environnement, mais aussi dans nos corps physique et subtil.

Nos cinq sens (toucher, goût, odorat, ouïe et vue) sont les collecteurs d'information, les antennes du cerveau. Bien que situé dans le crâne, le cerveau est connecté à tout le corps physique qui lui envoie des informations par un réseau complexe de nerfs ne cessant jamais de fonctionner. L'esprit, la conscience en éveil, existe dans tout le corps, à l'intérieur de chacune des cellules. A chaque seconde une immense quantité d'informations est réunie par les cinq sens avant de voyager dans la partie du cerveau appelée hypothalamus. L'hypothalamus ressemble à un énorme ordinateur central. Il reçoit l'information sensorielle, l'analyse, la déchiffre puis décide de ce qui doit en être fait. Une partie de ces informations est envoyée à la zone du cerveau chargée d'amener l'information sensorielle à notre conscience en éveil.

Par exemple, si vous posez votre main sur une plaque électrique allumée, vous recevrez très rapidement et très consciemment le message qu'il faut éloigner votre main de la chaleur. Cependant, la plupart des informations (95 % environ) sont transférées vers votre inconscient. Si votre cerveau reçoit une information sensorielle qu'il considère comme une menace pour votre bien-être, l'hypothalamus donne l'ordre d'alerter la glande pituitaire (la glande maîtresse du corps) afin que les glandes adrénalines sécrètent des hormones. Votre corps peut alors faire face à la situation de menace en se battant, en courant ou en se paralysant de peur. Ce mécanisme instinctif de combat ou de paralysie a pour but d'assurer votre survie dans des situations mettant votre vie en danger. Quand ce mécanisme est activé, les autres fonctions corporelles sont temporairement suspendues. Une fois cette situation résolue, l'équilibre physiologique normal est restauré.

L'hypothalamus ne peut pas aisément discerner la différence entre une véritable menace, une menace dont il se souvient, et une menace imaginée dans un futur possible. Si vous fermez les yeux pour vous imaginer en équilibre précaire sur le bord extérieur et étroit de la fenêtre verrouillée d'un immeuble alors que le vent souffle en rafales… votre corps va s'adapter physiologiquement afin de se protéger d'une mort éventuelle, même si vous êtes en réalité confortablement assis dans un fauteuil, ne faisant qu'imaginer ce scénario dans votre tête.

b) Vaincre l'état de peur

Ce qui est perçu par un individu comme une menace dépend largement de son conditionnement culturel et familial et de son expérience de vie personnelle. Si une personne pense qu'une situation est menaçante, cette situation devient une menace dans son imagination et son corps réagit en conséquence.

Seule une quantité limitée d'informations peut être stockée dans l'esprit conscient et accessible à n'importe quel moment ; la plupart des souvenirs et des expériences accumulés durant une vie est alors stockée dans l'esprit inconscient. L'hypothalamus se réfère à cette banque de données pour décider de la manière dont il faut diriger le corps dans n'importe quelle situation, mais ses ordres dépendent largement des réactions habituelles que vous avez programmées dans votre cerveau. Une habitude est simplement une décision que vous avez prise et reprise. Au cours de votre existence, vous avez déjà appris à survivre à de nombreuses situations menaçantes ; ce processus a fonctionné avec succès en de nombreuses occasions.

Il existe cependant des situations où la réaction habituelle n'est pas le choix le plus judicieux. Si vous êtes quelqu'un d'habituellement peureux, anxieux ou qui se sent menacé (que ce soit à un niveau conscient ou inconscient), dans une situation réelle ou imaginaire, votre mécanisme de survie (blocage) se déclenchera dans votre corps, mettant alors vos canaux sensoriels temporairement hors circuit, vous déconnectant des subtils événements extérieurs qui vous entourent.

Votre intuition se fie au fonctionnement équilibré et régulier de vos sens pour pouvoir fonctionner et amener à votre conscience en éveil la perception des événements qui surviennent autour de vous et en vous. Si vous êtes bloqué dans la peur, votre intuition ne peut pas fonctionner ; votre corps/esprit est tendu et n'est pas réceptif parce que vous êtes pris dans des tactiques de survie pour vous battre, vous paralyser ou vous enfuir. L'intuition ne peut être parfaitement opérationnelle que si vous êtes détendu, si vous vous sentez en sécurité et si vous avez confiance en ce qui vous entoure. Lorsque vous êtes sécurisé, votre système musculaire peut se détendre et votre esprit (votre conscience) peut fonctionner en étant alerte et détendu.

Lorsque vous êtes équilibré, vous vous sentez naturellement en sécurité et pouvez vous permettre d'être vulnérable, disponible et ouvert à vos environnements intérieur et extérieur. Il est indispensable, dans le développement de l'intuition, d'apprendre à vous détendre et à demeurer disponible afin que votre intuition puisse commencer à fonctionner. Les schémas habituels de réaction de peur doivent être abordés et résolus pour que l'état intérieur de vigilance détendue devienne une façon d'être habituelle dans votre vie. Dans le développement de l'intuition, on vous enseigne des techniques pour respirer, pour vous enraciner et pour vous centrer, techniques que vous pouvez utiliser dans votre vie quotidienne pour garder un état de conscience détendue.

Lorsque vous êtes dans cet état, vos sens sont prêts à recevoir toutes les informations sensorielles qui vous entourent. Quand vous vous sentirez *clair,* quand vous verrez et entendrez clairement, vous maintiendrez naturellement un plus grand équilibre en vous et dans vos échanges avec les autres.

Obtenir le contrôle du mécanisme de survie requiert de votre part de la surveillance et de l'attention envers vos schémas et vos habitudes de pensée.

La conscience est une habitude que l'on acquiert par choix et qui se développe avec le temps dans la recherche sur soi. Pour être conscient, vous devez être prêt à être honnête envers vous-même et à accepter la responsabilité de votre propre développement.

C'est en étant personnellement responsable qu'il vous est possible d'assumer le plein contrôle créatif de votre santé, de votre état d'esprit et de votre bien-être. Votre intuition est un aspect subtil, délicat et très puissant de votre être ; elle nécessite un environnement très spécial pour pouvoir fonctionner à son plein potentiel. Votre corps physique est l'environnement grâce auquel votre intuition intègre votre expérience de vie. L'état de votre corps/être doit être abordé et transformé pour que vous puissiez obtenir les meilleurs résultats dans le développement de votre intuition.

CHAPITRE IV

Le souffle, le mouvement et l'émotion

1. L'harmonie intérieure

Tous les problèmes et toutes les maladies physiques sont le signe d'un manque d'harmonie intérieure, certaines qualités d'énergie étant mal comprises et mal utilisées. Nos problèmes de santé sont liés à nos attitudes et à nos systèmes de croyance, en particulier ceux que nous avons acquis par notre expérience et par notre vécu. Les systèmes de croyance auxquels nous adhérons engendrent souvent des situations nous mettant dans des états de conflit émotionnel, de confusion et de bouleversement intérieur.

Les émotions troublantes vécues lors de ces situations sont le reflet d'un conflit entre nos systèmes de croyance et le mouvement de l'énergie de force de vie. Les réactions émotionnelles sont la manifestation d'une friction intérieure causée par le mouvement intérieur de notre être face à nos attitudes mentales. La rencontre de ces deux forces crée un état de tension émotionnelle et énergétique dont les effets sur le corps physique et les rythmes respiratoires sont extrêmement puissants. Ce conflit intérieur se reflète dans l'ensemble du corps et engendre des tensions musculaires, des douleurs et parfois même des maladies. Ces symptômes sont souvent transitoires, se déplaçant et changeant selon la nature du système de croyance avec lequel nous nous battons ; ils sont puissants et souvent très perturbants.

Quand nous commençons à nous aligner véritablement sur notre être intuitif, donc à respecter notre Etre divin et notre âme, il est une phase durant laquelle nous traversons une grande diversité d'états émotionnels. En entrant en contact plus authentique avec notre aspect émotionnel, nous rencontrons un véritable océan de sentiments, des vagues de tristesse et de joie, de colère et de peur, de désespoir et d'espoir, de regrets et de pardon.

Notre état émotionnel peut changer radicalement d'un jour ou d'un moment à l'autre. Nous ressentons des sentiments extrêmes, à la fois négatifs et positifs. Bien que ces extrêmes soient difficiles à gérer, nous nous sentons vivants, éveillés et restitués dans notre propre puissance par l'intensité de notre mouvement émotionnel intérieur.

Nous pouvons parfois même nous sentir dépassés par cette quantité d'émotions. Bien que le but soit de nous réaligner, de nous centrer sur notre être intuitif, il semble que le résultat obtenu soit opposé à celui que nous recherchons ; nous sommes alors perdus et désorientés, dans un mouvement qu'il nous semble impossible de gérer et de suivre. Il est important de nous souvenir que ces moments difficiles ne sont qu'un passage, une période d'alchimie intérieure nécessaire au processus de transformation dans lequel nous nous sommes engagés. Après la tempête nous retrouverons le calme. En acceptant les vagues de ces émotions changeantes alors qu'elles vont et viennent, nous apprenons progressivement à maintenir un état de calme intérieur et nous nous détachons progressivement de nos extrêmes émotionnels en nous réalignant sur notre véritable centre.

2. L'importance des séances individuelles

Lorsque nous nous engageons dans un travail personnel de méditation et que nous réalignons nos énergies et notre conscience intérieure, les tensions engendrées par la rencontre de notre mouvement intérieur avec notre mental s'intensifient pendant un certain laps de temps. Une quantité énorme d'effets psychologiques reliés aux expériences du passé et aux systèmes de croyance commence à circuler en nous et à faire surface dans notre conscience en éveil. Nous avons alors la possibilité de nous nettoyer profondément de nos attitudes et de nos réactions habituelles en traversant une période de purification physique afin de nous réaligner.

Face au monde intérieur de nos pensées et de nos sentiments, confronté aux démons et aux dragons de notre ombre, il peut être difficile de différencier les faits des rêves et la vérité de l'illusion. En cherchant à établir des points de référence pour pouvoir construire une vie nouvelle et plus juste pour nous, nous pouvons nous sentir seuls dans notre quête intérieure et aliénés par ceux que nous aimons.

Lors de cette période de transition, il existe de nombreux avantages à s'engager dans un travail personnel et individuel avec un praticien formé aux techniques psychocorporelles. L'atmosphère de soutien qui règne lors d'une séance individuelle permet de se sentir accompagné et guidé. Une relation professionnelle permet la confidentialité, et le fait d'être accepté sans être jugé permet l'exploration des états intérieurs profonds et une communication honnête. Nous pouvons, dans l'environnement neutre d'une séance individuelle, exprimer des émotions depuis longtemps refoulées. Nous sommes alors loin de ceux qui nous aiment et qui ont tendance à réagir plutôt qu'à simplement nous écouter lors de nos périodes de turbulences émotionnelles, dans lesquelles ils peuvent d'ailleurs se sentir impliqués.

3. Le massage en tant qu'outil psychothérapeutique

Pour bénéficier pleinement des changements intérieurs qui surviennent lors de la période de transformation intensive, il peut être utile de recevoir régulièrement des séances de massage. Le massage aide à se réaligner au corps physique et agit directement sur les tensions musculaires et énergétiques en libérant et en encourageant la circulation des systèmes énergétiques. Le pouvoir de guérison du toucher et du contact physique encourage à développer une nouvelle conscience du corps physique et sa relation avec les états émotionnels et mentaux. En étant accompagné d'un masseur professionnel, il est possible d'aborder, d'explorer, de libérer et d'intégrer les traumatismes reliés aux tensions physiques.

Les bénéfices ressentis après une série de massages comprennent un rééquilibrage et une réharmonisation physique, une détente profonde et durable et la résolution de conflits intérieurs chroniques. Le massage nous apprend à accepter notre corps, à écouter et à respecter la *guidance* instinctive et intelligente que notre corps nous offre. La qualité thérapeutique du toucher générée par le massage entraîne une guérison physique et émotionnelle, aidant à rétablir la confiance que nous avons en la vie, en nous-même et envers les autres.

4. La respiration comme catalyseur de transformation

La puissance du souffle comme catalyseur de transformation est reconnue et utilisée dans de nombreuses cultures depuis l'Antiquité. Le Kriya-yoga, discipline traditionnelle de l'Est de l'Inde, considère la respiration comme instrument vital de purification intérieure et comme outil essentiel dans la maîtrise du corps physique et psychologique. En fait, la majorité des techniques de méditation proposées dans le monde entier reconnaît le rôle de la respiration dans la modification des états intérieurs de conscience.

L'importance de la respiration et son utilisation en tant qu'outil thérapeutique dans la pratique psychologique contemporaine a été défendue par différentes écoles de thérapie du corps/esprit : thérapie primale, thérapie reichienne, intégration posturale, méthode Feldenkrais, bioénergie, rebirth et la réhabilitation de la respiration holotropique de Stanislav Grof. Chacune de ces écoles possède un point de vue et une méthode de travail unique ; cependant, elles reconnaissent toutes l'importance de la respiration dans le processus de transformation.

a) Le rebirth

Le rebirth est une psychothérapie unique en son genre, fondée au début des années 1970 aux Etats-Unis par Leonard Orr (1). Sa philosophie est fondamentalement simple et holistique : il utilise la respiration comme catalyseur de la création du mouvement intérieur et de l'évolution de l'individu.

Au tout début du travail de recherche en rebirth, l'objectif était orienté vers le revécu de la naissance du patient, d'où le nom *rebirth* qui signifie en anglais « renaissance ». Il fut découvert que de nombreuses personnes – en particulier celles nées à l'hôpital dans des conditions d'obstétrique moderne – avaient développé, suite au traumatisme de leur naissance, de nombreuses peurs (depuis longtemps refoulées) envers la vie, dont les effets comprennent l'hypoventilation, l'inadaptation sociale et le stress chronique. Revivre et se libérer de son traumatisme de naissance, libère également une énorme quantité d'énergie dans l'ensemble du corps. Les schémas habituels de respiration se transforment de façon permanente et les symptômes physiques liés au stress disparaissent souvent totalement. Les premiers chercheurs traitèrent des milliers de gens, obtenant des résultats similaires.

Il devint évident que l'expérience de la naissance possède un impact énorme sur les systèmes de croyance, sur la vie elle-même, et que ces derniers jouent un rôle important dans l'interprétation et l'assimilation des expériences existentielles.

b) Respiration et systèmes de croyance

Au fur et à mesure que le rebirth évoluait, la recherche s'orienta non plus exclusivement sur l'expérience de la naissance, mais sur le potentiel d'action offert par la respiration sur les systèmes de croyance. Les spécialistes commencèrent à explorer les possibilités d'une transformation personnelle en combinant des méthodes de respiration spécifiques avec la puissance des affirmations positives.

---

1. Voir l'ouvrage de Leonard Orr et Konrad Halbig : *Rebirth. L'art de la respiration consciente* (Dangles, 1994).

Leonard Orr abandonna le nom de rebirth pour celui de *Conscious Connected Breathing* (respiration connectée consciente). Le rebirth était également connu de par le monde sous le nom de *Breath Therapy* (thérapie de la respiration), *Conscious Breathing* (respiration consciente) et *Breath Integration* (intégration de la respiration). Alors que le processus a évolué, l'emphase et la compréhension de son potentiel ont changé, mais cette psychothérapie reste connue sous le nom de rebirth.

Le rebirth reconnaît la respiration comme la ressource intérieure la plus simple, la plus naturelle et la plus puissante pour engendrer une modification de l'état d'être de l'individu. Il exige une respiration pleine et continue pendant une période de temps donnée. Le patient se détend et respire en rythme circulaire, c'est-à-dire qu'il relie l'inspiration à l'expiration ; il reste conscient de ses sensations, de ses émotions et de ses souvenirs alors qu'ils vont et viennent. Il ressent et accepte ces différents phénomènes sans les juger ni les interpréter. Encouragé à se détendre, à accepter et à lâcher prise, il développe la conscience de son monde intérieur et, grâce à sa respiration, vit ses pensées et ses émotions sous une autre perspective, créant progressivement une nouvelle dynamique.

c) La félicité est notre droit de naissance

L'aspect physique et respiratoire du rebirth s'accompagne d'une philosophie encourageant la croissance personnelle et la transformation spirituelle par le biais de la compréhension et de l'acceptation de soi. Le rebirth considère que le corps, le mental et l'esprit sont fondamentalement reliés, et qu'un changement d'état d'un de ces aspects se répercute sur les autres. En tant que thérapie naturelle, le rebirth soutient que l'individu possède en lui toutes les ressources dont il a besoin pour développer tout son potentiel créatif et spirituel.

De plus, le rebirth prône l'état fondamental de l'être comme étant un état de félicité, un sens profond de bien-être et que tout autre ressenti est le résultat de peurs refoulées ou de traumatismes du passé encore non résolus.

d) Guérison, libération et intégration

Quand le patient respire, se détend et reste conscient en acceptant ce qui se passe, l'atmosphère intérieure ainsi générée permet à ce qui est refoulé de remonter à sa conscience. Les pensées et souvenirs qui remontent à la surface de la conscience et circulent dans le corps/esprit possèdent une charge émotionnelle et physique ; les tensions physiques s'en trouvent affectées et finissent par se dissoudre, les émotions vécues et exprimées amènent le patient à des prises de conscience. La respiration s'amplifie et devient de plus en plus pleine et spontanée.

L'individu est aidé et soutenu pour résoudre et intégrer les expériences du passé, ce qui libère progressivement son corps/esprit de ses traumatismes en accueillant une respiration qui circule avec aisance et facilité.

Pour de nombreuses personnes, le travail de la respiration en rebirth ouvre une dimension spirituelle encore jamais rencontrée. Après quelque temps – souvent après une période de libération et d'intégration – la respiration se libère totalement. A ce moment, c'est comme si le corps redécouvrait comment respirer naturellement et sans efforts. Une barrière tombe et le concept que l'on a de soi se transforme, s'ouvrant sur une dimension immense d'énergie, de lumière et d'illumination.

Dans cet état, la personne est dans la Lumière, *est* la Lumière. Respirer dans la Lumière engendre un état d'extase intérieur, une détente profonde, une guérison et une intégration. Le sentiment de paix intérieure, de réconciliation et d'harmonie qui en résulte accompagne l'individu dans son quotidien et les résultats sont durables.

Encouragés à accepter la responsabilité de leur bien-être, à adopter les principes de la philosophie du rebirth et à les pratiquer au quotidien, les patients se transforment de façon permanente. Physiquement et spirituellement plus puissants, ils peuvent trouver en eux la liberté d'exprimer leur créativité et sont plus à même d'adapter le mouvement de la vie et plus disponibles pour choisir leur destin et participer à sa création.

Le rebirth est simple, aussi simple que la respiration. Mais l'art du rebirth est subtil, délicat et profond. Cette technique doit être apprise et maîtrisée pour bénéficier pleinement de la transformation qu'engendre sa pratique régulière. En tant que chemin de transformation spirituelle, le rebirth possède un immense potentiel et permet d'explorer, d'exprimer et d'intégrer les expériences émotionnelles. C'est un outil dont les résultats sont durables et l'efficacité encore inégalée.

5. L'acceptation de soi et l'intuition

Que cela nous plaise ou non, nos émotions sont là. Elles existent parce que nous sommes incarnés, vivants. Toutes les tentatives de contrôle, de négation et de refoulement des états émotionnels entraînent des symptômes physiques de douleur et de maladie. Si nous prenons de la distance par rapport à notre monde émotionnel, nous prenons de la distance par rapport à notre profondeur et nous perdons contact avec notre intuition.

Accepter la grande variété de nos états émotionnels nous entraîne, aussi paradoxal que cela puisse paraître, à nous détacher de nos sentiments. En pratiquant le principe de l'acceptation, nous apprenons que nous pouvons vivre le mouvement intérieur de nos émotions, reconnaître leur arrivée, leur expression et leur départ, sans nous y attacher ni nous identifier. En développant notre capacité à rester témoin, nous apprenons à rester centré face à tous nos états émotionnels, à ne plus nous y perdre et à respecter la puissance de leur présence et le potentiel d'expression qu'ils nous offrent. En leur donnant la permission d'exister, nous permettons à notre mouvement intérieur d'exister et de vivre. Accordées à notre âme, nos émotions nous amènent à notre cœur, source de nous-même.

En acceptant la puissance de nos émotions, nous nous acceptons et, en nous acceptant, nous sommes certains de trouver notre chemin de guérison, de transformation et d'évolution ainsi que notre vérité.

CHAPITRE V

Les systèmes de croyance

1. Les manques de notre éducation

Un système de croyance peut être défini comme une série d'idées basées sur notre expérience personnelle, que nous considérons comme vraies et que nous avons suffisamment testées pour les considérer viables. Ce sont sur ces idées que nous basons nos conceptions de la réalité. Dès les tout premiers moments de la vie, le bio-ordinateur du corps/esprit amasse, identifie et classe les données relatives aux événements qui surviennent dans son environnement. Ces toutes premières données forment une structure au travers de laquelle nous développons, testons et vérifions nos systèmes de croyance.

La toute première intégration d'expérience de vie nous enseigne les talents de survie que nous avons besoin d'apprendre pour être capable de trouver notre chemin dans l'existence. Les idées que nous avons sur nous-mêmes et sur ce que nous sommes capables de réussir se basent en grande partie sur notre toute première expérience de vie et sur les informations que nous avons récoltées chez nos parents et autres membres de notre famille durant notre petite enfance. En tant qu'être, nous pouvons être conçu, nous pouvons naître avec un potentiel illimité et une conscience ouverte mais le processus de socialisation auquel nous sommes nécessairement assujetti lorsque nous sommes enfant commence très rapidement à définir nos limites à la fois dans l'espace mais aussi dans notre comportement. Bien avant que nous ne commencions à marcher et à parler, nous avons une place établie dans la hiérarchie familiale, des traits de personnalité et des petites manies, des forces et des faiblesses ancestrales, et nous sommes exposés à une foule d'autres critères sociopsychologiques auxquels nous répondons inconsciemment.

Depuis le tout début de notre vie, nous avons appris à croire que nous sommes une certaine personne bien précise, que nous avons un nom particulier et une personnalité assortie à ce nom qui sera capable de réaliser – ou de ne pas réaliser – certains buts et certaines aspirations. Dépendant du milieu dans lequel nous sommes nés, les limites auxquelles nous serons confrontés seront plus ou moins strictes et les chances que nous aurons de réussir à devenir quelqu'un de satisfaisant à nos yeux seront largement déterminées par notre conditionnement. Les êtres humains, dans leur grande majorité, ne croient pas réellement en eux-mêmes, ne sont pas conscients de posséder une puissance créatrice capable de façonner et de transformer le monde dans lequel ils vivent ; ainsi ne croient-ils pas qu'il soit possible de changer. Les parents de notre monde ne parlent pas souvent à leurs enfants du pouvoir de leur esprit, ni de leur nature Lumineuse, de leur don de guérisseur ou du don de leur intuition. Ils apprennent à leurs enfants à respecter les limites de leur comportement, ce qui est nécessaire pour le fonctionnement de la famille et de la société !...

2. La pensée est créatrice

Grâce à l'éducation, nous apprenons à utiliser la capacité intelligente de notre esprit pour penser, lire, écrire et analyser. Mais la plupart d'entre nous n'a cependant pas été informée du pouvoir créatif de notre esprit. Nous n'avons jamais entendu nos parents discuter de la philosophie de la pensée créatrice. Ce n'est qu'une fois parvenu à l'âge adulte, alors que nous fonctionnons en tant que membre indépendant de la société, que nous commençons réellement à devenir conscient du fait que nous avons en grande partie hérité des habitudes et des attitudes de nos parents, et que ces habitudes et ces attitudes sont parfois destructrices et sont la cause de souffrances pour nous-même et pour les autres.

Lorsque nous commençons à faire attention à notre comportement, nous pouvons observer que nous nous contentons de réagir à une situation au lieu d'y répondre, et que nous nous sabotons lorsque nous voulons obtenir ce que nous voulons et ce dont nous avons réellement besoin. Nous agissons comme si nous étions branchés sur un pilotage automatique. Nous parlons sans penser, agissons sans réfléchir, croyons voir mais ne regardons pas et répondons sans écouter. Nombreux sont ceux qui passent leur vie entière à être celui ou celle qu'elles pensent devoir être sans jamais vraiment se poser cette question : « Qui suis-je ? », sans jamais se demander : « De quoi ai-je besoin ? », sans jamais se dire : « Où vais-je ? » Si nous commençons à prêter attention à notre comportement habituel, nous découvrons que très souvent nous nous faisons beaucoup souffrir sans en découvrir la raison.

Nous avons à notre sujet des idées souvent négatives et limitantes et éprouvons ces mêmes idées sur les autres et sur la vie. Ces idées, attitudes et systèmes de croyance forment une sorte de critère sélectif, un filtre au travers duquel nous percevons et appréhendons la réalité. Les expériences que nous vivons nous confirment que nos attitudes sont correctes et renforcent nos systèmes de croyance. Malheureusement, beaucoup de nos croyances ne nous servent pas vraiment ; en fait, elles peuvent même être dangereuses pour le bien-être et la paix de notre esprit.

Les systèmes de croyance hérités de la famille ou développés pendant l'enfance n'ont plus vraiment de valeur pour nous maintenant, même s'ils continuent de se manifester dans notre comportement et font partie intégrante de notre personnalité sociale. Parce que les pensées sont fondamentalement créatrices, nous continuons de donner vie à nos systèmes de croyance, qu'ils nous soient vraiment utiles ou non.

3. La qualité de nos pensées

En travaillant au développement de notre intuition, nous sommes obligés de commencer à faire attention à la qualité de nos pensées. En acceptant d'explorer la philosophie de la pensée créatrice, nous commençons naturellement à explorer nos pensées, celles que nous avons à notre sujet, au sujet des autres, mais aussi celles que nous avons sur la nature de la vie, de la réalité, de l'évolution et du développement spirituel. En explorant la qualité de nos systèmes de croyance et de nos attitudes mentales, nous pouvons commencer à identifier parmi eux les croyances ancestrales, familiales, sociales et personnelles. En développant notre lucidité et notre discernement, nous pouvons transformer les systèmes de croyance dont nous avons hérité et qui sont responsables du manque d'estime de soi, de l'échec, de la peur et de la méfiance, en les remplaçant par des attitudes d'acceptation de soi, d'encouragement et de confiance (1).

En apprenant à faire la différence entre notre être essentiel et notre personnalité extérieure, nous pouvons abandonner les schémas de comportement qui nous empêchent d'être nous-même et pouvons adopter les attitudes intérieures encourageant l'expression de notre créativité innée et de notre talent.

4. Exercice du « mensonge personnel »

La transformation de ses propres systèmes de croyance est un travail de guérison personnel simple et profond. Bien que les concepts en soient simples, leur application est un processus subtil qui requiert talent et conseils. Les peurs inconscientes peuvent facilement entraver la découverte et la transformation d'un système de croyance limitatif ; par conséquent il est important, quand vous décidez de pratiquer les exercices proposés ci-après, de vous réserver du temps et un endroit tranquille pour ne pas être dérangé.

---

1. Voir l'ouvrage de René Sidelsky : *Le Pouvoir créateur de votre pensée pour réussir votre vie* (Dangles).

Les exercices pratiques du « mensonge personnel » et de la « clé éternelle » vous sont proposés pour vous aider à explorer vos systèmes de croyance afin de vous permettre de clarifier les idées limitantes que vous avez à votre sujet à un niveau inconscient et vous en libérer. Ces exercices sont conçus pour être pratiqués en compagnie d'un ami. Vous avez, dans ces conditions, la possibilité d'explorer et d'exprimer ensemble les sentiments et les souvenirs que vous évoquent ces exercices. Cependant, s'il vous est impossible de partager cette expérience avec quelqu'un, vous pouvez en suivre seul les étapes en lisant votre liste à haute voix.

a) Etapes de l'exercice

L'exercice pour trouver votre « mensonge personnel », la croyance la plus négative que vous entretenez à votre sujet, est simple et comporte plusieurs étapes spécifiques.

Prenez un crayon et un papier et écrivez le début de phrase suivant : « Une opinion négative que j'ai sur moi-même, c'est... » Terminez la phrase avec ce qui vous passe par la tête, même si cela vous semble trop simple, négatif ou hors de propos. Cet exercice devrait être fait relativement rapidement, sans trop réfléchir ; écrivez simplement ce qui vous passe par la tête.

Répétez ce processus plusieurs fois, en terminant toujours votre phrase par quelque chose de différent.

Soyez attentif à ce que vous ressentez pendant que vous faites cette liste. Faites attention à vos sensations physiques, à votre respiration et à votre état émotionnel ; notez les changements qui se produisent dans votre état intérieur au fur et à mesure que vous établissez cette liste.

Quand vous avez fini de dresser votre liste, c'est-à-dire une fois que vous ne pouvez plus trouver d'autres idées négatives, lisez-la plusieurs fois à haute voix. Notez les trois ou quatre phrases qui vous mettent le plus mal à l'aise. Les signes de malaise sont la difficulté à respirer, la gorge sèche, les mains froides, les tensions dans l'estomac, les épaules et ou le cou, ainsi que les réactions émotionnelles telles que la tristesse et la colère.

Continuez, en procédant par élimination, à chercher la phrase qui vous met le plus mal à l'aise. Cette phrase est votre « mensonge personnel ». Réécrivez-la en haut d'une page blanche et réfléchissez à la signification des mots que vous venez d'écrire en laissant les pensées et les souvenirs qui y sont associés venir à votre conscience en éveil.

Ecrivez certaines des façons dont votre « mensonge personnel » a affecté votre vie, votre comportement et votre manière de vous exprimer. Décrivez les expériences que vous avez vécues qui sont en rapport avec lui.

b) La posture et le « mensonge personnel »

Répétez plusieurs fois les mots de votre « mensonge personnel » pour vous-même et à voix haute, en prenant lentement la posture qui correspond au sentiment qui s'en dégage et que vous découvrez au fur et à mesure que vous la répétez. Laissez votre corps découvrir la posture de votre « mensonge personnel », en explorant la relation entre votre respiration, votre posture et votre état émotionnel intérieur. Notez très soigneusement la façon dont vous vous sentez dans votre corps, les parties de votre corps où vous vous sentez tendu. Une fois que vous avez trouvé la posture qui vous semble « juste », restez-y pendant quelques minutes en vous répétant de temps en temps les mots de votre « mensonge personnel ». Continuez à être attentif à votre état intérieur en acceptant le plus possible les différentes émotions et souvenirs qui peuvent surgir. Après quelques minutes, libérez-vous de votre posture et débarrassez-vous des tensions accumulées en marchant dans la pièce, en vous étirant et en vous secouant vigoureusement jusqu'à ce que vous vous sentiez à nouveau détendu.

Maintenant que vous avez trouvé votre « mensonge personnel », devenez attentif à la façon dont il a fonctionné dans votre vie. Soyez conscient de la manière dont vous exprimez cette croyance et observez votre comportement dans diverses situations ; notez les résultats engendrés par votre croyance.

Choisissez consciemment d'avoir d'autres pensées à votre sujet, notamment une pensée aimante, et observez comment l'atmosphère des situations change lorsque vous modifiez vos pensées.

c) Quelques exemples de « mensonges personnels »

– Je ne suis pas à la hauteur.
– Je ne suis pas acceptable.
– Je ne suis pas aimé.
– Je ne mérite pas d'être aimé.
– Je ne suis pas désiré.
– Je ne peux pas trouver ma place en ce monde.
– Rien ne marche jamais pour moi.
– La vie est un combat, et je n'y arriverai jamais.
– Je ne peux pas m'exprimer.
– Personne ne me comprend.
– Il ne faut pas faire confiance.
– Je suis trahi par la vie.
– Je suis insignifiant.
– Je ne suis pas capable.
– Il n'y a pas d'espoir pour moi.
– Je ne mérite pas de vivre.
– Je suis stupide.
– Je ne peux pas être moi-même.
– Je suis faible et sans défenses.
– Je me bats pour vivre et la vie me fait mal.
– Je mérite d'être privé de ce dont j'ai besoin et d'être abandonné.

5. Exercice de « la clé éternelle »

Pour aider le processus de transformation personnelle et de réalisation de soi, nous utiliserons les affirmations. Les affirmations sont des pensées positives programmées dans votre inconscient au moyen de la répétition.

Dans le développement de l'intuition, les affirmations sont utilisées comme un moyen de développer l'estime de soi, l'acceptation de soi et l'amour de soi. Durant les séances de méditation personnelle, vous utilisez l'affirmation de votre « clé éternelle » pour créer un état intérieur de calme grâce auquel vous pouvez communiquer avec votre être intuitif. En utilisant votre « clé éternelle » comme antidote de votre « mensonge personnel », vous transformerez progressivement les systèmes de croyance que vous avez à votre sujet, vous transformerez en même temps votre posture physique, vos habitudes émotionnelles et l'estime que vous avez de vous-même.

Les affirmations doivent être rédigées à la première personne (je, moi...), au présent (je suis, j'ai, j'aime, je sens...), doivent être relativement courtes et concises et utilisent une formulation positive.

a) Trouver votre « clé éternelle »

Pour créer votre « clé éternelle », commencez par réécrire votre « mensonge personnel » de façon positive. Par exemple : « Je ne suis pas acceptable » devient : « Je suis acceptable. » Maintenant, travaillez sur ce thème de base jusqu'à ce que vous trouviez une phrase qui vous touche réellement et qui vous donne un sentiment positif sur vous-même, par exemple : « Je m'aime et je m'accepte totalement », ou : « Je me sens acceptable et digne d'être aimé. »

Après avoir choisi une « clé éternelle » qui vous plaît, vérifiez les effets qu'elle a sur vous. Répétez-la plusieurs fois et soyez attentif à ce que vous ressentez pendant que vous prononcez ces mots. Quelles sensations éprouvez-vous dans votre corps ? Comment vous sentez-vous émotionnellement ? Comment cela modifie-t-il votre posture et votre respiration ? Explorez votre posture pendant que vous répétez votre « clé éternelle » jusqu'à ce que vous trouviez l'attitude corporelle correspondant à votre état intérieur. Restez centré dans cette posture pendant plusieurs minutes, en restant conscient de ce que vous sentez dans votre corps.

Si vous vous sentez inspiré, plus élevé et plus joyeux pendant que vous répétez les mots de votre « clé éternelle », c'est que vous les avez bien choisis.

Vous devez utiliser consciemment votre « clé éternelle » dans votre vie en adoptant la posture et la respiration qui lui correspondent et en l'utilisant régulièrement dans vos séances de méditation. Observez ce qui se passe lors de différentes situations quand vous les abordez en croyant aux mots de votre « clé éternelle ».

b) Quelques exemples de « clé éternelle »

– Je suis parfaitement acceptable tel que je suis.
– Je m'aime et je m'accepte tel que je suis.
– Je suis aimant, aimé et digne de l'être.
– J'ai ma place et mon but dans cette vie.
– Je connais le but de ma vie et je suis mon chemin avec joie.
– Je mène mes projets à bien.
– Je m'exprime avec aisance et assurance.
– Je me comprends et je me respecte.
– Je suis sage et intelligent et je me sens apprécié dans ma vie.
– J'ai confiance en moi.
– Je suis libre et j'ai tout ce dont j'ai besoin.
– L'amour est mon droit de naissance et je l'accepte maintenant.
– Ma présence dans le monde est appréciée et reconnue.
– Je choisis de vivre, ici, dans ce corps, maintenant.
– Je suis une source de lumière divine.
– Je rayonne.
– La lumière de l'amour s'écoule en moi et je la partage dans le monde.
– Je suis vivant et j'accepte l'énergie de la vie en moi.
– Je suis un être de Lumière rayonnant.
– Je suis sûr de moi en toutes circonstances.
– J'existe et je suis libre de m'exprimer tel que je suis.

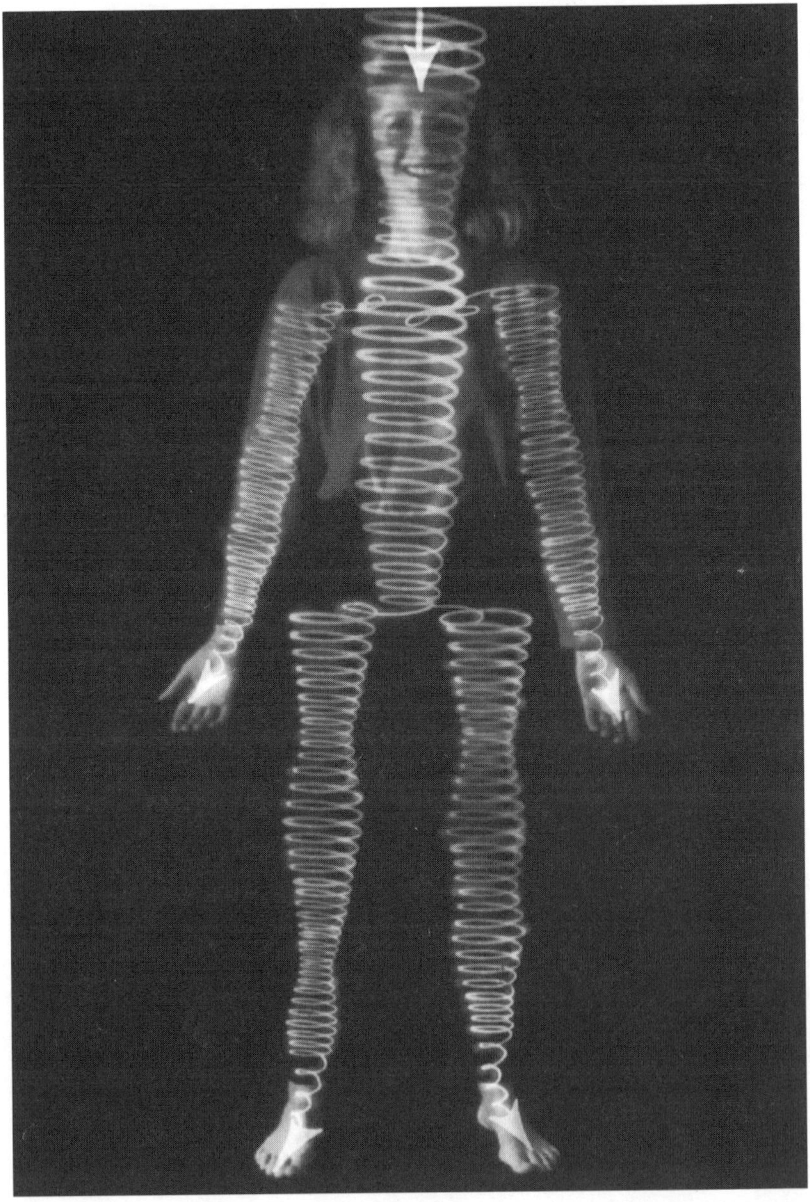

Principaux circuits énergétiques dans le corps vertébral.

CHAPITRE VI

Le corps énergétique

1. Le monde des perceptions subtiles

Le concept du ou des corps énergétiques qui entourent le corps physique fait l'objet d'études et de débats depuis l'Antiquité. L'existence d'émanations énergétiques autour des plantes, des animaux et des êtres humains a été mise en évidence par la photographie Kirlian. Ce travail démontre clairement que les fluctuations de l'intensité des radiations énergétiques seraient probablement fonction de l'état émotionnel et de l'état de santé du sujet observé.

Les praticiens métaphysiques et les étudiants en pratiques ésotériques qui ont personnellement exploré le corps énergétique au cours de méditations ou d'impositions des mains s'accordent tous sans équivoque sur l'existence d'un champ d'énergie émanant des êtres vivants et les entourant, même si les différentes écoles de pensées diffèrent sur l'organisation et la fonction de ces champs d'énergie.

2. L'aura

Les ésotéristes s'accordent – selon leur tradition, leur philosophie et leur expérience personnelle – sur l'existence d'un nombre variable (compris entre quatre et douze) de ces champs d'énergie correspondant chacun à un niveau de conscience de l'individu. Le champ énergétique, plus communément connu sous le nom d'*aura,* peut être perçu et exploré intuitivement par le toucher, le ressenti et la vision afin de recevoir de l'information et des prises de conscience sur notre état d'être du moment, ou sur celui d'une autre personne.

D'un point de vue intuitif, l'aura entourant un individu peut être perçue et comparée à une tapisserie entrelacée de lumière et de couleurs au paysage toujours changeant fait de sensations, d'humeurs et de mouvements. Ce que nous nommons l'aura est par nature un champ énergétique de couleurs, de sensations et de pensées. Elle existe sous une forme trop subtile pour être vue par les yeux humains, mais elle est perceptible par la vision intérieure de l'état intuitif. Tout ce qui existe dans l'aura est le reflet, le trop-plein, de ce qui existe dans le monde intérieur de notre être.

L'aura est la manifestation extérieure de notre état intérieur et reflète, sous une forme plus subtile, les niveaux émotionnel, mental et spirituel de notre être. Les émanations de l'aura proviennent du fonctionnement des champs d'énergie à l'intérieur du corps physique. L'axe énergétique suit le trajet de la colonne. Il se prolonge dans la terre depuis la base de l'épine dorsale et vers le ciel depuis le sommet de la tête. Le corps énergétique est nourri par cet axe vertical qui absorbe la subtile nourriture lumineuse de l'air et l'énergie tellurique de la terre.

Alignées sur cet axe, se trouvent plusieurs sphères énergétiques individuelles. Ces champs – ou centres d'énergie – sont connus sous le nom de *chakras.* Les chakras et l'axe créent le corps énergétique des êtres vivants (1).

1. Voir l'ouvrage de Lilla Bek : *Vers la lumière. L'éveil de vos centres énergétiques* (Editions Dangles).

L'aura du corps subtil.

3. Les chakras

Un chakra est une zone de concentration d'énergie à l'intérieur de l'être vivant, située en un point stratégique du corps. Perçue intuitivement, la forme de cette énergie est semblable à celle d'une sphère, d'un entonnoir ou d'un cône. Le mot *chakra* prend ses racines dans le sanskrit et signifie «roue qui tourne». Il existe sept chakras majeurs dans le corps humain et de nombreux chakras mineurs, dont quatre d'une importance particulière dans la paume des mains et des pieds. Les sept chakras majeurs sont alignés le long de l'axe du corps en commençant par la base du bassin et en remontant jusqu'au sommet de la tête.

D'un point de vue métaphysique, les chakras sont considérés comme les centres d'énergie du corps subtil agissant directement sur le corps physique en relation avec le système hormonal. Ils reçoivent, emmagasinent et diffusent la force de vie absorbée par le système respiratoire, la peau et les yeux (lumière) d'un individu tout au long de sa vie. Il existe un échange constant d'énergie subtile lorsqu'un individu entre en relation avec son monde extérieur; cet échange influe sur son degré de vitalité et sur le bien-être de son corps énergétique. Lorsque nous entrons en relation avec notre monde extérieur, l'énergie, la lumière générée par ce contact, est reçue dans notre corps par le biais d'un ou de plusieurs de nos chakras. L'énergie est alors stockée dans le corps subtil en tant qu'*expérience* et dans le corps physique en tant que *souvenir* (mémoire du corps).

Les souvenirs contenus dans les corps physique et subtil possèdent un élément émotionnel et mental. Une fois l'expérience vécue, toutes nos analyses subjectives et nos réponses émotionnelles sont enregistrées et stockées. Toutes les fois que nous entrons en contact avec le monde extérieur, avec la nature et avec d'autres êtres vivants, nous recevons de l'énergie. Chaque fois que nous nous exprimons, nous diffusons l'énergie de notre force de vie à travers nos chakras et nous donnons de l'énergie au monde extérieur. Ce processus constant, dans lequel nous donnons et nous recevons, est présent dans toutes les relations entre les êtres vivants ; il engendre mouvement, circulation et échange, trois qualités essentielles au bien-être des corps physique et énergétique.

Les chakras possèdent en mémoire toutes nos expériences vécues au fil du temps, que ce soit dans cette vie ou dans d'autres antérieures. Nos plus anciens souvenirs se trouvent au plus profond, au cœur des chakras, les souvenirs plus récents sont plus proches de la surface des chakras, ce qui correspond à la surface du corps physique. Chaque fois que nous entrons en contact avec quelqu'un – que ce soit physiquement, émotionnellement, mentalement ou psychiquement – nous entrons en contact avec la totalité de son expérience, avec la totalité de ses souvenirs. Pour la plupart des gens, ce processus s'opère à un niveau inconscient et est vécu de même. Cette « banque de souvenirs » est stimulée chaque fois que nous entrons en relation avec quelqu'un. La qualité de l'échange que nous vivons avec l'autre est toujours déterminée, à un degré plus ou moins important, par l'ensemble des souvenirs activés lors de l'échange. Cette « souvenance » peut survenir au niveau conscient, subconscient ou inconscient des personnes impliquées dans l'échange. Chaque échange, qu'il soit superficiel ou profond, est mémorisé par le corps/être à un niveau vibratoire (sensations), émotionnel, intellectuel et spirituel (âme).

Le rôle et le fonctionnement des chakras sont d'une importance fondamentale dans le voyage de guérison et de transformation de l'être humain. Nous piochons dans ce réservoir de souvenirs pour accéder aux traumatismes du passé, pour localiser, définir et aborder les histoires qui ne sont pas terminées et pour trouver et comprendre les blocages énergétiques et les maladies physiques du corps. Nous pouvons, grâce à l'information emmagasinée dans les chakras, localiser et réanimer les ressources intérieures oubliées et négligées que nous possédons afin de renforcer, réaligner et guérir nos corps physique et énergétique. C'est par le biais de la structure et de la fonction de système des chakras que nous pouvons retracer les chemins de notre histoire personnelle et symbolique en nous frayant un chemin parmi le passé le plus récent et le plus ancien pour arriver jusqu'au plus profond souvenir du chakra : la mémoire de notre être essentiel. Ici nous sommes toujours fort, pur et ne portons pas les marques des périls de l'existence.

Dans cette partie profonde de nos chakras, nous sommes connectés à notre axe vertical relié à l'influence stabilisante de l'énergie de la terre et à l'influence élévatrice de l'énergie universelle. Les énergies de la terre et de l'univers nourrissent, remplissent et fortifient constamment le système des chakras tout en nettoyant et en purifiant le corps énergétique. La relation et l'échange entre les chakras, l'axe, la terre et l'univers sont essentiels à la santé, au bien-être et aux possibilités d'évolution de l'être humain. Chacun des sept chakras majeurs est relié à une sphère d'activité de la vie humaine ainsi qu'à un niveau de conscience du monde intérieur de l'individu. Un chakra peut fonctionner sans le concours de la conscience éveillée de son propriétaire, tout comme nos organes et les autres systèmes de notre corps physique fonctionnent sans notre directive consciente.

Du fait de leur appartenance au corps énergétique et de leur nature par conséquent très subtile, les chakras sont particulièrement sensibles aux directives conscientes et à la conscience en éveil. Lorsque nous sommes conscients de l'existence des chakras, cette conscience engendre mouvement, changement et évolution dans cette partie de nous-même. En agissant sur les chakras par la pensée et l'imagination, il est possible d'agir à la longue sur le corps physique lui-même et de créer un changement, une transformation et une guérison. Avant de commencer à agir sur les chakras, il est essentiel de comprendre ce qu'ils sont, où ils se situent et comment ils influencent nos vies.

a) Premier chakra

Le premier chakra est situé à la base de l'épine dorsale dans la région génitale. Il gouverne la constitution physique en général, la circulation dans le bas du corps, la sexualité et toutes les questions fondamentales de survie. L'énergie vitale qui circule à ce niveau du corps/être se charge des besoins essentiels à la survie de l'être humain. Le besoin de nourriture et de logement et par conséquent les questions de travail et d'argent. Dans ce chakra, votre énergie est utilisée pour prendre soin des détails indispensables à votre vie quotidienne. Il gouverne également votre énergie sexuelle fondamentale, les organes sexuels, les ovaires et la prostate, les organes d'élimination (côlon, vessie, peau) et la circulation de l'énergie dans le bassin, les jambes et les pieds. L'état du premier chakra (ouvert, fluide, irrégulier, bloqué, fermé...) décrit votre existence fondamentale et détermine votre façon d'aller de l'avant dans la vie, tant physiquement que tempéramentalement. Si ce chakra est ouvert et que l'énergie y circule bien, votre corps sera de constitution forte et saine en général, votre énergie sexuelle sera vivante et régulière et vous avancerez progressivement dans la vie au rythme qui vous convient. Vous améliorerez votre qualité de vie à mesure que vous trouverez votre manière de gérer et de maîtriser vos besoins de survie.

C'est par le biais de votre premier chakra que vous créez votre connexion à la terre et que vous prenez soin des problèmes terrestres et de leurs détails matériels. Plus ce chakra sera ouvert et fluide, plus vous serez enraciné. Plus vous serez enraciné, plus vous deviendrez maître des détails matériels de la vie et plus vous éprouverez de plaisir à être vivant et présent dans un corps sur cette terre.

Si, en tant qu'âme, vous êtes gêné par le fait d'être dans un corps, c'est-à-dire si vous n'êtes pas certain de vraiment vouloir être ici, ce problème va remonter à la surface et se traduire physiquement par des problèmes et des blocages énergétiques dans le bassin, les jambes et les pieds. Si, par exemple, vous avez en tant qu'âme pris la décision de vous incarner dans un corps pour finalement découvrir que la vie sur terre est plus difficile, plus ennuyeuse et plus impossible à comprendre que dans votre souvenir, cela va créer une situation dans laquelle vous mobiliserez votre énergie pour essayer de quitter votre corps et de rentrer « chez vous ». Le résultat est que vous vous détachez de la terre et que vous vous éloignez de votre corps en allant à l'encontre du courant de l'énergie de force de vie qui circule en vous du ciel vers la terre et vous propulse avec douceur sur votre chemin d'évolution. Vous allez alors contre le courant naturel, vous vous fermez aux énergies qui circulent naturellement dans votre corps et autour de vous et finissez par éprouver des tensions et des douleurs physiques. Avec le temps, un premier chakra bloqué et fermé entraîne des problèmes circulatoires dans les pieds, les jambes, les chevilles, les genoux et les articulations des doigts de pieds.

Le manque d'intérêt, de pulsion et d'énergie sexuelle, la frigidité, l'impuissance, les infections de la vessie et la constipation sont tous des signes d'un mauvais fonctionnement du premier chakra. Le manque de vitalité, la diminution d'intérêt pour la vie et le manque de sens d'une direction existentielle indiquent également un problème au niveau de ce chakra. Si vous êtes trop tendu et ne pouvez pas vous relâcher physiquement ou si, inversement, vous êtes trop relâché et n'avez pas de tonus, vous avez certainement un problème au niveau de votre premier chakra et avec votre désir fondamental d'être en vie. Si vous êtes sans cesse confronté à des problèmes d'argent, si vous cherchez constamment une profession qui vous convienne, une maison qui vous plaise, votre problème est profondément lié au fait d'exister. Vous éprouvez peut-être une profonde ambivalence au sujet de la vie elle-même et, par conséquent, vous hésitez à vous y engager totalement. En fait, vous n'êtes pas vraiment ici, même si vous êtes vivant.

Si vous voulez être bien dans votre corps, dans une maison que vous appréciez et que vous souhaitez un travail qui vous apporte de la satisfaction, vous devez vous engager plus profondément dans la vie. Vous devez être prêt à vous ouvrir au courant de la vie, à vous engager avec elle, à la suivre. Il est important pour vous d'entrer en contact plus étroit avec votre corps physique, d'être prêt à explorer et à transformer votre peur d'être en vie et à vous abandonner au courant de l'existence.

Lorsque votre premier chakra sera ouvert et fluide, que vous serez bien enraciné et présent dans la vie, vous deviendrez de plus en plus conscient de l'énergie qui se dirige vers vous et qui s'écoule en vous, l'énergie de l'univers, de la terre et des autres êtres. Vous vous sentirez plus vivant, plus fort, plus énergique, prêt et disposé à aller de l'avant et à progresser.

Le concept clé du premier chakra est : **«J'existe.»**

b) Deuxième chakra

Le second chakra est localisé dans la partie pelvienne, juste en dessous du nombril. Ce centre d'énergie est relié à votre expérience émotionnelle, au flux et au reflux de vos états émotionnels intérieurs et à vos relations émotionnelles avec les autres. A la différence du premier chakra dans lequel votre sexualité s'exprime en tant que besoin physique et pulsion biologique de procréer, dans le deuxième chakra votre sexualité s'exprime en tant que qualité de réponse sexuelle.

C'est au niveau de votre deuxième chakra que vous éprouvez le désir de partager quelque chose de vous-même avec quelqu'un, de révéler votre vulnérabilité et de partager votre sensibilité et votre passion dans l'échange d'une relation personnelle. Il décrit votre façon de vous nourrir émotionnellement. Dans votre premier chakra vous vous nourrissez pour rester en vie, dans le second vous vous nourrissez pour vous sentir aimé. C'est dans ce centre de conscience que vous découvrez vos besoins, vos désirs émotionnels et votre ardent désir d'être, d'appartenir et d'avoir une place.

Votre façon d'aller vers les autres et d'entrer en relation fusionnelle, la fluidité avec laquelle vous vous adaptez aux changements qui surviennent dans votre vie et le rythme de votre mouvement émotionnel intérieur sont tous des comportements reliés au fonctionnement de votre deuxième chakra. Le monde intérieur est de nature changeante et fluide, le mouvement et la spontanéité sont des qualités très importantes pour le bien-être de cet aspect de vous-même.

Le second chakra est relié à la mère et aux qualités de réceptivité et de féminité. Comment avez-vous été materné et, par conséquent, comment vous maternez-vous vous-même ? Comment maternez-vous les autres ? Avez-vous été suffisamment touché, bercé, câliné et nourri lorsque vous étiez enfant ? La qualité de contact que vous avez reçu a-t-elle été suffisante pour satisfaire vos besoins ? Votre mère était-elle dans son cœur avec vous ? Etait-elle vraiment présente et attentive à vos besoins ? Vous êtes-vous au contraire senti étouffé par votre mère ? Avez-vous senti que vous n'étiez jamais libre en sa présence ? Aujourd'hui, dans votre vie d'adulte, recherchez-vous le contact physique et trouvez-vous cela facile ? Est-ce au contraire quelque chose que vous avez tendance à éviter ? La relation que votre mère entretenait avec son corps influence souvent la relation que vous avez avec votre propre corps.

L'intestin grêle, les organes d'assimilation de la nourriture sont influencés par le fonctionnement du deuxième chakra, tout comme le sont l'utérus, les reins et les glandes adrénalines. Si vous connaissez des problèmes dans ces parties de votre corps ou à l'un ou plusieurs de ces organes, ils sont certainement reliés à votre mère et en particulier à la façon dont vous sentez avoir été materné.

Soit que vous ressentiez un manque soit que vous pensiez avoir été étouffé par votre mère, le résultat se traduit par un déséquilibre de votre fonctionnement émotionnel et dans votre manière de gérer vos relations intimes. Si votre mère vous a négligé, il se peut que vous ayez soif d'attention mais que vous ne soyez jamais satisfait de la qualité d'attention que vous recevez. Pour remplir votre besoin de contact physique et pour vous rassurer, vous jouez peut-être le jeu de la séduction en recherchant sans cesse la qualité de nourriture maternelle qui vous manque et en trouvant une sorte de réconfort dans le contact sensuel et sexuel. Si, au contraire, votre mère vous étouffait de son attention, il se peut que vous ayez adopté une manière froide et autoprotectrice de garder les autres à distance pour prouver inconsciemment à votre mère et à vous-même que vous êtes libre.

Les besoins émotionnels du second chakra sont très fortement reliés aux besoins inconscients de l'enfant intérieur, particulièrement ceux qui n'ont pas été satisfaits pendant l'enfance : le besoin de sécurité, d'attention et de tendresse, le besoin d'explorer, de liberté et d'aventure, le besoin de se sentir spécial, unique et apprécié. Etant donné les demandes des enfants et les difficultés qu'éprouvent la plupart des parents à y répondre de façon adéquate, il est rare qu'un enfant parvienne à l'âge adulte en sentant qu'il a été compris, inconditionnellement accepté, satisfait émotionnellement et correctement nourri par ses parents.

Les problèmes d'intestin grêle sont reliés à la nourriture. Il se peut que vous ayez concrètement besoin d'apprendre à vous nourrir en suivant un régime équilibré et en prenant le temps d'apprendre à associer et à préparer les aliments de manière à ce que cela corresponde à vos besoins diététiques. Vous nourrir physiquement est indispensable à votre bien-être et des habitudes alimentaires régulières et modérées peuvent souvent rectifier certains problèmes d'assimilation chronique de l'intestin grêle. Les maladies « modernes » d'anorexie et de boulimie qui touchent les jeunes filles et les femmes prennent leurs racines dans tout ce qui relie à la mère. La nourriture et l'image de la femme sont des questions gouvernées par le deuxième chakra. L'utérus et les ovaires, éléments essentiels au processus créatif et nutritif de la procréation, ne peuvent fonctionner de façon satisfaisante que si une femme se nourrit de manière équilibrée. Les reins, organes responsables de l'élimination des toxines, ont besoin d'un apport de liquide régulier pour accomplir leur fonction de façon adéquate.

Prêter attention à son alimentation est une étape fondamentale de la guérison du deuxième chakra, mais remplir le besoin de nourriture émotionnelle est absolument essentiel. Un mauvais fonctionnement du deuxième chakra indique que l'être émotionnel a besoin de mûrir. Vous devez devenir adulte, vous devez être votre propre mère pour pouvoir abandonner la dépendance émotionnelle que vous entretenez avec les autres et pour établir des relations matures basées sur le désir mutuel de chaque être de partager et d'échanger.

Quand votre deuxième chakra sera ouvert et fonctionnera à un rythme équilibré, vous pourrez sentir la richesse et la diversité de votre être émotionnel. Vous pourrez instinctivement sentir les rythmes de distance et d'intimité dans vos relations. Vous pourrez maintenir le ressenti de votre relation avec l'autre, le sens de votre place et cependant vous resterez conscient des rythmes qui vous sont propres. Quand votre deuxième chakra fonctionne sainement, vous pouvez avoir confiance en l'expression spontanée de vos émotions et cela enrichit votre vie de tous les jours en lui apportant du mouvement, de la profondeur et du sens.

Le concept clé du deuxième chakra est : « **Je sens.** »

c) Troisième chakra

Le troisième chakra est situé dans le plexus solaire, au-dessus du nombril dans la zone du diaphragme. Ce chakra, de même que le second, est de nature émotionnelle mais son fonctionnement décrit la façon dont vous dirigez vos besoins et vos désirs émotionnels dans le monde plutôt que la façon dont vous vous sentez en relation avec le monde. Le troisième chakra est le centre de votre pouvoir, de votre puissance; il décrit votre volonté et votre endurance et son fonctionnement détermine la manière dont vous dirigez votre vie. C'est grâce à votre troisième chakra que vous amenez vos idées à se réaliser et que vous construisez votre monde selon vos désirs, vos besoins émotionnels et vos systèmes de croyance. Votre deuxième chakra détermine la place que vous prenez par rapport à votre mère, à votre famille et au monde, mais c'est dans votre troisième chakra que vous créez et prenez votre place dans le monde.

Ce chakra représente le père, l'énergie masculine qui est en vous, votre aspect expressif et masculin. Comment avez-vous été paterné ? Comment avez-vous été discipliné lorsque vous étiez jeune ? Quelle était votre relation avec l'autorité ? Comment votre vie était-elle organisée au sein de la famille ? Avez-vous appris à apprécier l'ordre, la structure ? Avez-vous été guidé par vos parents pour amener un concept à l'état de réalisation avec l'aide de la structure, de la discipline et de l'organisation ? Avez-vous, en fait, été encadré au point de vous sentir impuissant et sans importance ? Ou avez-vous été paterné de façon telle que vous vous sentiez incapable de réussir ? Comment vous disciplinez-

Les chakras (vus de face).

vous aujourd'hui ? Pour mieux comprendre l'état habituel de votre troisième chakra, il vous sera utile de porter attention à la façon dont vous structurez votre vie et à votre manière de vous organiser. Possédez-vous beaucoup de self-control ? Etes-vous un leader ? Prenez-vous les situations en main ? Etes-vous au contraire un « suiveur » ?

Ce centre d'énergie indique si vous préférez la position de la victime ou celle du créateur, si votre vie est quelque chose qui vous arrive ou si vous la prenez en charge pour la diriger selon vos préférences. Vous sentez-vous souvent manipulé, utilisé ? Vous faites-vous l'effet d'être une « serpillière » ? Vous défendez-vous tout seul ? Ou auriez-vous plutôt tendance à enfoncer les autres ?

Foie, pancréas, estomac, vésicule biliaire et rate sont les organes gouvernés par le troisième chakra. Si la circulation d'énergie y est bloquée, vous pouvez connaître des problèmes dans le fonctionnement d'un ou plusieurs de ces organes. Le diaphragme, large muscle situé dans le plexus solaire, est directement relié au troisième chakra et au système respiratoire. Les problèmes respiratoires sont de ce fait souvent associés à un blocage de la circulation de l'énergie dans le troisième chakra.

Si vous êtes quelqu'un qui ne se met jamais en colère ou qui n'exprime pas sa colère, vous avez plus que certainement un blocage au niveau de votre troisième chakra. Vous avez également un problème à ce niveau si vous êtes en colère de façon chronique. Si vous n'avez jamais peur ou si vous vivez constamment dans la peur, si vous ne cessez jamais de faire des choses ou si vous éprouvez de la difficulté à entreprendre... si vous vivez ce genre d'extrêmes dans vos émotions, vous souffrez d'un déséquilibre dans le fonctionnement énergétique de votre troisième chakra.

Les deuxième et troisième chakras décrivent tous les deux votre vie émotionnelle intérieure, votre façon de vous exprimer émotionnellement avec les autres et, plus généralement, la relation que vous avez avec le monde.

Pour devenir vraiment mature vous devez résoudre votre relation avec votre mère et avec votre père. Pour devenir émotion-

Les chakras (vus de profil).

nellement mature, vous devez comprendre comment vous avez été conditionné par les tendances de comportement de vos parents et vous devez vous libérer de cette programmation.

Lorsque votre troisième chakra fonctionne de façon saine et équilibrée, vous trouvez la capacité créatrice de donner vie à vos rêves avec l'aide de la discipline, de l'organisation et de la détermination. Vous créez un but et le réalisez avec le temps. Vous vous ressentez comme un être puissant et déterminé, capable d'apporter dans le domaine que vous avez choisi et qui vous sied une contribution unique et créative. Vous êtes ferme dans vos idées et, pour les amener à l'état de réalisation, vous pouvez aussi être flexible et vous adapter lorsque vous travaillez avec les autres.

Le concept clé du troisième chakra est : « **Je crée.** »

Les questions existentielles relatives au trois premiers chakras monopolisent une immense partie du temps de la vie de la plupart des gens. La nécessité de se nourrir, de se loger, de travailler et d'entretenir des relations personnelles constitue les occupations fondamentales de l'existence et peut aussi être la source de grandes épreuves. Quand vous fonctionnez principalement au niveau de vos trois premiers chakras, votre expérience est très subjective car *vous êtes à l'intérieur de votre expérience,* vous vivez ce qui vient à vous et y réagissez.

d) Quatrième chakra

Le quatrième chakra, ou chakra du cœur, joue un rôle important dans la reconnaissance et la compréhension de votre potentiel en tant que personne. Ce chakra agit comme point d'intégration pour les autres chakras car il contient les éléments des quatre niveaux de votre expérience : physique, émotionnel, mental et spirituel. Dans ce chakra, situé au centre de la poitrine, vous intégrez les expériences de la vie et développez les qualités de sagesse et de compassion. A ce niveau de conscience, vous devenez un véritable ami pour les autres, non par besoin de votre part, mais par joie et par plaisir d'échanger. La générosité de votre esprit vit dans le chakra du cœur ainsi que votre désir de donner aux autres, de partager vos expériences et de trouver et exprimer ce que vous avez en commun avec vos compagnons humains.

Le chakra du cœur est la maison de l'âme. Lorsque vous êtes incarné dans un corps, votre âme demeure dans la profondeur de votre quatrième chakra, elle y vit, elle témoigne des expériences que vous vivez tout au long de votre chemin, les absorbe et les intègre. Dans le chakra du cœur, vous développez les qualités d'amour inconditionnel et de détachement envers le monde extérieur. Vous savez que vous êtes dans le monde mais que vous n'êtes pas de ce monde. Quand vous êtes fermement installé dans ce chakra, vous êtes avec vous-même et vous pouvez être avec les autres sans vous perdre. Lorsque vous êtes dans votre deuxième chakra en présence de quelqu'un, vous vous fondez, vous vous dissolvez et vous vous perdez dans le courant de l'échange. Lorsque vous êtes dans votre quatrième chakra, vous êtes présent, vous êtes vous-même, entier, plein de compassion, engagé dans l'échange et vous gardez cependant un certain détachement vis-à-vis de vos besoins.

Les organes gouvernés par le quatrième chakra sont le cœur, les poumons et le thymus. Les problèmes de fonctionnement à ce niveau sont essentiellement l'hypotension et l'hypertension, les maladies cardiaques, les difficultés de circulation sanguine, les infections respiratoires, l'hyperventilation et l'hypoventilation, les douleurs au milieu du dos et la pneumonie. Tous ces problèmes sont révélateurs d'un conflit concernant l'intégration des expériences de la vie. C'est avec vos poumons que vous respirez l'air et que vous absorbez la force de vie circulant tout autour de vous. L'oxygène de l'air est intégré dans votre corps par vos poumons et envoyé dans votre sang que votre cœur fait circuler dans tout votre organisme. Lorsque le sang oxygéné est distribué et que votre corps s'en est nourri, ce qui n'est plus utile est éliminé et renvoyé dans votre cœur jusqu'à vos poumons qui l'expirent sous forme de dioxyde de carbone. Ces deux organes régularisent la circulation de l'énergie de force de vie qui entre et sort de votre corps, pendant que votre chakra du cœur régularise la circulation de l'expérience de vie qui entre et sort de votre organisme.

Tristesse et joie sont les deux extrêmes émotionnels exprimés dans le fonctionnement du chakra du cœur. Si vous ressentez beaucoup de tristesse dans votre vie, il peut être utile de comprendre qu'elle est l'expression d'un des aspects de votre âme. Qu'est-ce qui vous rend triste dans votre profondeur ? De quoi manquez-vous ? Avez-vous la nostalgie de votre lien avec la Source, avec Dieu ? Etes-vous triste de ne pouvoir retrouver votre peuple, votre véritable tribu, votre véritable famille de guérison ? Vous sentez-vous perdu ? Peut-être sentez-vous que vous avez perdu votre chemin, vos amis, votre sentiment d'être relié, votre sentiment de communion ?

Dans la tristesse du chakra du cœur, il existe souvent la nostalgie de quelque chose d'oublié, de perdu. Même lorsque la vie est riche et que vous vous sentez privilégié par rapport à ceux qui vous entourent, ce sentiment de manque et de perte est toujours présent. Ce manque n'a rien à voir avec l'organisation matérielle de votre existence, il est le cri de tristesse de votre âme qui désire une qualité de vie que vous n'avez pas. C'est l'appel de votre âme qui éprouve l'immense désir de vous sentir en vous-même, avec vous-même, pour que vous écoutiez les besoins de votre cœur et que vous cultiviez une qualité de vie qui soit riche, profonde et authentique.

Si vous êtes bien intégré dans votre chakra du cœur, vous serez joyeux, joueur et vous posséderez un vivant sens de l'humour. Vous serez capable d'apprécier les ironies de la vie et d'accepter les paradoxes et les dualités qui vous entourent avec sagesse. Tout en étant sincère et bon avec les autres, vous conserverez votre authenticité et votre honnêteté en restant toujours fidèle à votre vérité qui est unique tout comme vous êtes unique. Face aux problèmes des autres et d'un monde perdu et troublé, vous maintiendrez une position compatissante et cependant détachée en sachant que les problèmes sont une partie nécessaire et inévitable de la vie car ils sont essentiels à l'évolution de l'humanité. Quand vous êtes intégré dans votre chakra du cœur, vous avez le cœur léger, vous ressentez une légèreté dans votre être qui n'est pas du tout superficielle : c'est une légèreté qui vient de la connaissance de vous-même et du respect de vos limites face à vos besoins et aux problèmes des autres.

Si vous avez perdu votre sens de l'humour, votre capacité à rire de vous-même et des ironies de l'existence, vous souffrez d'une maladie du cœur ; c'est une maladie grave. Si vous avez ce problème c'est qu'il y a une raison : il vous manque quelque chose d'important dans votre vie. Il est une qualité dont vous avez besoin et que vous ne recevez pas. Peut-être est-ce une qualité d'amitié, de soutien ou le sentiment d'être compris. Peut-être avez-vous besoin de vous libérer du passé pour être plus disponible et présent dans votre vie ici et maintenant. Très souvent les histoires du passé non résolues avec la famille, les collègues et/ou les amis pèsent psychiquement sur le cœur et engendrent un profond sentiment de tristesse dont on ne peut se débarrasser tant que ces problèmes n'ont pas été abordés et résolus.

Le concept clé du quatrième chakra est : **« J'aime. »**

e) Cinquième chakra

Le cinquième chakra se trouve dans la gorge et représente le fonctionnement de l'esprit rationnel conscient et sa capacité à analyser, classer et discriminer. Il gouverne la communication, c'est-à-dire parler, écouter et comprendre les mots puis les organiser en une structure qui soit adaptée à vos systèmes de croyance personnels.

Si vous éprouvez des douleurs musculaires au niveau du cou, des cervicales, si vous souffrez d'infections chroniques de la gorge, de difficultés à entendre et de problèmes de bouche ou de dents, c'est qu'il existe une relation directe entre ces problèmes et le fonctionnement de votre cinquième chakra, celui de l'esprit rationnel et de la communication. Ce chakra gouverne l'expression de vos idées et représente la façon dont vous interprétez les idées et l'expression verbale des autres. Ecoutez-vous lorsque quelqu'un vous parle ? Pensez-vous que les autres vous écoutent ? Vos idées ont-elles de la valeur ? Vous exprimez-vous clairement ? Pouvez-vous exprimer vos besoins de manière à vous sentir compris ? Entendez-vous ce que les autres vous disent ? Etes-vous capable d'organiser vos pensées de façon à suivre logiquement vos propres idées ? Pouvez-vous résumer brièvement une idée ou un problème ? Si vous croyez ne pas avoir d'importance parce que vous ne vous estimez pas suffisamment, il vous est souvent difficile de vous exprimer avec des mots. Dès que vous commencez à parler, les autres se retournent et vous regardent en attendant que vous continuiez votre phrase, votre histoire. Si vous n'êtes pas sûr de vous, il est facile de vous couper la parole avant que vous n'ayez terminé et de vous laisser flotter, vous et votre auditoire qui se demande ce que vous avez voulu dire. Le résultat est que vous ne vous êtes pas exprimé et que les autres ne vous ont pas compris.

De nombreux problèmes relatifs au cinquième chakra sont reliés à l'image de soi inculquée dans l'enfance. Si vos parents n'ont pas pris suffisamment le temps de vous aider à trouver les mots pour vous exprimer, vous pouvez inconsciemment penser que les autres n'ont pas de temps à vous consacrer et que vos idées n'ont pas de valeur. Si, enfant, vous étiez timide et éprouviez de la difficulté à vous exprimer de façon spontanée, il se peut que d'autres enfants plus avancés vous aient jugé lent ou stupide et vous avez gardé cette idée sur vous-même bien qu'elle ne soit plus appropriée. La solution à tous les problèmes au niveau du cinquième chakra se trouve dans la communication et l'expression. Qu'avez-vous besoin de dire ? A qui ? Sur quel ton ? Avec quelle émotion ? Quels sont les mots que vous avez besoin d'utiliser pour que votre expression puisse être entendue et comprise par les autres ? Comment pouvez-vous vous exprimer honnêtement et avec authenticité ?

En ce qui concerne le cinquième chakra et la communication, il est fondamental que vous parliez pour vous, que vous parliez de votre propre expérience en ne supposant jamais que vous connaissez la réalité de quelqu'un d'autre. Si vous souhaitez être entendu par une personne, il est essentiel que vous ne l'attaquiez pas en la jugeant et en l'accusant. Si vous êtes en colère parce que vous vous êtes senti blessé par une action de l'autre, il est important que vous exprimiez votre colère. Mais si vous tenez cette personne pour responsable de votre douleur et de votre colère, vous pouvez être certain qu'elle ne sera pas prête à écouter vos diatribes. Il est indispensable que vous appreniez quelques règles simples de communication pour pouvoir parler de façon claire, simple et pour exprimer vos idées, vos sentiments et vos expériences avec conviction.

Quand votre cinquième chakra fonctionne de façon équilibrée et intégrée, vous pouvez vous exprimer avec facilité dans la plupart des situations que ce soit en groupe ou à deux. Vous pouvez parler clairement et avec fluidité en trouvant les nuances adéquates pour exprimer l'idée que vous souhaitez partager. Vous êtes également capable d'entendre et d'écouter les autres quand ils vous parlent en leur permettant de terminer leur phrase avant de leur répondre. Vous avez l'esprit ouvert aux idées des autres tout en restant fidèle à votre propre expérience de la vie. Quand vous êtes mentalement organisé et capable de prendre efficacement en charge les détails de votre quotidien, vous êtes capable de gérer votre temps de manière efficace et d'arriver à l'heure à vos rendez-vous. Vous êtes en mesure de planifier et d'amener vos projets à terme tout en étant attentif aux détails afin que le résultat final soit celui de la concrétisation de vos efforts.

Avec un cinquième chakra ouvert, fluide et équilibré, vous êtes capable de faire part de vos besoins à ceux qui sont disponibles pour vous écouter. Votre expérience de communication vous soutient dans votre croyance que vous pouvez être honnête et authentique sans être dans le jugement, et que les mots que vous prononcez ont une réelle valeur.

Le concept clé du cinquième chakra est : **« Je communique. »**

f) Sixième chakra

Le sixième chakra se trouve au centre de la tête, derrière le front, et gouverne la fonction du subconscient et de l'inconscient.

C'est ici que fonctionne votre imagination et que vous voyez les choses intérieurement et extérieurement. Le sixième chakra décrit votre capacité à voir avec perspective, recul et distance. C'est le foyer de votre *clairvoyance* (voir clairement). C'est avec ce chakra que vous percevez et comprenez la trame des événements et des cycles de la vie qui se déroule autour de vous. Grâce à la perspective de vision de votre sixième chakra, vous comprenez le comportement des autres en voyant leurs schémas psychologiques et leurs schémas de comportement.

Avec votre deuxième chakra vous ressentez le comportement des autres, avec votre quatrième chakra vous l'acceptez tel qu'il est et avec votre sixième chakra vous le voyez clairement et le comprenez, vous percevez avec perspective et distance comment il s'ajuste dans une image plus grande. Dans le sixième chakra se trouvent toutes les fonctions du cerveau et du mental. C'est ici que sont stockés vos systèmes de croyance qui s'expriment dans le fonctionnement créatif de votre mental. Les systèmes de croyance engendrés par l'expérience sont très souvent profondément enfouis dans l'esprit inconscient, ils ressurgissent comme des réflexes lors de situations de la vie courante. Vos systèmes de croyance s'expriment dans la symbolique de vos rêves, dans votre imagination et dans la communication de vos idées.

C'est dans votre sixième chakra que se trouve l'idée que vous avez de vous-même, de votre aspect extérieur (si vous vous estimez beau ou laid, exceptionnel ou ordinaire, gros ou maigre...) et votre comportement caractéristique lors de situations données (avec gaucherie, avec grâce, stupidement, intelligemment...). Cette idée, cette image que vous avez de vous-même est basée sur votre expérience personnelle du passé et sur le conditionnement et la programmation que vous avez reçus enfant. C'est d'après l'idée que vous avez de vous-même, de vos forces et de vos faiblesses, que vous vous voyez à votre place dans le monde. Le pouvoir créatif de votre imagination soutient en permanence vos systèmes de croyance personnels, et c'est avec ce pouvoir que vous créez la place que vous pensez mériter. On peut dire qu'avec votre sixième chakra, avec cet aspect de vous-même, vous changez naturellement votre réalité extérieure, et ce, grâce à la puissance créatrice de votre imagination.

Comment vous imaginez-vous ? Quelles sont vos qualités positives et négatives ? Quand vous vous regardez dans un miroir, réel ou imaginaire, que voyez-vous ? Votre sixième chakra est un miroir qui reflète et vous montre constamment les croyances que vous avez sur vous-même, sur les autres et sur la vie. Etes-vous conscient de la puissance de votre imagination ? Etes-vous capable d'amener votre imagination à créer une vision intérieure et de maintenir cette vision jusqu'à ce qu'elle se manifeste dans le monde extérieur qui vous entoure ? Pouvez-vous regarder autour de vous et percevoir les schémas et les cycles de la nature, de la terre, des gens et de vous-même ?

Les problèmes physiques liés au sixième chakra comprennent les maux de tête, les migraines, les douleurs dans le cou et les problèmes de vision. Que refusez-vous de voir ? Qu'est-ce qui est trop difficile à voir ? De quoi êtes-vous trop proche ? De quoi prenez-vous tant de distance qu'il vous est impossible de voir clairement ? Quelles sont les idées et les croyances qui font que vous ne puissiez plus vous supporter ? Que voyez-vous en vous et à propos de vous que vous ne pouvez plus supporter ? Et chez les autres ? Dans le monde ?

Quand un sixième chakra est bloqué, les systèmes de croyance qui y sont associés sont souvent : « Je ne veux pas voir » ou « Je ne veux pas prendre la responsabilité ». Si vous avez des difficultés à percevoir, à comprendre et à accepter la responsabilité de vos idées, de vos rêves et de vos actions, il s'agit souvent de la manifestation d'un blocage au niveau du sixième chakra.

Quand votre sixième chakra fonctionnera correctement, vous aurez une imagination vivante. Les images que vous recevrez seront claires et détaillées et viendront facilement sur l'écran de votre esprit créatif. Vous vivrez votre vie comme une suite continue d'événements reliés les uns aux autres, chacun possédant son importance et sa signification symbolique qui vous sera alors évidente. Dans le rythme et le courant des cycles changeants qui se déroulent en vous et autour de vous, vous verrez votre place, votre rôle et votre importance vis-à-vis des autres. La vie apparaîtra comme une riche tapisserie faite de sensations, de sentiments et d'images et vous serez celle ou celui qui brode cette tapisserie selon les expériences que vous vivrez. Grâce à la richesse de votre imagination, vous savez que vous êtes le rêveur et le rêve. Vous comprenez que la vérité est relative et que chaque personne a raison. Vous vous libérez des limitations de vos systèmes de croyance programmés et explorez les possibilités illimitées de votre imagination créatrice.

Le concept clé du sixième chakra est : **« Je perçois. »**

g) Septième chakra

Le septième chakra est situé au sommet de la tête et s'ouvre vers l'univers. C'est le chakra de votre être spirituel ; il gouverne non seulement vos pratiques et vos croyances spirituelles, mais aussi le conditionnement religieux que vous avez reçu lorsque vous étiez enfant. Le chakra « Couronne » décrit votre sentiment de communion avec l'univers, avec la Source, avec Dieu, quelle que soit la forme sous laquelle vous croyez qu'Il existe. Dans ce chakra vous ressentez le sens de votre but, la raison pour laquelle, en tant qu'être spirituel, vous vous êtes incarné dans un corps, la raison pour laquelle vous êtes venu sur terre.

Si vous avez des blocages au niveau de votre septième chakra, ils peuvent se manifester physiquement sous forme de maux de tête ou de douleurs et de tensions au niveau de la tête, du cou et des épaules. Ces problèmes se traduisent plus fréquemment par un sentiment de confusion et par la difficulté à obtenir le sens de votre but. Les problèmes de circulation d'énergie au niveau du septième chakra peuvent être ressentis comme la sensation d'être coupé de quelque chose ou par le manque de croyance en Dieu, en une intelligence infinie ou en la Lumière. Sentez-vous que votre vie a un but ? Croyez-vous que l'Univers soit intelligent ? Pensez-vous que l'humanité soit en train d'évoluer ? Vous sentez-vous un être de Lumière vivant dans un corps physique ? Croyez-vous être en train de vivre des expériences le long de votre chemin d'évolution ? Votre chemin d'évolution vous ramènera-t-il à la Source ? Allez-vous de l'avant avec confiance et foi, sachant que vous trouverez votre chemin ? Vous sentez-vous guidé ?

Quand votre septième chakra sera ouvert et fonctionnera, vous vous sentirez sur votre chemin, vous sentirez que vous allez quelque part et que vous avez un but. Vous aurez la foi, mais cette foi ne sera pas aveugle, ce sera une foi pleine de questions. Vous serez curieux, curieux de chercher, de rechercher et de découvrir ce qu'est la vie. Vous souhaiterez trouver et explorer des mystères, ressentir la nature et l'immensité de l'Univers. Grâce à votre lien avec la Source, avec la Lumière, vous ressentirez que vous êtes unique, vous ressentirez votre profondeur, votre immensité et votre vacuité. Grâce à votre septième chakra vous serez capable de ressentir la plénitude du vide qui est en vous, de comprendre l'importance de votre place et de votre but sur la toile de fond de l'Univers omniprésent. Vous serez capable de vivre pleinement votre but en sachant que votre vie est un cycle d'expériences et qu'un jour vous mourrez à cette vie et que vous retournerez à la Source dont vous êtes venu, la Source d'où toute existence vient et repart. Cela vous le saurez et vous l'accepterez dans votre cœur car vous comprendrez que nous ne sommes que des visiteurs sur cette terre, et que pour vivre nous devons mourir à une vie plus grande que nous avons laissée et à laquelle nous retournons.

Le concept clé du septième chakra est : **« Je sais. »**

h) Caractère expressif ou réceptif des chakras

Pour comprendre les chakras, il peut être utile de les considérer sous leurs aspects expressif et réceptif.

Les premier, troisième et cinquième chakras sont de **caractère expressif,** masculin actif et yang. Les deuxième, quatrième et sixième chakras sont de **caractère réceptif**, féminin passif et yin.

Vous agissez avec l'énergie des chakras expressifs, vous bougez, créez, communiquez, tendez vers... Si le mouvement de l'énergie est bloqué dans ces chakras, vous éprouverez de la difficulté à « faire ».

Le remède à ce problème est l'action et l'expression. Vous avez besoin de bouger physiquement, de marcher, de courir, de danser, de vous remuer. Vous avez besoin d'exprimer votre puissance innée en changeant l'organisation du monde physique qui vous entoure. Travaillez dans le jardin, changez vos meubles de place, construisez quelque chose, détruisez et jetez autre chose. Vous avez besoin de communiquer, d'exprimer qui vous êtes avec des mots, vous devez parler, crier et écrire des lettres aux personnes qui sont importantes pour vous dans votre vie. Les blocages de circulation d'énergie dans les chakras expressifs sont reliés à des problèmes de refoulement, au fait de se retenir.

Pourquoi vous retenez-vous ? Que retenez-vous ? Pourquoi avez-vous peur de faire un pas en avant, d'aller de l'avant ? Si vous vous exprimez, quelle est la pire des choses qui puisse vous arriver ? Si vous osez être vous-même et prendre votre place, quelle est la pire des choses qui puisse vous arriver ?

Avec l'énergie des **chakras réceptifs** vous recevez, sentez, percevez, comprenez et intégrez. Le mouvement naturel de ces chakras est un courant intérieur naturel qui vous emmène vers votre profondeur, vers votre perception intérieure et votre conscience. Si vous éprouvez des difficultés avec les aspects sensibles, réceptifs et féminins en vous et si ces chakras sont bloqués, vous avez besoin d'aller plus profondément en vous. Vous avez besoin de sentir plus, d'écouter plus et avant tout d'être plus disponible envers vous-même. Très souvent lorsque les chakras réceptifs ont des difficultés à fonctionner, c'est parce que la vie est vécue à un niveau trop superficiel, vous vous cherchez à l'extérieur de vous-même plutôt que de chercher votre vérité dans votre profondeur intérieure.

– Les blocages d'énergie dans les chakras réceptifs révèlent votre peur de découvrir la vérité de ce que vous êtes.

– Les blocages d'énergie dans les chakras expressifs révèlent votre peur d'exprimer la vérité de ce que vous êtes.

Le septième chakra est la fois réceptif et expressif. Dans la contemplation réceptive vous comprenez le but de votre vie, dans l'action expressive vous réalisez ce but.

4. La circulation de l'énergie vitale

Un corps sain est un corps dont les énergies circulent de façon équilibrée et harmonieuse (2). L'énergie vitale est, de par sa nature, toujours en mouvement. Lorsque vous réprimez l'énergie qui est en vous, lorsque vous réprimez vos idées, vos sensations et la pulsion naturelle de votre corps à se mouvoir, l'énergie qui circule dans vos chakras finit par se bloquer et par stagner. Lorsqu'elle cesse de circuler, vous éprouvez un malaise dans votre corps, de la douleur et/ou vous vous sentez apathique.

Si l'énergie a cessé de circuler dans une partie de votre corps et si vous désirez la réanimer, au début cela est très souvent pénible et douloureux. C'est comme si quelque chose en vous était mort et que vous deviez le faire revivre. Après une période initiale inconfortable, vous réussissez à réveiller cette partie de votre corps et le chakra qui est concerné, une circulation saine se rétablit, vous en éprouvez une diminution de la douleur et vous vous y sentez plus à l'aise. Dans la méditation de la circulation des énergies de la terre et de l'univers dans votre chakra du cœur et dans tout votre corps subtil, vous rappelez effectivement votre corps à la vie. Cette méditation est une affirmation de votre désir et de votre volonté d'être pleinement et totalement en vie. Vous choisissez consciemment d'appeler à vous l'énergie de force de vie pour vous ressourcer et renforcer vos corps physique et subtil. Si le passage de l'énergie n'est pas bloqué, l'énergie de force de vie s'écoulera en vous par votre premier et votre septième chakras. Les passages pour cette circulation d'énergie sont déjà installés en vous, que vous en soyez conscient ou non. Quand vous devenez conscient de leur existence, vous pouvez aider ces passages à fonctionner plus efficacement. Vous pouvez consciemment diriger les énergies de la terre et de l'univers là où vous le désirez, là où vous avez besoin qu'elles aillent.

Si vous éprouvez des problèmes particuliers au niveau d'un chakra, par exemple le premier, vous pouvez consciemment gué-

2. Voir l'ouvrage de Mantak Chia : *Energie vitale et autoguérison* (Editions Dangles).

rir ces problèmes. Vous pouvez être plus actif physiquement en marchant, en courant en faisant de l'exercice. Vous pouvez vous concentrer sur votre enracinement, en développant consciemment la souplesse de vos genoux, en vous connectant plus souvent avec la terre, en amenant votre conscience dans votre bassin et en respirant plus pleinement et plus profondément dans cette partie de votre corps. En ce qui concerne le premier chakra, vous pouvez vous engager dans un travail de thérapie personnel par rapport à votre sexualité afin de ramener la vitalité dans cette partie de votre corps. Si vous avez des problèmes de pouvoir au niveau de votre troisième chakra, vous pouvez consciemment faire quelque chose. Vous pouvez, dans vos méditations, appeler beaucoup d'énergie de la terre et de l'univers dans votre troisième chakra pour le nettoyer, le revitaliser et le renforcer. En comprenant l'importance de l'expression de soi, vous pouvez vous entraîner à prendre des risques, vous permettre de vous mettre en colère, d'exprimer votre peur, etc.

Il existe toujours une façon de vous aider à guérir, surtout lorsque vous savez et comprenez où se trouvent les blocages d'énergie dans votre corps et à quoi ils correspondent.

La carte des chakras est un système très utile pour clarifier la relation existant entre le corps subtil et le corps physique. Vous devez cependant vous souvenir que ce n'est qu'une carte du corps et de l'être, mais que ce n'est pas l'être. Vous êtes unique et c'est pour cela que vos problèmes sont uniques. Grâce à la pratique de la méditation sur les chakras, vous pouvez comprendre plus profondément que **vous êtes unique,** que vos problèmes ont un caractère unique et que le chemin de guérison qui est le vôtre et que vous devez emprunter pour revenir à un état de bien-être total et équilibré est lui aussi unique.

TROISIEME PARTIE

Vivre l'intuition en soi

CHAPITRE VII

Le rituel de la préparation intérieure

1. Les étapes du rituel

Nous commençons à développer notre intuition en pratiquant régulièrement les méditations destinées à créer une structure et une atmosphère intérieures propices à son fonctionnement. Il existe, pour les méditations de préparation intérieure, plusieurs étapes progressives que vous devez suivre systématiquement jusqu'à ce qu'elles deviennent une seconde nature pendant vos séances de méditation.

Au début, il est conseillé de les pratiquer une par une puis, après les avoir expérimentées chacune individuellement, de les regrouper en une seule et même séance.

Les étapes du rituel de préparation intérieure sont les suivantes :

– Respiration.
– Paysage naturel ressourçant et temple intérieur.
– Axe, enracinement.
– Circulation de la Lumière.
– Cercle de protection.
– Ancrage du mode intuitif.

Pour bénéficier pleinement des étapes de préparation destinées à créer la structure intérieure indispensable au fonctionnement de l'intuition vous devez pratiquer régulièrement. Programmez dans votre emploi du temps journalier une période de 20 à 60 minutes durant laquelle vous pratiquerez systématiquement la méditation et les techniques de visualisation présentées dans ce chapitre. Pour beaucoup, le meilleur moment de la journée pour pratiquer est le matin, avant de commencer ses activités. Il est également possible de le faire en fin de journée, avant de dormir. Au début consacrez-y 20 minutes, puis augmentez progressivement la durée de vos séances.

Plus vous consacrerez de temps à pratiquer, plus votre intuition se développera et plus vous en tirerez de bénéfices. Si vous avez tendance à vous inquiéter au sujet de votre timing, vous pouvez utiliser un réveil pendant vos séances. Programmez la fin de votre séance à l'heure qui vous convient et commencez. Accordez-vous 2 à 3 minutes après votre méditation pour vous réadapter au monde extérieur avant de reprendre vos activités.

Il est important, pour vos séances de méditation, de vous réserver un endroit calme et confortable. Vous pouvez méditer au lit, dans un fauteuil ou sur le sol assis sur un coussin les jambes en tailleur.

Il est essentiel que vous pratiquiez le dos droit et les épaules détendues. Vous devez porter des vêtements amples qui vous permettent de respirer dans le ventre et la poitrine. Si vous portez des lunettes, enlevez-les avant de commencer. Il est également conseillé d'enlever vos chaussures.

Pour vous guider lors de vos méditations de préparation intérieure, vous pouvez utiliser votre voix et enregistrer les méditations sur une cassette. Vous pouvez également les apprendre par cœur.

Vous pouvez travailler avec un ami et vous guider alternativement dans les exercices, ce qui vous permettra de partager les sensations, images et messages que vous aurez reçus pendant la séance.

Posture de méditation au sol (vue de face).

Posture de méditation au sol (vue de profil).

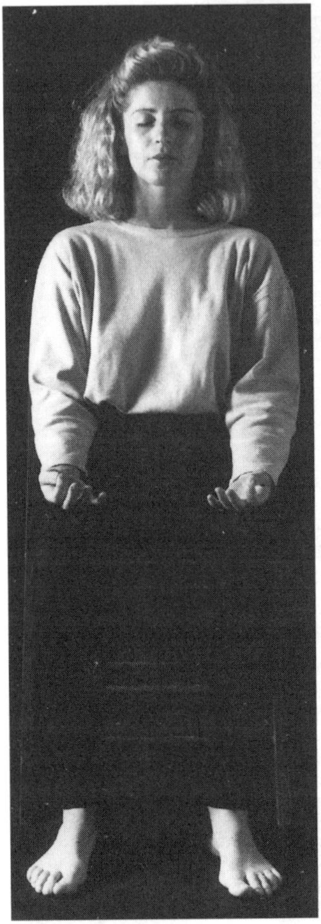

Posture de méditation sur une chaise (vue de face).

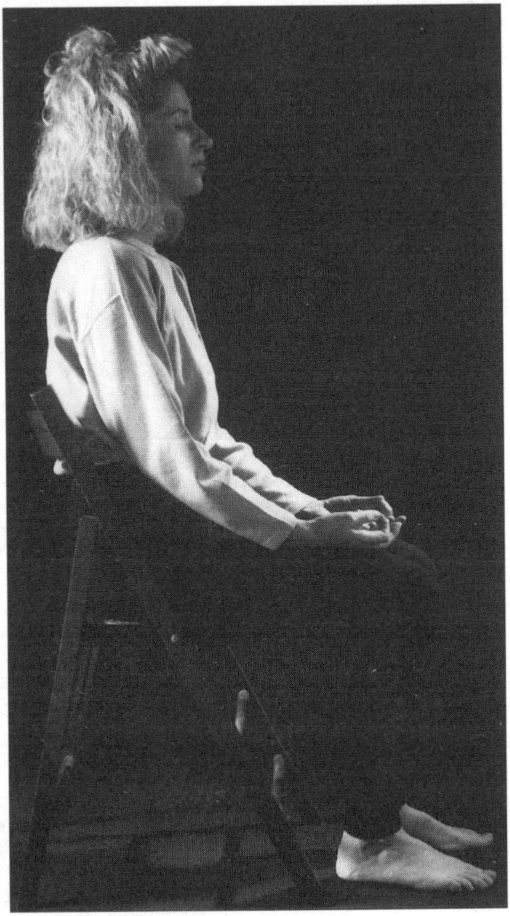

Posture de méditation sur une chaise (vue de profil).

2. La respiration, la détente, la présence

La respiration est notre lien avec la vie ; elle est indispensable à notre survie et à notre bien-être. La respiration est un outil de modification de l'état de conscience merveilleusement simple et efficace. Trop souvent prise pour acquise ou complètement ignorée, elle est devenue une merveille oubliée, une fonction automatique qui, par chance, ne requiert pas notre attention consciente. En devenant attentif à notre respiration, nous découvrons son importance et sa puissance dans notre corps.

Le souffle est le reflet de notre état d'être, de notre façon de vivre dans notre corps. C'est dans le processus respiratoire que nous exprimons notre volonté de recevoir dans notre corps et dans notre vie l'énergie vitale. Nous participons à chaque instant à la vie qui nous entoure dans le mouvement rythmé et constant de notre inspiration et de notre expiration. Nous commençons à respirer dès la naissance, et c'est avec la respiration que nous faisons le premier pas qui nous ramène à nous-même dans la pratique de la méditation.

Méditation de la respiration :

Commencez par respirer pleinement et profondément ; respirez plusieurs fois profondément en reliant l'inspiration à l'expiration.

A chaque expiration sentez votre corps se détendre, relâchez-vous et laissez les tensions vous quitter.

Pendant que vous respirez, soyez attentif et respirez dans les parties de votre corps que vous sentez tendues. Imaginez que votre inspiration dénoue vos tensions et que votre expiration les entraîne hors de vous.

A chacune de vos expirations, laissez aller le stress et les tensions ; expirez-les hors de vous, laissez-les vous quitter ; cela crée en vous l'espace pour vous détendre, pour recevoir la prochaine inspiration...

Soyez attentif à votre corps, aux sensations qui y existent. Soyez conscient de vos sentiments, de votre humeur, de votre état émotionnel pendant que vous respirez, que vous vous détendez, que vous vous abandonnez...

Remarquez les pensées de votre mental qui vont et viennent, observez-les simplement, soyez conscient...

Laissez vos pensées et vos sensations s'écouler à chaque expiration, laissez-les s'en aller...

Détendez-vous et libérez-vous de vos tensions, détendez-vous...

Laissez les tensions fondre, se dissoudre et disparaître dans le rythme lent et constant de votre respiration qui va et vient...

Vous vous détendez et vous êtes conscient... Calme.

3. «Paysage naturel ressourçant» et «temple intérieur»

Au cours de cette deuxième étape du rituel de préparation, nous partons consciemment dans un voyage imaginaire, nous laissons le monde de l'esprit rationnel pour entrer dans le monde intérieur du mode de fonctionnement subconscient. Nous nous aidons d'images et de suggestions pour susciter le fonctionnement de nos sens intérieurs (vision, toucher, odorat, goût et ouïe) et nous entrons en état de conscience modifié qui est un état de transe légère dans lequel nous pouvons prendre de la distance par rapport à l'habituelle structure linéaire de notre esprit conscient.

Nous créons puis nous entrons régulièrement dans un monde imaginaire composé d'éléments et de plantes vivants. Dans ce monde où tout est organisé d'après nos besoins et nos désirs, nous pouvons nous ressourcer en entrant consciemment en contact avec les éléments de la nature qui sont présents dans ce paysage. Nous sommes restabilisé par la terre, purifié par l'eau, revitalisé par l'air et réchauffé par le soleil. Nous entrons en contact avec les éléments de la nature pour nous donner les qualités dont nous avons besoin, en prenant le temps d'apprécier cette promenade imaginaire ainsi que la beauté et les qualités de la nature.

Dans la beauté de ce paysage naturel, nous imaginons un sanctuaire, un temple, un espace sacré. Nous nous rendons dans ce temple pour entrer plus profondément en contact avec notre être intuitif. Nous créons le temple qui correspond à nos souhaits en utilisant notre imagination comme outil de création. Une seule chose est nécessaire : que ce temple nous plaise. Nous devons nous y sentir chez nous, à l'aise et en paix. Nous devons éprouver le désir d'y retourner.

Le «paysage naturel ressourçant» et le «temple intérieur» sont utilisés comme des déclencheurs. Ce sont eux qui nous font basculer du mode rationnel au mode imaginaire, de notre hémisphère gauche à notre hémisphère droit, de notre esprit conscient à notre subconscient. Ils sont indispensables pour entrer en mode intuitif. Les espaces intérieurs imaginaires servent également de protection, d'écrans tampons ; ils nous protègent du bruit et de la pollution énergétiques du monde extérieur afin que nous puissions travailler tranquillement sans être dérangé psychiquement dans notre monde intérieur. Au départ, le paysage naturel et le temple sont des atmosphères que nous créons, inventons et organisons. Après quelque temps, ce monde intérieur commence à prendre vie de lui-même ; il prend une autre dimension et nous guide dans notre voyage intérieur. Ces mondes commencent à se transformer et à « parler » d'eux-mêmes, tout comme la nature qui possède ses rythmes et les habitations qui ont leur atmosphère. Ce jardin de nature et ce temple existent dans notre imagination, il est donc normal qu'au fur et à mesure que nous changeons et que nous évoluons nos besoins évoluent également. Les transformations de notre état intérieur se remarquent très souvent dans les changements soudains de notre paysage naturel et de notre temple.

Notre temple devrait être régulièrement nettoyé à fond et rénové pour lui permettre d'être le juste et confortable reflet de notre état intérieur.

Symboliquement, le voyage que nous parcourons dans le « paysage naturel ressourçant » représente notre retour vers notre être essentiel ; ce retour est nécessaire pour que nous puissions entrer en contact avec la sagesse de notre être le plus profond. Nous renonçons temporairement au monde extérieur pour entrer dans le monde intérieur de notre imagination dans lequel nous retrouvons notre être intuitif. Il est important que vous preniez tout votre temps pour effectuer cette étape du rituel. Vous pouvez rester aussi longtemps que vous le souhaitez dans la nature et dans votre temple. Utilisez cette étape comme une partie intégrante du processus d'autoguérison de la méditation et des visualisations. Donnez-vous tout le temps dont vous avez besoin pour créer ce monde intérieur d'après vos exigences et vos besoins. Utilisez librement votre imagination sans aucune restriction. Pensez que vous êtes un magicien et que vous êtes en train de créer votre monde. C'est d'ailleurs tout à fait ce que vous êtes en train de faire !

Méditation du « paysage naturel ressourçant » et du « temple intérieur »

Commencez par respirer doucement en étant détendu et conscient, calme et présent.

Fermez les yeux tout en ayant conscience du rythme doux et constant de votre respiration qui va et vient.

Installez-vous de plus en plus en vous-même, à chaque cycle de votre respiration soyez de plus en plus présent...

Imaginez-vous maintenant dans un merveilleux paysage naturel... Ce peut être un endroit que vous connaissez ou que vous imaginez...

Visualisez ce paysage avec les yeux de votre esprit, et imaginez-le avec tous vos sens...

Sentez l'atmosphère et la texture de la terre et des plantes qui sont près de vous.

Voyez les couleurs de la nature tout autour de vous, écoutez les bruits, les mouvements, sentez les parfums que le vent emporte, le goût de l'air...

Imaginez cette scène naturelle et imaginez-vous au milieu de ce paysage...

La terre, l'eau, l'air, le soleil... Quel est le genre de paysage qui vous convient?...

Imaginez un endroit qui vous plaît, qui contient les éléments de la nature que vous aimez...

Comment sont la terre, les plantes, les arbres?... Y a-t-il de l'eau, un lac, une rivière, une mer?...

Laissez votre imagination créer un espace qui vous fasse réellement plaisir, un espace qui vous ressource et dans lequel vous pouvez vous imaginer avec plaisir...

Cet endroit est très spécial, c'est votre espace à vous, le sanctuaire dans lequel vous entrez afin d'être vous-même, un espace pour guérir, grandir, se transformer, apprendre...

Imaginez-vous à l'intérieur du sanctuaire, de cet espace naturel tout à fait spécial, un temple, un temple dans le jardin du temple, un sanctuaire dans le sanctuaire...

Imaginez une structure, une habitation, un espace qui convient parfaitement à vos besoins...

Il peut être très simple, très élaboré...

Laissez votre imagination créer la vision du parfait espace, du temple parfait pour vous, puis placez dans cet espace les meubles et les objets qui vous plaisent, l'ambiance qui vous plaît, l'atmosphère dans laquelle vous vous sentez chez vous, à l'aise et disponible pour être, pour vous détendre...

Un espace dans lequel vous pouvez vous installer, dans lequel vous pouvez méditer, entrer en contemplation et être avec vous...

En prenant tout le temps dont vous avez besoin, laissez la vision de ce temple prendre forme et explorez l'espace, découvrez-en l'atmosphère...

Remplissez l'atmosphère de votre présence, faites comme chez vous.

Respirez et détendez-vous, permettez à cet espace de vous nourrir.

Imaginez les beautés de la nature qui vous entoure et la merveilleuse atmosphère de votre temple...

Sachez que cet endroit tout à fait spécial est le vôtre ; c'est un espace de guérison, un espace pour vous régénérer, un espace dans lequel vous pourrez toujours venir... un espace conçu uniquement pour vous.

Prenez plusieurs respirations, profondes et pleines et, quand vous vous sentez prêt, ouvrez les yeux...

Vous êtes présent et régénéré.

4. Axe, enracinement

a) S'enraciner à la Terre

Une fois que vous avez traversé les beautés de la nature pour vous installer en conscience dans votre temple intérieur, vous êtes naturellement protégé des perturbations mentales et énergétiques. L'étape suivante consiste à se tourner vers et à entrer en contact avec les énergies de la terre et de l'univers comme points de support, d'aide et de ressourcement. Nous réaligner à notre verticalité consiste à créer un contact conscient avec les énergies cosmo-telluriques en imaginant qu'elles sont des êtres avec lesquels nous pouvons établir une relation d'échange, de communication et de conscience.

Dans la philosophie de l'enseignement de l'intuition, nous croyons au concept de la terre et de l'univers et les considérons comme les archétypes ou les divinités de la Mère et du Père. La terre est un être, une énergie féminine ressourçante, un être sur son chemin d'évolution qui fait l'expérience de son existence à un certain niveau de conscience, tout comme nous vivons le nôtre. L'univers dans son immensité est lui aussi un être intelligent et conscient et il vit une relation avec la terre. Nous pouvons établir une relation consciente avec ces êtres si nous choisissons de le faire. Lorsque nous entrons en contact avec la terre, nous en retirons les qualités de sécurité et de stabilité. Dans notre relation avec l'univers nous trouvons la Lumière, la communion, le sentiment d'appartenance et celui d'avoir une place et un but.

En ouvrant notre conscience à la terre et en étendant nos sens intérieurs pour créer avec elle un contact énergétique, nous pouvons trouver toute la stabilité et la sécurité dont nous avons besoin pour nous sentir protégé et en sécurité. Nous pouvons imaginer la terre comme la Mère qui nous offre son abondance et les fruits et les fleurs de son être. Le contact énergétique avec la terre engendre un sentiment d'enracinement, d'encrage et nous l'établissons en respirant dans notre ventre et en étant de plus en plus présent et conscient dans le présent. Les préoccupations à propos du passé et du futur peuvent être gérées et même maîtrisées en pratiquant régulièrement les exercices et les méditations d'enracinement, car elles nous aident à focaliser notre attention dans l'ici et maintenant, augmentant la conscience que nous avons de notre corps physique.

b) Se relier à la Lumière

Pour établir un équilibre avec la densité et la stabilité de la terre, nous entrons en contact avec l'univers, avec l'immensité des cieux. Ce contact se traduit par la perception de la Lumière et par notre sentiment de communion avec l'existence. Nous étendons notre conscience vers les cieux et nous demandons à la Lumière d'être avec nous, de s'écouler en nous et de nous guérir. Nous imaginons la Lumière de l'univers sous la forme d'une couleur et d'une qualité de communion, et nous imaginons l'énergie de la terre comme une qualité de stabilité. Ces deux énergies s'écoulent en nous sous la forme d'une lumière liquide. La relation que nous établissons avec la terre et avec l'univers engendre un courant d'énergies subtiles qui entrent en nous par la base de notre bassin et par le sommet de notre tête, renforçant ainsi l'axe vertical de notre corps. De cette façon, nous recevons à la fois les qualités de fermeté et de souplesse, de stabilité et de légèreté.

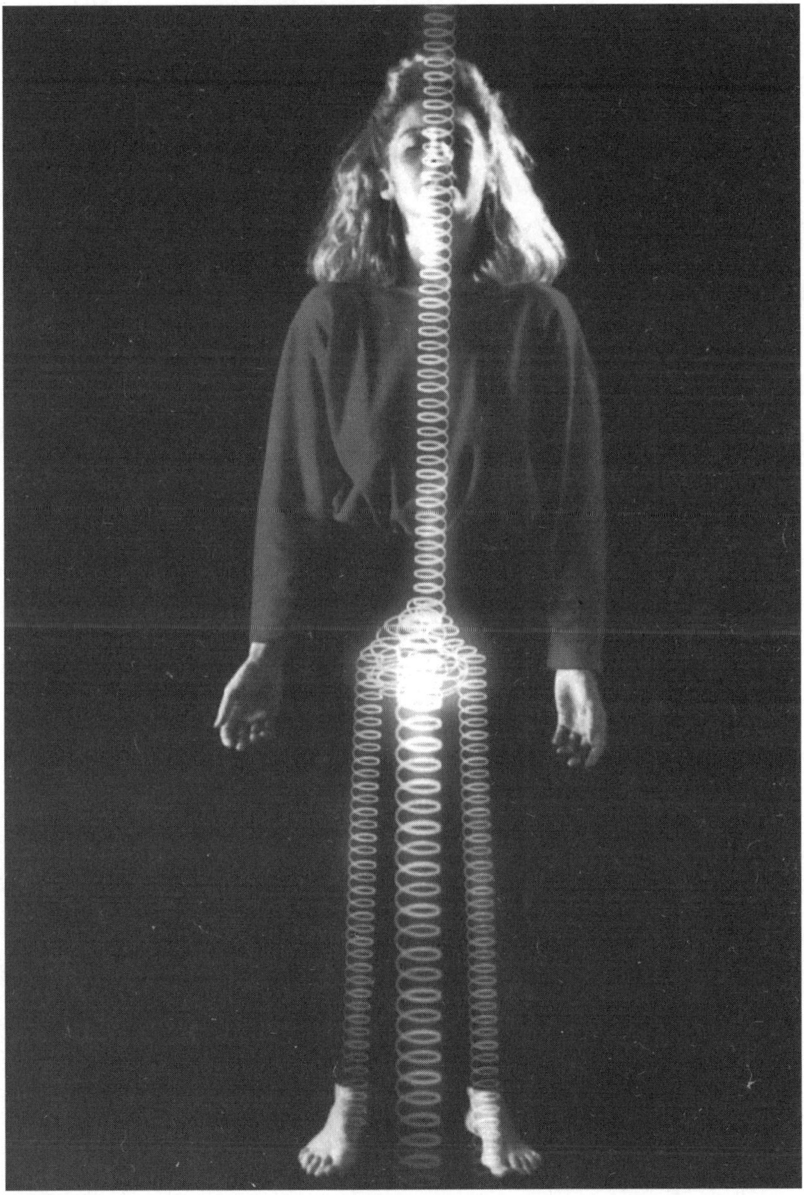

L'enracinement : se relier énergétiquement à la terre.

En pratiquant régulièrement le réalignement à notre verticalité, nous développons notre détachement, notre indépendance et notre maturité émotionnelle. Lorsque nous donnons une place à l'univers et à la terre, ils peuvent commencer à travailler en nous dans le monde subtil de notre conscience intérieure en communiquant avec nous, en nous guidant, en nous offrant leur présence et en nous accompagnant tout au long de notre vie.

Méditation de l'axe

Imaginez-vous dans votre temple, détendu, alerte et disponible, présent et dans votre respiration...

Portez votre attention à votre colonne vertébrale et imaginez-la comme une grande colonne de Lumière, ronde, ferme et pleine, une colonne qui s'étend de la base de votre colonne vertébrale jusqu'au sommet de votre tête, une colonne de Lumière qui vous soutient et vous aide à vous tenir assis en posture de méditation.

Imaginez votre axe comme quelque chose qui est à la fois ferme et souple, et qui vous apporte le soutien dont vous avez besoin...

A la base de votre colonne vertébrale, imaginez l'énergie, la Lumière s'étendre et se prolonger dans la terre et, de la même façon que l'arbre s'enracine dans la terre, la Lumière étend des racines énergétiques dans la terre...

Imaginez votre axe s'étendre et se stabiliser; il vous enracine et vous connecte à la terre.

L'énergie de la terre peut alors s'écouler en vous comme une Lumière liquide, une Lumière de stabilité, de sécurité, de présence... Elle monte en vous et permet à votre axe de s'étendre et de devenir ferme, fort et stable.

Portez maintenant votre attention au sommet de votre tête, imaginez-y votre axe, une colonne de Lumière qui s'ouvre vers le ciel pour recevoir la Lumière qui descend vers vous et tout autour de vous...

La Lumière s'écoule en vous par le sommet de votre tête, vous apportant les qualités de légèreté et de communion, le sentiment d'appartenir et d'être accompagné...

Vous êtes enveloppé de Lumière et de la douceur de l'amour.

Laissez-vous vous ouvrir et recevoir, laissez la Lumière s'écouler en vous...

Imaginez votre axe, une colonne de Lumière qui vous relie à la terre, qui vous relie à l'univers...

Vous êtes ouvert et prêt à recevoir ce dont vous avez besoin, pour votre équilibre, votre guérison, votre bien-être...

L'enracinement : se relier à l'univers, se relier énergétiquement à la Lumière.

Restez tranquillement pendant quelques minutes, conscient de votre axe...

En respirant, en étant présent, conscient de la terre et de l'univers, vous vous laissez recevoir la Lumière liquide par la base de votre colonne vertébrale, par le sommet de votre tête, qui renforce, assouplit et apporte plus de Lumière à votre axe.

Quand vous vous sentez prêt, respirez profondément plusieurs fois, détendez votre concentration intérieure et ouvrez les yeux.

5. Se centrer dans le cœur

Une fois que nous sommes énergétiquement relié à la terre et à l'univers dans l'axe vertical de notre corps subtil, la Lumière – que nous imaginons comme une substance liquide claire, vivante et fluide – peut alors être distribuée dans l'ensemble de notre corps subtil et physique pour le purifier, le nourrir et l'équilibrer. En même temps, nous déplaçons le centre de notre conscience pour l'amener du centre de notre tête au centre de notre poitrine, imaginant notre cœur comme le point central de notre conscience, le siège de la sagesse de notre âme. Le cœur reçoit les énergies de la terre et de l'univers, ces deux énergies liquides s'y rencontrent, se fondent puis, du cœur, continuent de circuler dans l'ensemble du corps pour le nourrir et le guérir.

Méditation de la circulation de la Lumière

Respirez, détendez-vous, fermez les yeux et entrez en vous.

Portez votre attention à votre axe, à la base de votre colonne vertébrale et à votre connexion avec la terre.

Imaginez la corde d'enracinement vous reliant à la terre et laissez-vous vous défaire de vos tensions, de votre sensation d'oppression et de vos pensées négatives...

Défaites-vous de vos émotions difficiles, laissez-les s'écouler le long de votre corde d'enracinement...

Donnez-les à la terre sous forme d'énergie qu'elle pourra recycler ; relâchez-vous, détendez-vous et enracinez-vous.

Vous donnez à la terre et vous recevez de la terre...

Imaginez la Lumière liquide monter de la terre...

La terre vous soutient, vous apporte stabilité, sécurité et Lumière...

Méditation de la circulation de la Lumière.
Connexion énergétique entre le ventre, le cœur et la tête.

Imaginez la Lumière s'écouler en vous, par la plante de vos pieds, par vos jambes et la base de votre colonne vertébrale... Elle monte en vous, le long de votre axe, s'écoule dans votre poitrine, s'écoule dans votre cœur...

Inspirez la Lumière, expirez vos tensions, soyez de plus en plus prêt à recevoir la Lumière qui s'écoule en vous, la Lumière qui monte de la terre jusque dans votre cœur et vous touche dans votre cœur.

Portez maintenant votre attention à l'univers, à l'air, au ciel, au soleil...

Et en respirant l'air qui vous entoure, imaginez la Lumière s'écouler vers vous et vous remplir...

La Lumière s'écoule en vous par le sommet de votre tête, coule tout autour de vous, vous remplit au fur et à mesure que vous respirez...

Une Lumière claire, blanche, aimante s'écoule en vous jusque dans votre cœur et remplit votre cœur...

L'énergie de la terre et l'énergie de l'univers coulent en vous, remplissent votre cœur, se mêlent et se fondent en vous, vous remplissent de Lumière, emplissent votre cœur de Lumière...

Respirez et acceptez la Lumière qui circule, remplit, coule et vous centre dans votre cœur...

La terre et l'univers vous rencontrent dans votre cœur, et la Lumière de votre cœur s'écoule dans tout votre corps.

Détendez-vous dans la sensation d'être fluide, équilibré, centré et présent dans votre cœur...

Quand vous vous sentez prêt, relâchez votre concentration intérieure et ouvrez vos yeux, en prenant quelques respirations profondes.

6. Cercle de protection

A ce stade de la méditation, nous nous entourons de Lumière et nous nous protégeons des interférences énergétiques extérieures. Nous créons une enveloppe de Lumière nourrissante qui renforce les frontières de notre corps subtil.

Méditation de la frontière personnelle

Respirez, enracinez-vous, centrez-vous et imaginez la Lumière s'écouler en vous et tout autour de vous...

Soyez conscient de votre axe et de votre connexion avec la terre...

Vous êtes enraciné et centré, présent et conscient...

Maintenant, imaginez autour de vous une frontière de Lumière claire et éclatante...

Imaginez tout votre corps entouré de cette Lumière, un cocon protecteur qui vous entoure et vous enveloppe de Lumière, dans la douceur de la fluide Lumière blanche...

Imaginez cette frontière tout autour de vous, du sommet de votre tête au-dessous de vos pieds, devant vous et derrière vous, de chaque coté de vous...

Une frontière personnelle de Lumière vous entoure, vous enveloppe et vous protège...

Une couche de Lumière intelligente, une Lumière pleine de sagesse de la terre et de l'univers qui vous protège à chaque instant.

Affirmez en vous que votre frontière personnelle vous protège à tout moment, où que vous alliez, quoi que vous fassiez...

Elle filtre l'énergie de vie, vous protège des énergies indésirables et s'ouvre à l'énergie ressourçante...

Une frontière qui a à cœur de vous servir pour votre plus grand intérêt, de toutes les façons et à tout moment...

Imaginez cette frontière comme une coquille d'œuf de Lumière, et imaginez-vous confortablement installé à l'intérieur...

La frontière possède une lumière fluide, flexible et vivante qui s'adapte et change selon vos besoins...

Tout ce qui existe à l'intérieur de cette frontière constitue votre espace sacré, votre sanctuaire intérieur, l'espace où vous êtes centré, calme et en sécurité, nourri de Lumière...

Prenez plusieurs grandes respirations et, quand vous vous sentez prêt, ouvrez les yeux puis revenez à un état de conscience normal.

7. Ancrage du mode intuitif

L'étape finale du rituel de préparation consiste à réunir les étapes précédentes en une seule et même méditation à la fin de laquelle nous nous ancrons dans notre état intuitif. L'ancrage intuitif s'effectue en connectant le pouce et l'index lorsque nous nous sentons bien installé dans notre mode intuitif.

Une fois effectué, l'ancrage est utilisé dans toutes les méditations comme déclic pour nous amener rapidement et efficacement dans notre mode intuitif.

Méditation de l'ancrage intuitif

Soyez conscient de votre respiration et choisissez consciemment de respirer calmement et régulièrement en affirmant que chaque cycle de votre respiration vous relaxe et vous centre.

Imaginez-vous en train de vous promener dans votre paysage naturel ressourçant dont vous percevez, avec vos sens intérieurs, les couleurs, les sons, les odeurs de la nature, la sensation de l'air qui caresse votre joue et la sensation de vos pieds sur le sol...

Puis, dans ce paysage vous arrivez à votre temple.

Imaginez le temple, votre sanctuaire... visualisez sa forme, sa taille, l'endroit où il se trouve dans le paysage...

Souvenez-vous que cet endroit est tout a fait spécial pour vous, c'est ici que vous venez pour faire un travail très spécial, c'est ici que vous entrez en contact avec votre être le plus profond.

Imaginez-vous à l'intérieur du temple, entouré des meubles et des objets qui vous aident à atteindre votre but...

Imaginez la couleur des murs et des meubles, imaginez l'atmosphère de votre temple et choisissez l'endroit où vous allez vous asseoir pour méditer...

Restez en contact avec le rythme de votre respiration qui va et vient...

Imaginez-vous en train de vous asseoir et de vous installer confortablement...

Portez votre attention à la base de votre colonne vertébrale, et imaginez votre colonne comme une colonne de Lumière... Elle s'étend profondément dans la terre et l'énergie lumineuse y pénètre profondément...

Cette colonne de Lumière vous relie à la terre, elle est une corde d'enracinement qui s'enfonce profondément dans la terre.

Affirmez votre lien avec la terre... « Je suis ici, dans mon corps, la terre est ici avec moi. Je me relie à la terre. »

Imaginez que la terre vous envoie de l'énergie pour vous nourrir, une rivière de Lumière liquide qui s'écoule de la terre et qui monte dans votre corps depuis le bas de votre colonne vertébrale...

La Lumière monte dans votre poitrine et, de là, s'écoule dans tout votre corps ; elle apporte la nourriture de la terre dans tout votre corps à chaque cycle de votre respiration ; vous êtes présent, détendu, disponible et conscient de votre état intérieur.

Portez maintenant votre attention au sommet de votre tête et imaginez que de l'immensité de l'univers, la Lumière se dirige vers vous...

Elle vient d'une source d'un immense amour, elle vient vers vous...

Une Lumière liquide s'écoule en vous par le sommet de votre tête et jusque dans votre cœur...

Soyez prêt à recevoir la nourriture de l'univers dont vous avez besoin, sa Lumière entre en vous, vous remplit, s'écoule dans tout votre corps.

La Lumière de la terre et celle de l'univers se mélangent en vous et s'écoulent en vous, vous apportant équilibre et harmonie, la qualité d'énergie dont vous avez besoin pour être bien et équilibré.

Imaginez-vous rempli de Lumière, de cette Lumière qui déborde tout autour de vous, qui s'écoule autour de votre corps...

Imaginez-vous enveloppé de Lumière...

La Lumière de la terre et de l'univers s'écoule en vous, vous entoure et vous enveloppe...

Affirmez en vous les mots de votre clé éternelle, ressentez la signification que ces mots ont pour vous.

Soyez conscient de ce qui se passe en vous lorsque vous les répétez plusieurs fois en restant centré et présent à chaque cycle de votre respiration.

Tout doucement, mettez en contact votre pouce votre index au moyen d'une pression souple mais ferme; cela crée un ancrage et vous donne accès à votre mode intuitif de façon simple et facile.

Affirmez en vous-même : « Je suis un clair canal pour la vérité... Mon être intuitif est vivant en moi. »

Imaginez votre être intuitif comme un aspect de vous... vivant, présent, disponible, à qui vous pouvez poser des questions et qui vous donnera des réponses claires et justes. Ses réponses vous guideront et vous aide-

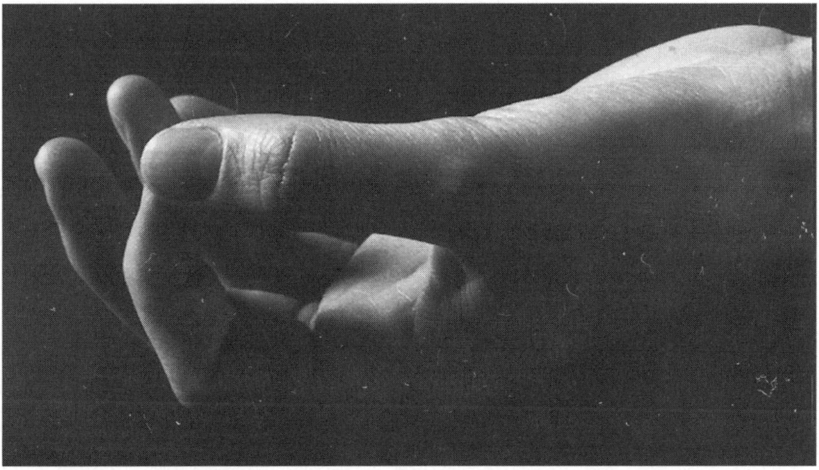

Le rituel de préparation : ancrage du pouce et de l'index.

ront dans votre vie, elles pourront se présenter sous forme de sentiments, d'images ou de messages.

Soyez présent, disponible, attentif et en contact avec vous-même, conscient de votre état intérieur ; vous respirez, l'énergie circule, la Lumière circule, vous êtes présent et centré dans le calme de votre temple...

Quand vous vous sentez prêt, prenez plusieurs respirations profondes, ouvrez les yeux et revenez au monde extérieur.

A partir de maintenant, utilisez toujours l'ancrage de votre pouce et de votre index chaque fois que vous désirez entrer dans votre mode intuitif. Dès que vous fermez les yeux et que vous commencez à respirer calmement et régulièrement connectez votre pouce et votre index. Vous entrerez simplement et profondément dans votre état d'être intuitif.

CHAPITRE VIII

Le cycle créatif de l'expression intuitive

1. Un voyage intérieur

La découverte, l'exploration et l'utilisation de l'intuition constituent essentiellement un voyage intérieur, un voyage de conscience qui demande du temps, de l'attention et un état intérieur de discernement et de lucidité. C'est, en un sens, un voyage sans fin, sans destination; un voyage vers l'intérieur de soi aux horizons infinis de possibilités. La découverte et le développement de nos sens intérieurs nous emmène naturellement à entrer plus profondément en contact avec nous-même et avec la richesse de notre monde intérieur.

Dès lors que nous sommes dans une union étroite avec notre Moi plus essentiel, en contact avec le flux et le reflux des rythmes intérieurs de notre être, la vie se présente sous une perspective différente et nous commençons à nous considérer avec plus d'acceptation, de compréhension et d'amour. Le chemin de l'ouverture intérieure, de même que la réconciliation du cœur et de l'âme, fruit du développement de l'intuition, est unique pour chaque individu embarqué dans ce voyage.

Les prises de conscience et les révélations découvertes en chemin se présentent sous diverses formes et différentes amplitudes, chacune apportant sa propre dimension à la transformation du voyageur. Etant donné la nature unique de chaque individu et la variété de formes au travers desquelles l'intuition peut s'exprimer, il peut être surprenant d'apprendre que l'intuition suit un chemin très méthodique dans son fonctionnement et son expression. Il serait plus juste de dire que l'intuition a besoin, pour se manifester, d'un chemin méthodique et d'une structure intérieure organisée afin de pouvoir fonctionner de manière précise et efficace.

Chaque fois que la fonction de l'intuition est utilisée, une série d'étapes précises devrait être suivie par le corps/être afin de lui permettre de pouvoir s'exprimer à son plein potentiel. Il existe, dans tout processus créatif, un mouvement qui va de la conception à la gestation puis à la naissance, un cycle complet, et chaque étape est préalablement nécessaire à la suivante.

Le cycle du fonctionnement de l'intuition suit cinq étapes fondamentales et essentielles à son expression créative.

a) Préparation personnelle

La première étape et la plus importante du processus intuitif est le temps consacré à la préparation intérieure. Il est nécessaire de cesser temporairement toute activité et de créer un espace calme afin de se retirer – à la fois physiquement et symboliquement – du monde extérieur.

Dans cette phase initiale, nous prenons le temps de revenir à nous-même en respirant calmement et en suivant les étapes du rituel de préparation présenté sous forme de méditation autoguidée :

– Respiration, relaxation, conscience.
– « Paysage naturel ressourçant » et « temple intérieur ».
– L'axe, l'enracinement à la terre et à l'univers.
– Circulation de la Lumière.
– Frontière personnelle.
– Ancrage de l'état intuitif.

b) Entrer dans l'état intuitif

Une fois que nous avons accédé à l'état intuitif en suivant les étapes précédentes, nous prenons quelques secondes pour entrer plus profondément dans cet état intérieur de calme et de vide. Nous vérifions que nous sommes bien centré, présent et conscient. Il est maintenant possible de poser des questions, de demander des informations et de chercher de l'aide auprès de notre être intuitif.

Il est impératif que toutes les questions soient posées de façon claire et précise et que l'information recherchée ait réellement un sens, une valeur cohérente. Plus nous approchons l'intuition avec respect, ce respect même que nous offririons à un être sacré, plus l'intuition pourra répondre avec la même qualité de respect sacré.

c) Recevoir des réponses

Une fois la question posée, il est nécessaire de rester calme et disponible, réceptif et patient, afin de permettre à l'intuition de chercher et de fournir la réponse correcte à notre demande. Parfois la réponse viendra rapidement, parfois même simultanément avec la question, mais souvent, surtout au début, quelques instants, quelques minutes même, peuvent être nécessaires avant que nous ne commencions à sentir que la réponse se forme dans notre conscience intérieure.

C'est alors que nous devons être attentif aux sensations, aux sentiments, aux mots et aux images qui défilent dans notre conscience et permettre à nos sens intérieurs de nous apporter les réponses à nos questions. Nous restons neutre, sans juger, infiniment patient et réceptif, alors que les impressions se succèdent et donnent un sens clair et une réponse globale à nos questions.

d) Interpréter des informations

Une fois que nous avons reçu l'information de notre intuition, nous avons besoin de la clarifier en posant à nouveau intérieurement des questions afin de vérifier par recoupement toutes les impressions qui peuvent nous sembler contradictoires ou confuses. A ce stade, nous recherchons et vérifions les projections et interférences de l'esprit rationnel, nous écartons toutes les impressions qui nous font hésiter en demandant intérieurement que seules les informations correctes restent présentes dans notre conscience en éveil et que les informations non pertinentes soient abandonnées. Nous demandons à notre être intuitif de nous aider à intégrer la signification de la réponse donnée afin quelle ait un sens pour nous.

Nous restons présent et disponible, intérieurement réceptif pour comprendre le message symbolique qui nous a été donné par notre intuition. Après quelques instants d'attente, nous comprenons et pouvons interpréter la signification des impressions reçues.

e) Communication/expression

C'est à ce stade de la fonction intuitive que nous exprimons l'information reçue, soit en la communiquant et en la partageant avec l'autre, soit en agissant concrètement dans la réalité. Il est essentiel à ce stade qu'il y ait une action externe en vue d'amener le processus intuitif à un état de réalisation, que ce soit au travers de mots ou bien de mouvements physiques pour permettre au processus intuitif créatif de trouver sa place dans le monde physique des pensées et des formes.

2. Comment interpréter le symbolisme de l'intuition

Dès lors que nous entrons en contact avec notre être intuitif et lui posons des questions, nous obtenons toujours une réponse. Notre être intuitif assume son rôle de professeur intérieur avec responsabilité, présence et le plus grand engagement qui soit. Si nous avons l'impression de ne pas avoir reçu de réponse à notre question, ce n'est pas parce que notre professeur intérieur n'est pas à son poste, c'est parce que nous n'avons pas suffisamment bien ajusté nos antennes intérieures pour être capable de l'entendre, de le voir, de le sentir ou de percevoir la réponse qu'il nous a donnée.

Il peut être extrêmement utile d'imaginer notre aspect intuitif comme un être, un personnage qui a un but et les moyens de le réaliser. Même si, en réalité, votre aspect intuitif est votre être véritable, et que vous et lui ne faites qu'un, imaginer votre être intuitif en lui donnant un visage, un corps et une voix vous aidera à mieux entrer en contact et à mieux communiquer avec lui.

a) Le corps, véhicule physique

Le moyen par lequel votre être intuitif réalisera son but est votre corps/esprit, votre véhicule physique dans ce monde. Grâce au corps physique, votre âme peut réunir l'expérience dont elle a besoin pour évoluer et se développer à son plus haut potentiel. Votre intuition peut vous communiquer ses perceptions par l'intermédiaire de vos sens intérieurs grâce aux interactions entre votre âme et votre esprit conscient et inconscient et leur relation avec votre corps physique qui leur fournit des critères d'évaluation par l'intermédiaire de vos sens physiques et de leur contact avec votre environnement.

Nous devons toujours nous rappeler que le corps et l'âme, l'intuition et l'esprit, sont en fait un groupe unique fonctionnant dans son ensemble. C'est pour cette raison que nous sommes sujets à commettre des erreurs de perception, même lorsque nous utilisons la fonction de notre intuition. Il est difficile d'isoler les différentes et nombreuses parties de nous-même et de définir exactement quelle est celle qui fait quoi, dans quel ordre et en relation avec quelle autre fonction. A des fins d'apprentissage, nous isolons et identifions les différents aspects d'une séquence intuitive afin de comprendre plus clairement notre fonctionnement, mais il est impératif de retenir le sens de ce que nous sommes : un être total, une synthèse corps/esprit et personnalité/âme.

Une intuition bien développée, mais dissociée de son contexte social d'application, n'est pas une intuition vraiment utile parce qu'elle n'est pas enracinée ni cohérente avec la réalité existante. Par conséquent, que ce soit à court ou à long terme, elle ne pourra pas être réellement bienfaisante en termes pratiques.

b) Les rêves éveillés

L'intuition fonctionne au-delà de la logique mentale et des concepts linéaires de l'esprit rationnel d'espace-temps. Pour cette raison, les messages intuitifs sont le plus souvent perçus par le biais de transmissions qui ressemblent à des rêves et que l'on reçoit au cours de « rêves éveillés » : état de transe de conscience méditative.

Un travail de préparation intérieure est une condition préalablement essentielle avant de pouvoir commencer à recevoir de l'information claire, des réponses à nos questions et des conseils non sollicités. Quand nous commencerons à recevoir les transmissions de notre être intuitif, nous devrons être capable d'interpréter les messages reçus et de déchiffrer la signification des messages symboliques contenus dans la réponse à notre question.

c) Notre être intuitif

L'interprétation est un art en soi, un apprentissage qui demande du temps, de la patience, de la lucidité et une grande marge d'erreurs, surtout au début. A cause des pièges potentiels de pouvoir, de manipulation et d'illusion qui sont toujours présents lorsque nous utilisons notre intuition, des méthodes intermédiaires, en grande partie basées sur la capacité intuitive, telles que le tarot, l'astrologie, le pendule, le Yi-king, la numérologie... ont pris une place considérable dans le monde du conseil ésotérique et spirituel. Dans ces techniques, les planètes, les cartes et les nombres sont les principaux outils symboliques avec lesquels le praticien travaille. Ces symboles sont interprétés d'après les relations qu'ils présentent entre eux et leurs interactions.

Le praticien est protégé par une structure symbolique familière avec laquelle il peut travailler ; il est moins investi « personnellement » et est donc (théoriquement) moins sujet à projeter, manipuler et interpréter incorrectement. Dans le travail intuitif pur, notre être intuitif est notre propre instrument de travail ; c'est pourquoi il n'est pas réaliste d'imaginer que nous puissions être totalement objectif. Notre perception même de la réalité est subjective et le sera toujours, même lorsque nous sommes centrés, détachés de notre personnalité et solidement installés dans notre mode intuitif. Notre être intuitif est un chercheur de vérité, et c'est cette quête essentielle de vérité qui nous aide à aller au-delà de notre interprétation subjective de la réalité pour arriver à une perception relativement objective des vérités qui existent en face de nous.

En cherchant la vérité sur nous-même, nous découvrons qui nous sommes et nous nous délivrons également de nos illusions au sujet de qui nous ne sommes pas. Même si nous possédons une remarquable faculté de nous décevoir et de nous trahir, notre capacité innée à rechercher, à sentir la vérité sera toujours prédominante si nous le lui permettons et si nous l'encourageons.

d) Le défi du symbole

Il est virtuellement impossible de fournir des règles absolues pour l'interprétation du symbolisme de la fonction de l'intuition. Ce serait non seulement trop simpliste, trop rigide et inadéquat, mais également contraire au code d'éthique. Il existe deux principales raisons à ce raisonnement :

Premièrement, dans le monde du fonctionnement intuitif, **la vérité absolue n'existe pas.** La vérité est la vérité, mais est toujours relative, relative à la personne, à la situation, au moment et au contexte de la question/problème/préoccupation que nous explorons.

Deuxièmement, **l'intuition existe au-delà de l'espace et du temps.** Par conséquent, ce qui est vrai à un moment donné peut ne plus l'être l'instant suivant. Nous devons toujours rester ouvert à une compréhension spontanée de la signification d'une transmission symbolique et ce, sans l'interférence de l'esprit rationnel pour tenter de classer et de compartimenter le symbole selon des information reçues ultérieurement. Lorsque nous allons au-delà de la structure rationnelle et mentale des idées préconçues sur la nature de la réalité, nous découvrons que l'existence est constamment en mouvement et que les êtres humains sont, ou peuvent être, s'ils se le permettent, constamment en processus de changement et d'évolution. Nous pouvons percevoir que chaque être humain est animé d'un mouvement, que ce mouvement lui est propre et reflète la vérité de cet être, la vérité de son âme.

Pour parler en termes de morale, il n'existe ni bien ni mal, mais simplement un mouvement : le mouvement vers la création, vers la destruction, vers la vie, la mort et la renaissance. Personne n'a tort. Tout le monde a raison. Chaque être a toujours une raison pour chacune de ses actions. Chaque âme est en train d'apprendre quelque chose grâce à chacune de ses actions, que cette personne le sache consciemment ou non.

C'est pour ces raisons que l'interprétation est un sujet délicat, compliqué à apprendre à cause du manque nécessaire de règles absolues, et compliqué à enseigner pour la même raison. Ce que je peux appeler *interprétation* peut facilement être perçu par quelqu'un d'autre comme un *jugement* et par quelqu'un d'autre encore comme une *vérité*.

Pour fonctionner au-delà de la nature limitante du jugement, nous sommes obligés, au moment ou nous entrons dans notre mode intuitif, de mettre de côté nos croyances morales et sociales.

Cela dit, il existe cependant des indications qui peuvent nous aider à interpréter le symbolisme de l'intuition dans son fonctionnement au travers de notre corps/esprit. Un symbole est habituellement quelque chose que nous voyons, une image. Une image est composée de formes et de couleurs qui se combinent pour donner une vie à l'image que nous pouvons alors décrire avec des mots. De cette image se dégage une atmosphère, un sentiment. Le sentiment nous amène à l'émotion et l'émotion à notre corps, au monde des sensations, de la texture et du toucher. C'est en suivant la progression image-mot-sentiment-sensation que nous pouvons réussir à interpréter l'information symbolique reçue par notre intuition.

La nature subtile de l'intuition fait d'elle une fonction naturellement alignée sur le monde des images qui sont, elles aussi, subtiles et fines de nature. En un sens, l'intuition commence dans la tête, dans notre conscience en éveil, puis elle voyage vers le monde physique de la matière au travers des véhicules que sont les mots, les sentiments et les sensations.

e) De la sensation à l'image

Si nous commençons avec une image, nous pouvons intuitivement y entrer avec notre conscience, en toucher l'atmosphère avec nos sens intérieurs et décrire ce que nous voyons avec des mots et des sentiments. Grâce à cette interaction intuitive avec l'image, dans laquelle nous sommes engagés avec tous nos sens, nous pouvons en percevoir la signification en relation avec la question, le problème sur lequel nous travaillons. Par la suite, il est possible de procéder inversement, de la sensation au sentiment, aux mots puis à l'image.

Dans les psychothérapies centrées sur le corps, cette approche est largement utilisée pour guider les participants vers des prises de conscience intuitives et pour qu'ils intègrent leur guérison. Nous localisons une sensation dans le corps, nous y entrons et explorons la forme et la texture de cette sensation jusqu'à ce que nous en sentions l'atmosphère. L'atmosphère nous met en contact avec l'émotion qui y est associée et, très souvent, une fois que nous commençons à exprimer l'émotion avec des sons et des mots, nous commençons à recevoir des images en rapport avec la sensation originale. Les images peuvent être en rapport avec notre vie présente ou avec des vies antérieures. Une fois que les images sont explorées, déchargées et intégrées, nous nous retrouvons en contact plus étroit et mieux connecté avec la vérité de ce que nous sommes. En retournant à la sensation originale, nous constatons qu'elle s'est transformée et que nous sommes plus à l'aise dans la partie de notre corps avec laquelle nous avons commencé l'exercice.

Dans le travail de perception intuitive, lorsque nous commençons au niveau de la sensation pour progresser vers celui de l'image, nous pouvons éprouver de la difficulté, ce niveau de perception étant le plus « dense » et aussi le plus « personnel », le plus physique. Il est beaucoup plus facile d'entrer dans une image avec notre conscience que de pénétrer dans une sensation physique, surtout si la sensation est déplaisante.

L'avantage des images est que pour commencer nous avons une distance : « Je suis ici et l'image est là, je peux aller vers l'image avec ma conscience. » Avec les sensations, nous avons plus de difficulté à garder nos sens à distance car, pour pouvoir les sentir, nous devons y entrer. Une fois absorbé par le monde des sensations, il peut nous être difficile de différencier ce qui est soi de ce qui est l'autre et de ce qui est la sensation elle-même.

Plus nous progressons dans la pratique intuitive, plus nous devenons apte à travailler avec et autour des paramètres de la sensation/image. Nous développons notre flexibilité intuitive et apprenons à déplacer notre conscience avec fluidité dans le monde des images, des sentiments et des sensations. Nous cherchons l'information et recevons des vérifications de différentes sources ; nous sommes ainsi plus sûr de la vérité des interprétations que nous donnons sur l'information reçue.

f) Le ressenti

Au début, le fait de chercher semble très compliqué, très sophistiqué et bien au-delà de nos capacités. Avec l'entraînement, nous commençons à saisir la technique et à lentement développer la capacité de flexibilité intuitive qui nous permet de voyager avec notre conscience au-delà des limites de l'espace-temps-matière dans le monde intérieur de notre être et dans le monde de ceux avec qui nous nous entraînons et travaillons.

Quand vous poserez une question à votre intuition, vous recevrez une réponse sous formes d'images, de mots, de sensations ou encore une combinaison des trois. Il est impératif, lorsque vous entrez en transe et avant que vous ne posiez des questions, que vous fassiez le point sur vous-même et sur votre état physique, émotionnel et intérieur. Savoir comment vous vous sentez avant de commencer une séance vous donne un système de référence avec lequel travailler. Il est tout spécialement utile d'observer toutes les sensations physiques : « Les *papillons* dans le ventre, la douleur dans le plexus solaire, les maux de tête, les douleurs derrière les omoplates… » ainsi que l'état émotionnel « nerveux, apeuré, un peu déprimé… ».

Il est très possible que durant une séance votre propre état se transforme. Très souvent il se transformera en mieux, mais il est cependant possible qu'occasionnellement vous vous sentiez moins bien après une séance. La raison en est que le mouvement qui vous fait entrer plus profondément en vous, vous propulsera plus profondément dans le ressenti de vos problèmes avant de vous en délivrer grâce au mouvement de transformation et de guérison.

Après avoir fait le point sur votre état du moment, vous êtes prêt à poser des questions, à solliciter de l'information et à recevoir des réponses. Lorsque vous posez une question à votre intuition, vous devez être prêt à attendre patiemment la réponse. Parfois elle viendra rapidement, mais quelquefois vous devrez répéter la demande, clarifier votre requête ou peut-être la reformuler. Vous devez laisser votre intuition savoir ce que vous voulez. Si vous êtes dans le vague à propos de ce que vous souhaitez, vous aurez tendance à recevoir de l'information vague. Utiliser son intuition c'est comme être détective ; vous posez des questions, encore des questions et encore plus de questions, jusqu'à ce que vous receviez des réponses qui vous satisfassent et vous donnent le sentiment d'avoir enfin découvert la vérité.

g) La qualité des images

Au commencement d'une séance, tandis que vous entrez dans votre état de transe profonde, vous pouvez avoir l'impression de recevoir beaucoup d'images apparemment dissociées pouvant être vagues, floues, voire même étranges. Dans ce cas, prenez votre temps et attendez jusqu'à ce que vous vous sentiez réellement prêt à commencer. Si, une fois que vous vous sentez centré et que vous posez une question, vous recevez une image qui vous semble totalement bizarre ou sans rapport avec la question, vous pouvez simplement demander à l'image de disparaître et recommencer. Dans ce cas, si l'image est vraiment dissociée de la question, elle ne reviendra pas, mais s'il s'agit d'une image que vous donne votre intuition elle réapparaîtra ; ce sera pour vous le signe qu'il vous faut poursuivre avec cette image et la prendre comme point de départ pour votre travail.

Vous n'aurez pas d'efforts à faire pour maintenir une image que vous donne votre intuition, ce qui ne sera pas le cas pour une image créée par votre mental ou votre imagination. Si vous sentez que vous faites un effort pour « inventer et raconter une histoire », lâchez l'effort, arrêtez-vous et recommencez tranquillement, en attendant patiemment que votre intuition commence à faire son travail.

Une fois que vous avez reçu une image qui vous semble juste, vous pouvez commencer à l'explorer en profondeur. Essentiellement, le processus d'interprétation d'une image symbolique consiste à poser intérieurement cette question à votre être intuitif : « Que veux-tu dire ?... Qu'est-ce que cela signifie ?... » Jusqu'à ce que vous en compreniez le sens de façon tangible, vous pouvez alors passer à l'image et à la question suivantes. Il est essentiel que vous ayez confiance en ce que vous recevez lors d'une séance intuitive, qu'il s'agisse d'informations ou d'impressions. Si vous travaillez avec une image et que, soudainement, vous éprouvez le besoin de dormir ou que vous vous sentez anxieux, joyeux, nauséeux, tendu, triste, etc., vous pouvez être sûr que ces sentiments ou sensations sont en rapport avec l'image et qu'il s'agit d'informations importantes qui vous sont fournies par votre intuition.

Ces ressentis vous aideront à interpréter l'image symbolique, mais vous devez vous permettre de faire le rapprochement. Ne vous préoccupez pas des possibilités de projection. Continuez et ayez confiance.

h) Du symbole à la réalité

Quand vous recevez une image symbolique, commencez à la décrire avec autant de détails que possible. « Zoomez » sur l'image et décrivez-la avec votre voix intérieure ou votre voix physique. Explorez et décrivez l'image et permettez-vous doucement de vous ouvrir de plus en plus et commencez à ressentir l'atmosphère de ce que vous percevez.

Chaque fois que vous percevez quelque chose, demandez à votre intuition de vous en donner le sens, la signification.

Soyez attentif aux aspects de l'image qui vous attirent tout particulièrement, ceux qui captivent votre attention et qui semblent se tendre vers vous. Soyez conscient que cette image représente un message symbolique, mais qu'il est en relation avec la réalité concrète. Le véritable art de l'interprétation réside dans votre habileté à prendre une image ou un ressenti relativement abstrait et à l'associer de façon concrète et lucide à la vie de tous les jours. Si nous réussissons à traduire les images symboliques de cette façon, les transmissions que nous recevons de notre intuition prendront un sens tangible et auront un impact concret dans notre quotidien.

Prenons un exemple pour montrer plus clairement les étapes de l'interprétation.

i) Exemple type

Je demande à mon intuition de me donner l'image d'un arbre qui représente mon état actuel.

Je vois un arbre dans une clairière au milieu de la forêt. Cet arbre est grand, mince, gracieux. Son écorce est argentée, il a beaucoup de feuilles, petites et très vertes. L'arbre est près d'un ruisseau dans un pré recouvert de petites fleurs qui s'ouvrent. Une petite brise souffle doucement, l'herbe et les fleurs se balancent, les insectes bourdonnent, les oiseaux chantent. C'est une scène d'été. L'eau coule et fait des bulles. Tout est vivant et très coloré.

Près de cet arbre il y en a un autre, robuste, solide, fort, plein de santé et d'une grande présence. Il est très proche de mon arbre, il le soutient, lui tient compagnie et partage l'eau et la lumière de la nature. Cependant, il prend beaucoup de place. Le premier arbre veut bouger, danser, se balancer et il ne le peut pas parce que l'autre arbre est un peu trop proche de lui.

En entrant dans l'image pour en sentir l'atmosphère, je suis consciente de la beauté de la scène. C'est tranquille et vivant en même temps, apaisant et joyeux, avec un sentiment de communication, de relation et de partage. Je sens le réconfort que se donnent ces deux arbres qui partagent leur espace, je sens combien mon arbre aime avoir l'autre arbre près de lui, mais combien en même temps c'est un peu trop étroit... comme si les deux arbres avaient beaucoup poussé et que maintenant il y avait un problème d'espace. Je vois le deuxième arbre qui se penche pour atteindre la lumière et l'eau. Je sens que les arbres ont besoin de plus d'espace, de plus de liberté, de plus d'indépendance et qu'en même temps ils ont besoin de conserver la complicité de leur relation privilégiée.

J'imagine que je crée plus d'espace afin que le premier arbre puisse respirer, se balancer, danser... Dès que je l'imagine, je me sens différente dans mon corps. Je me sens plus présente dans mes jambes, plus libre dans mes bras et je sens le mouvement dans mon ventre. J'imagine que je demande à l'autre arbre de se reculer un petit peu et de se brancher sur sa propre source de lumière afin que le mien puisse recevoir le soleil plus directement. Le deuxième arbre bouge volontiers, permettant ainsi au soleil d'envelopper mon arbre de sa chaleur. Je me sens rechargée, joyeuse. L'autre arbre est à côté de moi, il partage avec moi, et nous avons tous les deux plus d'espace, plus d'espace pour respirer.

Voici mon interprétation de cette image :

Dans l'ensemble je suis bien. Mon environnement me convient, j'ai ma place, mais je manque de mouvement. Je me sens inhibée et ne peux pas prendre toute ma dimension parce que j'ai besoin de plus d'espace, de plus de lumière. Cette information fut reçue au mois de janvier, au cours de l'hiver européen, et je me rappelle très bien combien j'éprouvais le besoin de respirer, d'être dehors, de me reconnecter au soleil, à moi-même et à mon propre mouvement intérieur ; j'avais également besoin de bouger dans mon corps et de faire circuler mon énergie.

Lorsque vous recevrez une image et que vous commencerez à la décrire, elle prendra très souvent vie d'elle-même et deviendra une image en mouvement, comme un film qui se déroule. Vous pouvez demander aux objets qui se trouvent dans l'image de vous parler, de répondre à vos questions et de vous expliquer leur présence en rapport avec la question, le problème, et ils le feront, à un niveau intuitif. Si vous recevez de l'information de votre intuition et que vous n'en comprenez pas le sens, bien que vous ayez posé davantage de questions et que vous ayez reçu des éclaircissements, cessez simplement d'essayer de comprendre pour le moment et conservez l'information en mémoire. Très souvent nous avons besoin de temps pour intégrer et pour finir par comprendre les messages de notre intuition. Il n'est pas toujours nécessaire d'interpréter ni même de comprendre consciemment l'image qui nous est donnée. Recevoir une image est suffisant ainsi que de lui permettre de travailler en nous à un niveau plus inconscient.

L'art de l'interprétation est un art subtil qui nécessite la communication entre l'intuition et l'esprit rationnel, de l'imagination et de la diplomatie. Le mariage de l'esprit rationnel et de l'intuition est un mouvement sacré de réconciliation entre le corps et l'âme et entre les aspects féminins et masculin de nous-même. Un mouvement sacré de cet ordre demande du temps et réclame de notre part conscience et patience. Chaque fois que vous utilisez votre intuition, vous travaillez et tendez vers cette réconciliation en vous-même.

CHAPITRE IX

Pratique des méditations

I. Le retour sur soi

La méditation est une partie intrinsèque du chemin spirituel et son importance ne peut être sous-estimée dans le développement de l'intuition. La méditation est la pratique de la contemplation intérieure qui crée l'atmosphère de disponibilité et de conscience au travers de laquelle l'intuition peut fonctionner. En termes simples, nous pouvons décrire la méditation comme « un retour sur soi ». Les exercices de méditation forment la base de tous les enseignements spirituels et même s'ils peuvent revêtir des formes en apparence illimitées, le but fondamental de la méditation reste le même, à savoir nous aider à être centré, présent et calme intérieurement. La méditation est un voyage de réconciliation avec nous-même, de réintégration, et c'est pour cette raison que nous l'appelons *homecoming* ou retour sur soi.

Méditer est très simple. Nous nous asseyons, nous nous calmons et nous sommes nous-même. Nous restons en contact avec nous-même, attentif à ce qui se passe en nous durant cette période. Pendant que nous méditons, nous travaillons sur nous avec la Lumière, l'énergie et l'amour, nous nous soignons et nous nous guérissons. Les résultats d'un processus tellement simple peuvent être tout à fait surprenants, surtout si nous le pratiquons régulièrement. Nous nous sentons presque toujours mieux après une séance de méditation : nous sommes plus centré, plus présent, plus aimant, plus clair et plus disponible. Alors pourquoi est-il si difficile de trouver le temps, l'endroit, le moment pour le faire ? Pourquoi résistons-nous à quelque chose qui nous fait tant de bien ? Nous y résistons essentiellement à cause de la puissance et de la présence de l'esprit rationnel. Nous y résistons à cause de nos anciens systèmes de croyances et parce que nous avons depuis bien longtemps la mauvaise habitude de ne pas nous donner la qualité d'attention dont nous avons vraiment besoin pour être bien, centré et réconcilié avec nous-même.

Il n'est pas nécessaire qu'une méditation soit longue pour être bénéfique, mais elle doit être pratiquée régulièrement. Il est préférable de méditer dix minutes chaque jour plutôt qu'une heure chaque semaine, mais une heure chaque semaine est toujours préférable à quatre heures de méditation marathon par mois.

Fondamentalement, tout chemin spirituel est en partie une discipline personnelle qui implique que nous fassions le choix de le faire et que nous en prenions la décision. Sans méditation, le chemin perd de sa netteté, de sa clarté et de sa présence dans notre vie. Nous avons toujours le choix mais, lorsqu'il est question de méditation, nous devons finir par comprendre qu'il est impératif de créer le temps et l'espace pour méditer régulièrement. Si nous ne le faisons pas, nous perdons les bénéfices que nous en avons déjà retirés et, lentement, nous finissons par oublier pourquoi nous avons un jour commencé à le faire.

2. Les pièges du comportement mental

Le plus courant des pièges qui nous entraîne à ne pas méditer est que lorsque nous nous sentons bien nous pensons ne pas en avoir besoin ; nous sommes trop occupés à nous sentir bien et à être créatifs. De même, lorsque nous nous sentons mal nous ne pouvons pas méditer parce que... nous nous sentons trop mal pour nous concentrer, cela demande trop d'efforts, ce sera pire si on le fait, « ça ne vaut pas le coup », etc.

Il existe toujours une raison pour ne pas méditer. La méditation c'est comme l'exercice physique et les bonnes habitudes alimentaires : nous savons que nous devrions le faire, mais le faisons-nous ?

La seule solution que j'ai trouvée à ce dilemme est de ne plus en faire une question de choix, mais d'en faire un impératif. Au bout d'un certain temps l'habitude s'installe dans le quotidien et nous pouvons finir par ressentir que nous éprouvons une saine dépendance pour la méditation et qu'elle a la même valeur appréciable que le sommeil, la lumière du soleil, la respiration, l'exercice, la nourriture saine et l'eau claire. Je crois personnellement qu'une heure de méditation par jour est un laps de temps raisonnable quand il s'agit de se consacrer au travail intérieur grâce auquel nous prenons soin de nous dans le silence de notre temple intérieur.

Très souvent, en méditant vous verrez qu'il vous faut plusieurs minutes avant d'être vraiment dans le calme et encore trente minutes pour en retirer les bienfaits et aller plus loin dans votre profondeur.

Bien que la méditation soit en essence un processus simple, elle n'est pas toujours facile à pratiquer. Ne vous attendez pas à ce qu'une séance soit facile et surtout n'allez pas croire que vous maîtriserez la méditation en quelques séances. C'est une discipline de vie, le voyage de toute une vie, une expédition intérieure au cœur du grand mystère de la découverte de vous-même. Toutes les grandes traditions spirituelles du monde insistent sur l'importance et la valeur suprême de la méditation. Vous ne pouvez pas, de façon réaliste, y échapper. Vous pouvez changer d'école spirituelle, changer de techniques, mais vous ne pouvez pas changer la vérité et la vérité c'est que si vous désirez vous transformer, évoluer, vous guérir, vous devez commencer par vous asseoir, fermer les yeux, faire le calme en vous, vous rendre disponible et être avec vous.

Les pratiques de méditation personnelle qui suivent vous sont proposées en ordre progressif et je vous encourage à les suivre, surtout au début. Avec les seize méditations qui vous sont présentées, vous avez la possibilité de travailler sur vous-même pendant des mois. J'ai travaillé avec ces méditations et leur variations pendant plus de quinze ans, à l'occasion de groupes, de formations, ainsi qu'au cours de mon travail intérieur personnel, et elles continuent de me donner de quoi entrer en contemplation et dans mon mouvement intérieur. Ne faites pas l'erreur de penser que vous avez besoin d'apprendre constamment de nouvelles méditations afin de sentir que vous progressez. La variété est intéressante pour le mental et met l'esprit en appétit, de la même façon qu'un changement de régime peut l'être dans la routine de préparation des repas quotidiens, mais nous devons nous souvenir que trop de changement peut entraîner dispersion et superficialité.

Les méditations que vous trouverez les plus difficiles à pratiquer sont vraisemblablement celles que vous aurez le plus besoin de travailler. Essayez de persévérer et sachez que vous progressez même lorsque vous vous sentez bloqué, égaré, et que vous avez perdu espoir. Il n'est pas rare, dans ce travail intérieur, d'éprouver des difficultés au moment où l'on s'approche d'une ouverture majeure de la conscience. Quand ça devient dur, continuez ! N'abandonnez pas. Rappelez-vous qu'une véritable guérison est toujours précédée d'une crise, crise nécessaire à une véritable guérison ; la conscience des blocages est une conscience sacrée et l'évidence de progrès. Surtout continuez ! Cela fait toujours rire mes étudiants lorsque, dans un groupe, après qu'une personne nous ait dit combien elle se sentait malheureuse, comment rien ne marche, qu'elle ne peut pas méditer, qu'elle n'a pas d'intuition, ne sent rien, etc., je lui réponds : « C'est très bien, continue... » Je sais qu'elle est sur la bonne voie. Sa conscience est en train de grandir, devient lucide, elle se délivre de l'illusion. Elle doit continuer.

Surtout, entraînez-vous régulièrement et sachez que chaque fois que vous méditez vous contribuez au développement de votre intuition.

3. Programme de pratique quotidienne

Le programme de pratique quotidienne, ce sont des méditations à pratiquer régulièrement afin de vous maintenir en forme. Ces deux méditations vous garantiront intérieurement la possibilité de rester ouvert et en contact avec vous-même pour permettre à votre intuition de pouvoir fonctionner. Elles vous aideront également à garder la communication entre votre esprit rationnel et votre intuition et vous permettront de garder la flexibilité entre vos mondes intérieur et extérieur.

Rituel de préparation :

Dans cette méditation, les étapes du rituel de préparation sont utilisées pour créer une structure intérieure grâce à laquelle nous pouvons accueillir la présence de notre être intuitif dans notre conscience.

Temps recommandé : 15 à 30 minutes.

Asseyez-vous, fermez les yeux et portez votre attention sur votre respiration. Trouvez un rythme respiratoire qui vous apaise et vous détend.

Durant plusieurs cycles de respiration, restez simplement attentif à votre souffle...

A chaque cycle de votre respiration, devenez de plus en plus présent, de plus en plus en contact avec vous-même...

Soyez attentif à votre humeur, à ce que vous sentez, aux pensées qui vont et viennent et acceptez ce qui se passe en vous...

Imaginez que vous êtes dans le beau décor naturel qui vous ressource, que vous êtes entouré des merveilles de la nature qui vous rechargent.

Laissez-vous percevoir la nature avec vos sens intérieurs...

Alors que vous vous y promenez, absorbez en vous les qualités de la nature du paysage que vous avez imaginé...

Au bout d'un moment, vous parvenez à votre temple intérieur et y entrez.

Vous appréciez l'atmosphère de paix, d'harmonie et d'équilibre que vous y trouvez à chacune de vos visites.

Vous vous installez confortablement, attentif à votre respiration qui va et vient, présent en vous-même, présent et détendu...

Portez votre attention à votre colonne vertébrale...

Imaginez votre corps comme une grande colonne de Lumière, ferme et souple, longue et large, une colonne de Lumière qui se prolonge dans la terre, vous enracine, vous connecte à la terre, et vous permet de relâcher les tensions de votre corps et de les envoyer dans la terre...

Imaginez que la Lumière de l'univers s'écoule en vous par le sommet de votre tête... Elle se déverse et circule en vous, s'écoule dans votre cœur et se répand en vous...

L'énergie de la terre et l'énergie de l'univers s'écoulent en vous, vous remplissent; elles circulent dans tout votre corps comme une rivière de Lumière...

Imaginez votre corps entouré d'une sphère de Lumière, une sphère de protection... A l'intérieur de ce cercle de Lumière, à l'intérieur des frontières de votre espace sacré, vous pouvez être vous-même, en sécurité et équilibré, présent et dans votre respiration...

Vous recevez ce dont vous avez besoin de la terre, vous recevez ce dont vous avez besoin de l'univers, pour votre équilibre, votre guérison, pour être avec vous-même.

Ancrez votre pouce et votre index et affirmez en vous : « Mon être intuitif est vivant en moi. »

Soyez conscient de la circulation de l'énergie et de la Lumière dans votre corps physique et dans votre corps subtil; restez centré et présent en vous.

Lorsque vous vous sentez prêt, revenez doucement à votre conscience de tous les jours.

Méditation du silence mental

Voici une méditation de non-faire, non-penser et non-agir.
Temps recommandé : de 20 à 45 minutes.

Suivez les étapes du rituel de préparation.

Ancrez votre pouce et votre index et affirmez en vous-même : « Je suis. Je suis simplement. Etre suffit. » Vous pourrez de temps en temps vous répéter intérieurement ces phrases.

Soyez attentif aux sensations, aux sentiments, aux pensées et aux images qui vont et viennent, et détachez-vous...

Prenez de la distance vis-à-vis de tout ce qui vous attache à ce qui se passe...

Imaginez que vous êtes un ciel vaste et bleu, et que les sensations, les sentiments et les pensées sont simplement des nuages qui apparaissent et qui disparaissent, qui vont et viennent...

Respirez et soyez attentif à votre souffle, comme un mouvement qui va et vient, comme les pensées qui vont et viennent...

Soyez disponible au fond de vous pour disparaître dans la quiétude du silence mental, dans le calme de simplement être présent, détaché, immobile et calme...

N'essayez pas de créer ou de changer votre état, ne suivez pas les nuages blancs qui vont et viennent.

Soyez simplement : « Je suis. Je suis simplement. Etre suffit. »

Quand vous vous sentez prêt, ramenez-vous doucement à la conscience de tous les jours, étirez et détendez votre corps.

4. Etat intérieur du moment

Ces méditations sont particulièrement utiles en tant qu'exercices où nous réunissons de l'information intuitive et peuvent ensuite être suivies de méditations en vue d'une autoguérison. Dans ce type de méditation, notre intuition est libre de fonctionner à un niveau symbolique extrêmement riche. Il est important que vous permettiez à ces images de « vous parler » afin de mieux comprendre la signification contenue dans la richesse des symboles.

Si les images vacillent, vont et viennent, ou vous semblent très bizarres, vous pouvez les chasser et demander à votre intuition de vous présenter d'autres images symboliques qui vous conviennent et qui soient justes pour vous. Si les même images réapparaissent, acceptez-les et travaillez avec elles, même si elles vous semblent étranges et mystérieuses. Avec le temps, la signification et le message qu'elles contiennent deviendront probablement clairs pour vous.

Méditation de l'arbre

Temps recommandé : 20 à 30 minutes.

Préparez-vous en suivant toutes les étapes du rituel de préparation. Lorsque vous vous sentez prêt, ancrez-vous dans votre état intuitif.

Vous êtes centré, présent et clair; demandez à votre être intuitif de vous donner l'image d'un arbre qui représente votre état intérieur du moment...

Vous pouvez imaginer que cet arbre apparaît sur l'écran intuitif juste devant vos yeux, ou vous pouvez imaginer que vous marchez dans la nature et que vous découvrez cet arbre...

L'arbre que vous voyez peut ressembler à un véritable arbre ou ce peut être un arbre très symbolique, très imaginaire. Acceptez l'arbre que vous présente votre intuition et commencez à l'explorer avec votre conscience intuitive.

Prenez de la distance et regardez-le ; observez sa taille, sa forme, sa silhouette...

Soyez attentif à son environnement. Où est-il situé ?...Sur une colline, dans une forêt, tout seul, près de l'eau ?

Percevez l'environnement général de cet arbre.

Demandez à votre être intuitif comment cet arbre entre en relation avec les quatre éléments, la Terre, l'Eau, l'Air et le Feu.

Imaginez que vous pouvez examiner le sol dans lequel l'arbre est planté... Est-il riche et nourrissant ? L'arbre reçoit-il toute l'eau dont il a besoin ? L'air est-il clair et pur ? L'arbre a-t-il tout le soleil dont il a besoin ?

Explorez l'arbre... Son tronc, ses branches, ses feuilles, ses racines...

Comment le trouvez-vous ? Dans quel état est-il ? Comment est-il enraciné ? Comment sont ses feuilles ? Comment trouvez-vous sa posture ? Quelle est l'atmosphère qui se dégage de cet arbre ?

Comment vous sentez-vous dans votre corps quand vous percevez cet arbre ? Comment vous sentez-vous émotionnellement ?

Que remarquez-vous sur cet arbre de particulièrement intéressant, inhabituel, frappant ? Permettez à votre intuition de vous guider à explorer l'image symbolique de cet arbre.

Ne commencez pas à penser à l'arbre, ou au fait que cet arbre vous représente. Explorez-le simplement avec vos sens intérieurs, avec votre être intuitif et absorbez les impressions que vous recevez.

Demandez à votre intuition de communiquer avec vous et de vous dire ce qui manque à cet arbre... Manque-t-il d'enracinement, d'eau, de soleil, d'air, de compagnie, de paysage ?

Demandez ce dont l'arbre a besoin pour guérir. A-t-il besoin d'être resitué, d'air pur, d'être taillé, d'ajuster sa posture ?

Et lorsque vous avez reçu les réponses à vos questions, laissez l'image de l'arbre s'effacer...

Continuez à méditer tranquillement pendant quelques minutes et revenez doucement à une conscience normale.

Ecrivez, ou mieux encore dessinez, l'arbre que vous avez perçu intuitivement.

Quel est le message au sujet de votre état d'être du moment ?

L'image de l'arbre est un symbole de l'être humain particulièrement riche et touchant. Nous trouvons avec lui une version simplifiée de nous-même. Le tronc représente notre colonne vertébrale et notre corps dans son ensemble ; les racines représentent nos pieds et notre capacité d'enracinement, les feuilles la relation que nous avons avec l'univers et la Lumière.

Son environnement établit le rapport avec l'environnement dans lequel nous vivons quotidiennement. La qualité de la terre nous indique la qualité de nourriture fondamentale que nous recevons dans notre existence de chaque jour : nourriture, travail que nous faisons, endroit où nous vivons. La présence ou l'absence d'eau indique la qualité de nourriture émotionnelle que nous ressentons dans notre vie. Il peut être aussi mauvais d'avoir trop d'eau que pas assez. La qualité de l'air représente la stimulation mentale, le mouvement et le changement. Un air pollué ou pas assez d'air, et la suffocation que cela engendre, peuvent indiquer que l'environnement ne convient pas à la croissance mentale de l'individu et à sa créativité intellectuelle. Trop d'air (une brise ou un vent trop fort) peut indiquer un manque de protection, une trop grande exposition et le besoin de créer un environnement plus protégé où les énergies sont moins dispersées. La présence ou l'absence de soleil est reliée à la qualité de nourriture spirituelle.

Après avoir pratiqué cette méditation, il peut être utile de passer quelques moments dans la nature afin d'entrer réellement en contact physique avec les éléments naturels dont vous ressentez le besoin ; rechargez-vous en étant simplement présent dans l'atmosphère de l'élément qui vous correspond.

Exemple type : Je vois un arbre sur une colline, la vue y est panoramique. C'est un arbre fruitier en fleurs. Cet arbre est bien situé, il est fier et content d'être un arbre. Il y a beaucoup de soleil et beaucoup de vent. Le vent souffle en rafales et l'arbre a de la difficulté à rester enraciné et stable à cause du vent qui souffle. L'arbre aime le vent, le vent est très présent, sa présence est aimante mais un peu trop puissante. L'arbre trouve la présence du vent excitante et il réagit comme si on le chatouillait un peu trop fort. Cependant, à chaque bourrasque l'arbre se déracine et il expose de plus en plus ses racines au vent. Il en résulte une impression de stabilité déséquilibrée et de stimulation trop grande. L'arbre a besoin de protection, d'un vent plus modéré et d'un enracinement plus profond et plus stable.

Méditation de la maison

Temps recommandé : 30 à 40 minutes.

Préparez-vous en suivant toutes les étapes du rituel de préparation.

Lorsque vous vous sentez prêt, ancrez-vous dans votre état intuitif et demandez à votre intuition de vous donner l'image d'une maison qui représente symboliquement votre état d'être du moment...

Laissez l'image de la maison apparaître et, avec votre conscience intuitive, explorez-en l'intérieur en détail.

Observez l'emplacement de cette maison, sa forme et sa taille, ses couleurs et son atmosphère...

Percevez le toit, les murs, les fenêtres et imaginez l'état de ses fondations...

Ne pensez pas au fait que cette maison vous représente, permettez simplement à la maison d'être là, et utilisez votre intuition pour la percevoir et l'explorer.

Trouvez la porte d'entrée de la maison et préparez-vous à y pénétrer.

Dans cette maison il y a quatre pièces ; chacune d'elles représente un état de votre être : physique, émotionnel, mental et spirituel.

Trouvez la porte qui indique « état physique » ; respirez et entrez dans la pièce. Soyez disponible en vous-même pour recevoir les images symboliques que vous allez y découvrir...

Explorez la pièce, sentez-en l'atmosphère et permettez-vous de prendre tout le temps dont vous avez besoin pour absorber l'ambiance de cet espace.

Remarquez les objets, les meubles, les couleurs...

Soyez attentif à la possibilité d'une autre présence dans la pièce.

Soyez attentif à ce que vous ressentez pendant que vous explorez cette pièce. Vous y sentez-vous bien ? Etes-vous en harmonie avec cette atmosphère ? Cette pièce vous plaît-elle ?

Si ce n'est pas le cas, qu'est-ce qui vous gêne ? Qu'aimeriez-vous changer ?

Soyez attentif aux sentiments que vous inspire cette pièce et à ce que vous préférez...

Quand vous êtes prêt, quittez la pièce de votre état physique et fermez la porte derrière vous.

Vous vous retrouvez alors devant la pièce de votre « état émotionnel ».

Répétez cette expérience avec cette pièce, ainsi qu'avec les autres pièces de l'« état mental » et de l'« état spirituel ».

Lorsque vous avez exploré les quatre pièces, quittez la maison et retournez à votre temple.

Prenez quelques minutes pour y méditer tranquillement en contemplant les informations que vous venez de recevoir au sujet des quatre niveaux de votre être.

Restez simplement conscient de cette information, acceptez-la et n'essayez pas de la comprendre ou de l'analyser.

Remerciez votre intuition pour sa présence dans votre vie et, quand vous vous sentez prêt, sortez de votre état méditatif.

La méditation de l'arbre nous permet de percevoir notre relation avec la terre, l'univers et l'environnement dans lequel nous évoluons. La méditation de la maison nous permet d'avoir des prises de conscience sur notre état d'être et sur la relation que nous entretenons avec nous-même. Ces deux méditations nous fournissent quantité de matériel avec lequel travailler pour nous guérir et nous transformer.

Même si nous ne comprenons pas de façon rationnelle la signification d'une image symbolique, nous pouvons sentir grâce à notre réaction physique et à notre état émotionnel si nous sommes à l'aise ou non avec cette image. Grâce à la lucidité de notre perception intuitive, nous pouvons obtenir des prises de conscience sur la structure et la nature de notre monde intérieur et, grâce à elles, nous pouvons mieux nous comprendre et mieux identifier nos véritables besoins.

Exemple : Je vois une maison, c'est une villa en bois nichée dans un jardin tropical. Partout il y a des arbres, des fleurs et des plantes. Une brise douce et parfumée souffle, l'air est bon, il y a beaucoup de lumière et aussi de l'ombre grâce à toute cette végétation. La maison est ouverte, il y a une véranda dont les rideaux se balancent au rythme de la brise, de confortables fauteuils de bambou aux coussins de couleur vives. On entend des carillons qui chantent dans le vent. Il y a un chat, il est allongé sur le sol de bois et dort dans un coin d'ombre. L'atmosphère est vivante, paisible, propre, ouverte et très accueillante. J'entre dans la pièce de l'« état physique » et je vois un espace en bois comme un sauna, presque vide si ce n'est sur le sol un magnifique tapis persan aux couleurs d'un rouge profond et d'un bleu crémeux et très riche. Le tapis est grand et épais, luxueux. Il y a, sur les murs, des étagères en bois et ici et là des objets d'art, des vases, des bols, des cristaux. C'est très simple. Il y a une cheminée avec un grand feu qui brûle et je me vois, je suis devant le feu, le dos à la porte, d'une humeur très contemplative, je regarde le feu. Je suis heureuse d'être seule, je ne souhaite pas être dérangée. Le feu est ce dont j'ai besoin et c'est là que je veux être. Le feu (le rouge et la chaleur) me guérit.

Je vais dans la pièce de l'« état émotionnel » et j'y trouve un espace qui manque de lumière. Il y a un épais tapis et une grande et vieille table, avec de quoi écrire et rien d'autre. La pièce serait tout à fait vide sans la table et elle a l'air mal aérée et inhabitée. Ça ne me plaît pas du tout. Que fait là mon nécessaire à écrire ? Pourquoi fait-il si sombre ? Je ne me sens pas à l'aise avec ce que je perçois ici. Je n'ai pas très envie de passer trop de temps dans cet espace. Cela ressemble à une cellule de monastère, austère, froide (pas du tout comme moi au niveau émotionnel !).

Je me dirige vers la pièce de l'« état mental » et là je trouve une immense bibliothèque pleine de livres. C'est une bibliothèque très ancienne, très bien organisée, chaque chose y est à sa place ; il y a des tables où l'on peut s'asseoir et travailler et des fiches de références à portée de main. C'est très calme, très apaisant, je me sens bien dans cette atmosphère. J'ai le sentiment que si j'ai besoin de quelque chose je peux toujours le trouver. Tout est classé correctement et l'espace est propre, bien éclairé et bien tenu. Je me sens ici chez moi, je reviendrai. Mais pourquoi mon nécessaire à écriture se trouve-t-il dans la pièce de l'« état émotionnel » et non ici ?

Je continue mon exploration et me dirige maintenant vers la pièce de l'« état spirituel ». Dès que je passe la porte, je me retrouve dans un paysage d'eau. Il y a une petite plage de sable blanc et un espace d'herbe verte avec des fleurs et des oiseaux.

Il y a un canoë et je me vois partir en voyage le long des cours d'eau sur mon canoë ; je me dirige au loin vers les rivières et disparais dans la brume. Quelque temps plus tard je suis de retour et me repose sur le bord de la rivière où le sable blanc et chaud réchauffe mon corps. J'ai le sentiment de partir très loin pour visiter des endroits mystérieux où je dois aller seule car il n'y a qu'une seule place dans mon petit canoë. Il y règne comme une atmosphère de solitude, à la fois apaisante et fluide ; je vais et je viens, j'ai mon rythme dans ce monde et même lorsque je m'éloigne sur cette rivière, la plage est toujours là et le soleil est présent et chaud.

Je quitte la maison et je retourne à mon temple pour y contempler les images qui viennent de m'être montrées. Je termine tranquillement ma méditation.

5. Autoguérison et transformation

Nous utilisons notre intuition pour percevoir la structure et le mouvement de l'énergie physique et subtile ; notre fonction intuitive nous en donne une description au travers d'images symboliques, de mots (qui sont eux-mêmes des images symboliques), de sentiments et de sensations. La perception juste de notre état d'être est un processus qui, de lui-même, nous enracine et nous centre, un processus qui nous ramène à notre vérité.

Par exemple : « Je suis névrosée, hystérique, complètement déraisonnable, en demande, mal lunée et de très mauvaise compagnie, en sachant où j'en suis en ce moment. Savoir où j'en suis, même si c'est épouvantable, est plus utile que de me leurrer et d'essayer de tromper les autres en leur faisant croire que je suis d'une humeur merveilleuse. Etre consciente que je suis horrible et accepter la vérité, ici et maintenant, me permet de trouver ma stabilité et mon enracinement. Enracinée, je suis centrée, et centrée je reviens à mon cœur. Dans mon cœur je trouve l'acceptation, et dans l'acceptation la compréhension. En acceptant que je puisse être névrosée, hystérique et révoltante, je trouve que cet état passe plus vite et je redeviens raisonnable, équilibrée, neutre et aimante. »

Notre intuition, dans son rôle de professeur intérieur, est toujours prête à nous apporter des enseignements au sujet de nous-même et de ce que nous sommes réellement. L'intuition nous libère de l'illusion et des voiles de la confusion en nous révélant toujours la vérité. La vérité est en soi quelque chose qui nous enracine. Une fois que nous savons la vérité, nous pouvons nous situer par rapport au problème et commencer à trouver une action/réponse appropriée à ce problème. Bien sûr, la vérité est rarement absolue mais, même si une vérité est relative à une situation donnée, nous pouvons aller très loin une fois que nous nous sommes emparés de cette vérité.

a) Le besoin de guérison

Avant que nous puissions commencer à guérir, nous devons savoir ce qui a besoin de guérir. Nous n'avons pas nécessairement besoin de savoir pourquoi cela a besoin de guérir ni ce qui s'est passé ou comment cela s'est passé, mais ce que nous avons impérativement besoin de savoir c'est ce qui a besoin de guérir et où.

Notre intuition, avec sa capacité à nous montrer l'état des choses telles quelles sont, nous conduit de façon très élégante à percevoir le besoin de guérison dans n'importe quelle situation donnée et dans n'importe quel aspect de nous-même.

Lorsque nous méditons et explorons l'état d'être du moment, notre intuition nous montre, au travers de la richesse du langage symbolique, comment nous sommes à la fois en nous-même et en relation avec notre monde extérieur. Simultanément, avec le message que nous recevons nous ressentons une réaction/réponse faite de sensations et d'émotions qui enrichit la profondeur et la richesse de l'information reçue.

Lorsque nous recevons une information avec laquelle nous nous sentons à l'aise, en accord, nous pouvons en général dire que le traitement n'est pas nécessaire.

Quand l'information reçue engendre une réaction émotionnelle « négative », des symptômes physiques inconfortables et pénibles, des réactions douloureuses, de l'agitation mentale, de la confusion, de la dénégation et autres types de réactions de ce genre, nous pouvons généralement supposer qu'une guérison est nécessaire.

Un fil directeur très utile avec lequel nous travaillons est l'idée que toutes les fois qu'il manque quelque chose il y a un besoin de quelque chose. Quand il existe un manque, il existe un besoin, et où existe un besoin il y a de l'espace pour un traitement de guérison.

b) Remplir les manques

Si les choses sont équilibrées, pleines, qu'elles coulent agréa blement et qu'aucune question ne se pose, s'il n'existe ni vides, ni obsessions lancinantes, nous ferions mieux de les laisser tranquilles et d'aller chercher à guérir ailleurs. Bien sûr, les situations agréables peuvent toujours être améliorées, et si nous trouvons le besoin de guérison et le remplissons, les situations agréables le seront encore plus parce qu'un besoin comblé comble à son tour. Il existe de nombreuses façons de soigner et de nombreuses philosophies sur les manières de soigner, mais guérir est simple.

Nous soignons en aimant. En aimant et en acceptant. Nous soignons en prêtant attention à quelque chose qui a été négligé. Nous donnons notre attention à quelque chose ou à quelqu'un (ou à une partie de quelqu'un) qui a besoin d'attention et parce qu'il lui manque quelque chose d'essentiel à son bien-être. Il manque quelque chose et c'est en remplissant ce manque – en trouvant et en remplaçant le morceau manquant – que survient la réunification et que nous retrouvons la totalité. Etre guéri signifie revenir à sa totalité. Etre dans sa totalité c'est être intégré ; la totalité est un état de santé de même qu'un état sacré. Il est impératif d'apprendre à nous guérir. Il est également impératif de nous maintenir en bonne santé. Cela est parfois difficile.

Le problème de l'autoguérison se pose ainsi :

« J'ai un problème parce que je manque de quelque chose. Je ne sais pas de quoi il s'agit, mais je sais que quelque chose me manque parce que je me sens mal. Quelque chose me manque, par conséquent j'ai besoin de quelque chose, mais de quoi est-ce que je manque et quel est mon besoin ? Je ne sais pas. Je vais essayer de trouver ce que c'est. Seul c'est difficile. Enfin, après bien des recherches je commence à reconnaître ce qui me manque. Mais quel est mon besoin ? Je ne sais pas. Je vais devoir penser à ça.

« Finalement, après y avoir beaucoup pensé, après bon nombre de recherches et de nombreux essais, je pense que je sais de quoi j'ai besoin. Alors comment vais-je me le donner ? Je ne sais comment faire. Si je savais comment combler ce besoin, je n'en aurais pas besoin et je ne ressentirais pas de manque parce que je me serais déjà donné ce dont j'ai besoin avant que cela ne devienne un problème de manque et de besoin. Je ne sais pas comment me donner ce dont j'ai besoin parce que, en fait, je pense que ce n'est pas quelque chose que je peux me donner facilement, mais quelque chose que quelqu'un d'autre peut me donner.

« Alors je cherche quelqu'un (parent, ami, amant...) pour me donner ce dont j'ai besoin, mais personne n'a l'air de comprendre ce dont j'ai besoin, ou alors ils n'ont pas le temps, ou bien ça ne les intéressent pas, ou encore ils essaient de me donner ce dont j'ai besoin mais ce qu'ils me donnent n'est pas exactement ce dont j'ai besoin. Alors que vais-je faire ? Soit je vais chercher quelqu'un d'autre (thérapeute, professeur, guérisseur...), soit j'essaie de me le donner moi-même. »

c) La guérison est un passage

Guérir, c'est le processus qui nous permet de recevoir ce dont nous avons besoin pour être entier.

Un guérisseur est quelqu'un qui nous donne ce dont nous avons besoin pour être entier. Un patient est quelqu'un qui est prêt à recevoir et qui reçoit. La guérison, dans son sens véritable, est un **passage.**

Un guérisseur reconnaît le véritable besoin de quelqu'un et donne (comble) ce besoin jusqu'à ce que la personne ait appris à le combler elle-même. A ce stade, le guérisseur n'est plus nécessaire et l'autre a en lui ce dont il a besoin pour se ramener à sa totalité.

L'autoguérison est un chemin sacré de conscience personnelle et de responsabilité, et il peut parfois être un chemin solitaire. C'est un chemin au long duquel nous apprenons beaucoup sur nos capacités et nos aptitudes, mais aussi sur nos limites. Seuls, nous pouvons guérir nombre de nos problèmes, mais il y en a de si compliqués et de si profonds que nous serions sages de reconnaître nos limites et de chercher de l'aide auprès de quelqu'un capable de nous guider et prêt à le faire.

En fin de compte, toute guérison est une autoguérison parce que la guérison n'est possible que grâce à notre désir intérieur d'être guéri et d'être dans notre totalité. Un guérisseur nous aide à nous guérir. Très souvent, le fait d'accepter nos limites et de demander de l'aide accélère le processus de guérison a un degré extraordinaire. Presque aussi souvent, la présence d'un être aimant qui s'intéresse à nos problèmes crée une dynamique de guérison beaucoup plus puissante et efficace qu'une dynamique que nous créons seul en travaillant sur un problème.

d) Guérir commence en soi

Toutefois, guérir commence en soi, à l'intérieur de soi. L'autoguérison est un chemin de conscience de soi, un chemin de restitution de puissance de soi, de croissance et aussi un chemin merveilleux et d'une grande richesse. Découvrir le don de guérison s'apparente à la découverte de l'amour. C'est un don qui n'a pas de prix. Un don divin. Il est présent en tous ceux qui désirent le découvrir. Le don de guérison est un don inné.

Il commence en étant présent et disponible envers nous-même, en faisant attention à nous, à notre profondeur. L'attention guérit, l'amour et l'acceptation créent une transformation et épanouissent notre âme intérieure. L'autoguérison commence de façon simple. Même si le chemin semble parfois compliqué, la guérison reste en essence un acte simple, un mouvement simple. Le mouvement d'aimer. En nous aimant nous nous guérissons. Avec l'aide de notre intuition pour nous guider, nous accompagner et nous enseigner, nous pouvons voyager le long de ce chemin de guérison avec confiance et avec espoir dans l'attente de résultats positifs.

Les méditations qui suivent vous fourniront une abondance de possibilités pour prendre soin de votre Moi intérieur et pour vous occuper de l'accomplissement de vos besoins les plus profonds. Ne sous-estimez pas la puissance de ces exercices. Si vous les pratiquez régulièrement en étant attentif aux détails, ces méditations peuvent déclencher et déclencheront en vous des expériences de guérison et de transformation d'une valeur durable.

6. Transformation des images symboliques

Méditation de l'arbre (1)

Temps recommandé : 20 minutes.

Commencez par toutes les étapes du rituel de préparation et, quand vous vous sentez prêt, informez votre Moi intuitif que vous allez entreprendre un travail d'autoguérison en utilisant l'image de l'arbre que votre intuition vous a donnée.

Demandez à votre intuition de vous donner à nouveau l'image symbolique de l'arbre…

Imaginez que vous pouvez clairement voir cet arbre et son environnement avec vos yeux intérieurs et laissez-vous imaginer entrant dans ce paysage avec votre perception intuitive.

Explorez le paysage, explorez l'arbre, puis prenez note de ce qui a pu changer depuis la dernière fois que vous étiez là…

Comment vous sentez-vous ?

Imaginez que vous avez la liberté créative de changer et de transformer l'image à votre goût. Quelles sont les choses qui ont besoin d'être changées ? Le sol, l'emplacement de l'arbre ? L'eau ? L'air ? Le soleil ?…

De quelle genre d'attention l'arbre a-t-il besoin pour être bien, pour être transformé, pour être soigné ?

Imaginez que vous pouvez demander à l'arbre : « De quoi as-tu besoin ? »

Permettez à l'arbre de vous parler au travers de vos canaux télépathiques. Laissez-le vous expliquer ce dont il a besoin, où et comment.

Imaginez que vous êtes un jardinier psychique et que vous prenez soin de l'arbre... Utilisez votre imagination.

Donnez à l'arbre ce dont il a besoin pour être bien et pour être guéri. Grâce à ce que vous allez faire, l'image que vous aviez au départ va se transformer.

Quand vous sentez que l'arbre a ce qu'il lui faut, reculez-vous, observez et examinez votre travail. Qu'y a-t-il de changé, de différent ?

Comment vous sentez-vous maintenant ?

Soyez conscient des transformations que vous avez créées pour votre arbre...

Remerciez votre être intuitif et, quand vous vous sentez prêt, terminez la méditation.

Après la méditation, faites un dessin de l'arbre après transformation de façon à montrer les changements par rapport à l'arbre original.

Il se peut que vous souhaitiez répéter l'exercice plusieurs fois jusqu'à ce que les changements que vous avez créés se stabilisent.

Vous pouvez faire avec l'arbre un exercice très puissant : le travail des « Postures en mouvement » (voir chapitre V).

Méditation de l'arbre (2) :

Commencez avec l'arbre de la toute première méditation.

Imaginez que vous êtes l'arbre. Levez-vous et mettez-vous dans l'écorce de l'arbre. Prenez-en la posture et l'attitude...

Explorez votre réalité intérieure, le stress et les tensions que vous sentez dans votre corps, votre relation avec les éléments de la nature, votre relation avec ce qui vous entoure.

Cherchez ce dont vous avez besoin pour être bien...

Trouvez votre besoin et ajustez doucement et avec conscience votre position et votre posture jusqu'à ce que vous trouviez la position et la posture qui vous semblent justes et dans lesquelles vous vous sentez bien, équilibré et en chemin vers la guérison...

Effectuez plusieurs respirations et ancrez-vous dans la posture que vous avez découvert, en explorant votre état intérieur et en prenant note des différentes sensations que vous ressentez dans votre corps.

Quand vous vous sentez prêt, relâchez la posture, secouez vos bras et vos épaules, étirez votre corps puis terminez l'exercice.

Exemple de la méditation de l'arbre (p. 145) : J'ai senti que l'arbre avait besoin de protection, d'un vent plus modéré et d'un enracinement plus profond. Je pense qu'une barrière de protection est une bonne idée, ainsi qu'un apport de terre pour protéger les racines trop exposées. Cependant, quand je rentre dans l'image et que je commence le travail d'autoguérison, je ne sens plus que la barrière soit une solution appropriée. J'aime le vent, j'aime sa présence. Je sens que ce vent est un vent divin, un vent qui me guide. Je ne souhaite pas me protéger de ce vent. L'idée d'une barrière entre ce vent et moi ne me semble pas juste. Au lieu de cela, j'imagine que je m'ouvre au vent et que je l'invite à souffler dans mes branches et le long de mon tronc jusque dans la terre. L'action du vent, la direction et le mouvement combiné à la force m'aident à m'enraciner plus profondément dans la terre. En acceptant la présence du vent en moi, je trouve mon enracinement et je peux rester stable et ferme alors que je me maintiens en contact étroit avec le vent qui est ma source d'inspiration. Le résultat est la stabilité, l'enracinement et la *guidance* inspirée. Je me sens bien avec ça. Je peux braver les tempêtes. Je suis ferme. Je suis sur ma colline et le vent est là, avec moi. Nous sommes ensemble. Je suis enracinée.

Méditation de la maison

Temps recommandé : 20 minutes.

Commencez par les étapes du rituel de préparation et, lorsque vous vous sentez prêt, informez votre être intuitif que vous allez entreprendre un travail d'autoguérison en utilisant l'image symbolique de la maison que votre intuition vous a déjà donnée.

Demandez à votre intuition de vous représenter sous la forme d'une maison...

Imaginez clairement la maison et son environnement avec les yeux de votre esprit, et laissez-vous imaginer que vous pouvez pénétrer dans l'image de la maison, avec votre perception intuitive.

Explorez l'image, prenez note des changements survenus...

Comment vous sentez-vous ?

Choisissez une des pièces sur laquelle vous allez travailler, celle du physique, de l'émotionnel, du mental, ou du spirituel.

Quelle pièce éprouvez-vous le désir, le besoin de transformer?

Quelle est la pièce qui a le besoin le plus urgent d'attention?

Demandez à votre intuition de vous aider à faire le meilleur choix.

Une fois que vous avez décidé, allez dans la pièce que vous avez choisie... Imaginez que vous avez à votre disposition toutes les ressources dont vous pourriez avoir besoin, sachez que tout est possible en termes de rénovation... et commencez à transformer la pièce.

Ne pensez pas à ce que vous êtes en train de faire ou n'essayez pas de l'interpréter. Travaillez instinctivement, intuitivement, pendant que vous transformez cette pièce, jusqu'à ce que vous obteniez un espace dans lequel vous vous sentez bien, dans lequel vous vous sentez chez vous et qui maintenant vous correspond.

Prenez tout le temps dont vous avez besoin pour vous installer dans l'espace que vous avez transformé.

Comment vous sentez-vous dans votre corps?

Comment vous sentez-vous dans votre cœur?

Quand vous vous sentez prêt, terminez la méditation et revenez à votre monde de tous les jours.

Il se peut que vous souhaitiez répéter cet exercice plusieurs fois avant de sentir que votre pièce est bien installée.

Exemple de la méditation de la maison (p. 147) : Après avoir réfléchi sur l'information reçue dans la méditation, j'éprouve le désir de travailler sur la pièce de l'« état émotionnel ».

Je retourne à la maison et je retrouve mon chemin jusqu'à la porte de la pièce émotionnelle. J'entre. Rien n'a changé. Cette pièce représente des choses très importantes pour moi, sur la façon dont j'ai dirigé ma vie émotionnelle. Depuis quelques mois, j'ai décidé d'adopter une attitude plus disciplinée vis-à-vis de mon être émotionnel. Cela a plutôt bien marché. J'ai pris beaucoup plus de distance. Je suis plus calme et je me suffis à moi-même. De plus, nous sommes en hiver, alors le détachement semble être juste. Mais quand je vois cette pièce, cela me dérange. Ce n'est pas moi. C'est un état d'être imposé, une pièce sous contrôle, sans spontanéité. Ce n'est pas chaleureux. C'est trop extrême. J'ai trop bien réussi et j'ai basculé dans l'extrême opposé. Pourquoi mon nécessaire à écrire se trouve-t-il ici ? Il devrait être dans la bibliothèque, dans la pièce de l'état mental pour que je sois dans la pièce de l'état émotionnel pour mon plaisir, pour la joie et non pour la discipline et la rigueur du travail.

Je crée des fenêtres, une grande porte vitrée et une grande fenêtre de toit. Le soleil et la lumière peuvent pénétrer dans la pièce. Je rapporte la grande table austère dans la bibliothèque ainsi que mon nécessaire pour écrire. J'y mets un grand lit double avec une couette de plumes et plein de coussins, plus un divan, des chaises, une table ronde, des fleurs. Je mets de la couleur et de la lumière dans cet espace. Je crée un jardin à l'extérieur avec des chaises longues et beaucoup de soleil. J'imagine que ma famille est là dans cet espace avec moi en train de flâner, de se détendre et de bavarder ; j'imagine que nous sommes simplement là, ensemble comme à la maison. Le chat est là qui se prélasse et qui ronronne. Maintenant je suis détendue et je me sens chez moi dans cet espace. Je sens, dans cette pièce, les qualités de joie et de plaisir. Je me sens équilibrée. J'ai ce dont j'ai besoin. Je reste un moment, je remplis la pièce de ma présence et j'en apprécie l'atmosphère. Puis, quand je me sens prête, je termine la méditation et reviens dans mon monde extérieur.

7. Les chakras

Pour créer une guérison, nous pouvons travailler avec des images symboliques et nous pouvons également travailler plus directement avec le corps subtil, le corps énergétique en agissant sur les chakras et sur l'aura en utilisant la Lumière, les couleurs et les qualités afin de nous nourrir, de nous guérir et de nous équilibrer.

Les méditations sur les chakras peuvent être pratiquées régulièrement et sont particulièrement efficaces pour recharger et rééquilibrer. Les trois méditations présentées ici sont de nature progressive. La première est présentée sous une forme qui nous permet de nous reconnecter aux divers aspects de nous-même tels qu'ils sont décrits dans la symbolique des chakras, et cela en utilisant les visualisations guidées pour nous reconnecter, pour nettoyer et énergétiser.

Dans la seconde méditation, nous apprenons à utiliser les couleurs comme source de guérison et de nourriture énergétique pour les chakras. La troisième méditation nous enseigne comment nous donner les qualités spécifiques à des fins de guérison.

Méditation des chakras

Temps recommandé : 45 à 60 minutes.

Fermez les yeux et préparez-vous en suivant le rituel de préparation.

Respirez doucement, tranquillement, régulièrement et consciemment.

Lorsque vous vous sentez prêt, portez votre attention à la base de votre colonne vertébrale et à la partie de votre corps qui se trouve au bas de votre bassin ; c'est ici que se trouve votre premier chakra.

Ce centre d'énergie est lié à votre survie, à votre santé physique, à votre sexualité et à votre sécurité. Permettez-vous d'entrer en contact avec ces aspects de votre vie et soyez attentif à ce que vous ressentez...

Comment vous sentez-vous dans cette partie de votre corps ? Vous y sentez-vous détendu ?

Continuez à respirer tranquillement, gardez votre conscience dans cette partie de votre corps et imaginez que pendant que vous respirez, vous respirez de la Lumière dans cette partie de vous-même...

L'énergie de la terre et l'énergie de l'univers se mélangent dans votre cœur et s'écoulent ensemble dans le mouvement de votre respiration ; elles se répandent comme une Lumière liquide dans votre premier chakra.

Imaginez ce chakra comme une sphère de Lumière, une boule d'énergie ; la Lumière liquide peut s'écouler dans cette sphère où elle nettoie et remplit, dissout les tensions et nettoie le chakra.

Imaginez que l'énergie usée, la poussière et les résidus s'évacuent le long de votre corde d'enracinement et que la Lumière remplit votre premier chakra, lui apportant de l'énergie, de la force et que c'est une Lumière fraîche et propre...

Imaginez votre premier chakra rayonnant de Lumière d'énergie et d'harmonie...

Visualisez-vous en parfaite santé et imaginez-vous en sécurité et sécurisé, enraciné et équilibré, vivant aisément et confortablement.

Imaginez-vous à l'aise dans votre sexualité, détendu et à l'aise, votre corps en bonne santé et en sécurité dans votre vie.

Maintenant, portez votre attention à la zone de votre ventre, à la zone de votre deuxième chakra. Ce centre d'énergie dirige votre sensualité, vos humeurs, vos émotions... Comment vous sentez-vous dans cette partie de votre corps ?

Continuez à respirer et, pendant que vous respirez, amenez votre attention à votre ventre ; apportez de la Lumière, de l'énergie de guérison à votre deuxième chakra.

Imaginez la Lumière comme un liquide qui coule, remplit, nettoie et purifie ; les tensions s'évacuent hors de vous, la Lumière s'écoule en vous...

Imaginez votre deuxième chakra rayonnant de Lumière, d'énergie et d'harmonie et imaginez-vous à l'aise avec le mouvement de votre Moi émotionnel, exprimant votre sensualité naturellement et spontanément, libre d'être vous-même.

Imaginez que vous recevez tout ce dont vous avez besoin de la vie, facilement, sans efforts, dans le courant...

Maintenant portez votre attention à votre plexus solaire, à votre diaphragme, à l'endroit où vous trouvez votre troisième chakra, le centre de votre pouvoir, de votre puissance. C'est d'ici que vous agissez sur votre environnement, que vous dirigez et que vous organisez, créez et contrôlez...

Comment vous sentez-vous dans cette partie de votre corps ?

Continuez à respirer pour rester en contact avec la zone de votre troisième chakra.

Et pendant que vous respirez, imaginez que la Lumière liquide s'y écoule et qu'elle nettoie l'énergie usée, les vieilles histoires, les vieilles habitudes.

A l'expiration, les tensions s'évacuent hors de vous ; à l'inspiration la Lumière s'écoule dans votre troisième chakra et ouvre, énergétise et nettoie...

Imaginez ce centre d'énergie rayonnant de Lumière et de clarté et reconnaissez en vous votre capacité à créer.

Imaginez-vous exprimant votre puissance créatrice dans le monde.

Affirmez en vous votre capacité à en finir avec le passé, votre capacité à lâcher prise et voyez-vous dirigeant votre vie avec confiance et créant la vie qui est vraie pour vous.

Maintenant, portez votre attention à la région de votre poitrine, à la zone de votre quatrième chakra. Ce chakra représente l'amour et la compassion, l'amour de vous-même et des autres, et la sagesse, la sagesse acquise au cours des expériences de la vie...

Comment vous sentez-vous dans cette partie de votre corps ?

Comment vous sentez-vous lorsque vous y respirez ?

Respirez et amenez de la Lumière dans cette partie de votre corps, une Lumière liquide qui s'écoule, nettoie et remplit votre quatrième chakra.

Laissez s'évacuer les vieilles expériences, les déceptions du passé et apportez-y une Lumière liquide et aimante, créant l'espace en vous pour l'amour et l'équilibre...

Imaginez-vous donnant et recevant l'amour avec facilité et confiance, et reconnaissez en vous un être d'amour et de sagesse, un être qui a de la valeur, gai et enthousiaste...

Sentez en vous l'amour couler et s'épanouir, et sachez que vous êtes aimé...

Entrez en contact avec le profond réservoir d'amour que vous avez à partager dans votre cœur et laissez la Lumière en vous couler et remplir votre cœur...

Maintenant, portez votre attention à votre gorge, à votre cinquième chakra. Soyez attentif à ce que vous sentez dans cette partie de votre corps ; respirez et amenez-y de la Lumière qui nettoie et clarifie votre cinquième chakra.

Laissez les tensions s'évacuer, s'écouler hors de vous, permettant ainsi au cinquième chakra de s'ouvrir pour recevoir Lumière et guérison...

Imaginez-vous communiquant clairement, exprimant vos pensées et vos sentiments avec confiance et assurance...

Imaginez votre cinquième chakra clair et rayonnant...

Maintenant, portez votre attention au sommet de votre colonne vertébrale, à l'intérieur de votre tête, à la zone de votre sixième chakra. Ce centre d'énergie gouverne votre mental, votre esprit, votre imagination, votre clairvoyance, votre capacité à voir clairement et avec du recul.

Comment vous sentez-vous dans cet aspect de vous-même ?

Comment vous sentez-vous dans cette partie de votre corps ?

Respirez et imaginez que la lumière s'écoule dans cette partie de vous-même, ouvrant, nettoyant et énergétisant...

Laissez aller la confusion, le doute et l'hésitation et reconnaissez en vous le clairvoyant, le visionnaire...

Soyez reconnaissant pour votre imagination créatrice et reconnaissez votre capacité à créer des formes avec vos pensées.

Maintenant, portez votre attention au sommet de votre tête, à votre septième chakra. Ce chakra gouverne votre être spirituel, votre sentiment de communion avec l'univers, votre sens d'appartenance à la terre, le sens du but pour lequel vous êtes ici, votre connaissance et votre intuition pure.

Comment vous sentez-vous en relation avec cette partie de vous-même ?

Imaginez la Lumière s'y écoulant, nettoyant et ouvrant ce centre d'énergie, relâchant les tensions, le sentiment de séparation et de solitude...

Remplissez votre septième chakra de Lumière et nourrissez votre Moi spirituel, votre être divin.

Voyez-vous agissant dans le monde avec clarté, certitude et sens de votre but, vivant la destinée de votre existence avec facilité, harmonie et confiance en la vie en acceptant la *guidance* de votre intuition avec grâce et gratitude.

Respirez et détendez-vous, soyez centré et présent et, de nouveau, portez votre attention à votre chakra du cœur.

Soyez dans votre cœur, sentez la Lumière s'écouler dans votre cœur, sentez l'amour et la Lumière couler en vous.

La stabilité de la terre et la Lumière de l'univers s'écoulent en vous et vous remplissent dans votre cœur ; elles vous guérissent, vous équilibrent, vous aiment...

Quand vous vous sentez prêt, ouvrez les yeux, vous vous sentez centré, clair et présent.

Méditation des chakras et couleurs

Temps recommandé : 30 minutes.

Fermez les yeux et préparez-vous avec le rituel de préparation.

Respirez doucement, régulièrement, consciemment...

Soyez attentif à votre connexion à la terre, à l'énergie de la terre qui vous stabilise et vous enracine.

Soyez attentif à votre connexion à l'énergie de l'univers, et ouvrez-vous pour recevoir l'énergie de l'univers tout autour de vous.

Imaginez de la Lumière au-dessus de votre tête, Lumière du ciel, Lumière de la source de toute Lumière, une rivière de Lumière, une cascade de Lumière qui s'écoule vers vous, qui coule autour de vous, qui se répand en vous...

Imaginez la Lumière de couleur rouge, un rouge vif, éclatant et fort qui s'écoule en vous au travers de vos sept chakras depuis le sommet de votre tête, puis descend le long de votre dos au travers de votre colonne vertébrale jusqu'à votre premier chakra...

Imaginez votre premier chakra comme une sphère d'énergie, une sphère de Lumière qui se remplit de Lumière liquide rouge... La Lumière rouge s'écoule dans votre premier chakra, le remplit et le nourrit, l'équilibre et l'harmonise.

Soyez attentif aux sensations que vous éprouvez dans votre bassin alors que vous êtes en train d'imaginer que la Lumière liquide rouge remplit votre premier chakra et respirez dans votre bas-ventre,

Aidez ainsi l'énergie à circuler dans cette partie de votre corps.

Channeling de la Lumière.
Le parcours énergétique de la Lumière dans le corps.

Continuez à vous concentrer intérieurement sur votre premier chakra.

Remplissez-vous de Lumière rouge et imaginez la Lumière circulant, nourrissant, équilibrant et harmonisant votre premier chakra.

Lorsque vous vous sentez prêt, portez votre attention à votre deuxième chakra et imaginez que la Lumière qui s'écoule en vous devient orange...

... de la Lumière orange pour le deuxième chakra;
... de la Lumière jaune pour le troisième chakra;
... de la Lumière verte pour le quatrième chakra;
... de la Lumière bleue pour le cinquième chakra;
... de la Lumière violette pour le sixième chakra;
... de la Lumière blanche pour le septième chakra.

Prenez tout le temps dont vous avez besoin pour remplir chaque chakra avec la couleur qui lui correspond...

Prenez tout le temps dont vous avez besoin pour progresser à travers chaque chakra et chaque couleur à votre rythme...

Quand vous vous sentez prêt, détendez votre concentration intérieure, ouvrez les yeux, étirez votre corps et bougez dans la pièce.

Méditation des chakras et qualités

Temps recommandé : 30 à 45 minutes.

Fermez les yeux, installez-vous confortablement, et commencez par toutes les étapes du rituel de préparation.

Portez votre attention à votre premier chakra en respirant calmement dans votre bas-ventre. La qualité associée au premier chakra est la **stabilité.**

Laissez-vous réfléchir un moment sur la signification du mot *stabilité* en pensant à ce que représente pour vous la stabilité et en vous souvenant comment vous êtes dans votre corps quand vous êtes stable...

Réfléchissez sur la stabilité et imaginez-vous dans un état intérieur de stabilité, imaginez les sensations en rapport avec la stabilité...

Imaginez la forme de la stabilité, trouvez des images de la nature qui vous suggèrent la stabilité...

Immergez votre conscience autant que vous le pouvez dans l'atmosphère de stabilité et imaginez votre premier chakra absorbant les qualités de stabilité, de la même façon que vous avez imaginé ce chakra absorbant de la Lumière et de la couleur...

Maintenez votre attention sur votre premier chakra pendant quelques minutes et créez en vous avec votre imagination et votre mémoire l'atmosphère intérieure de stabilité.

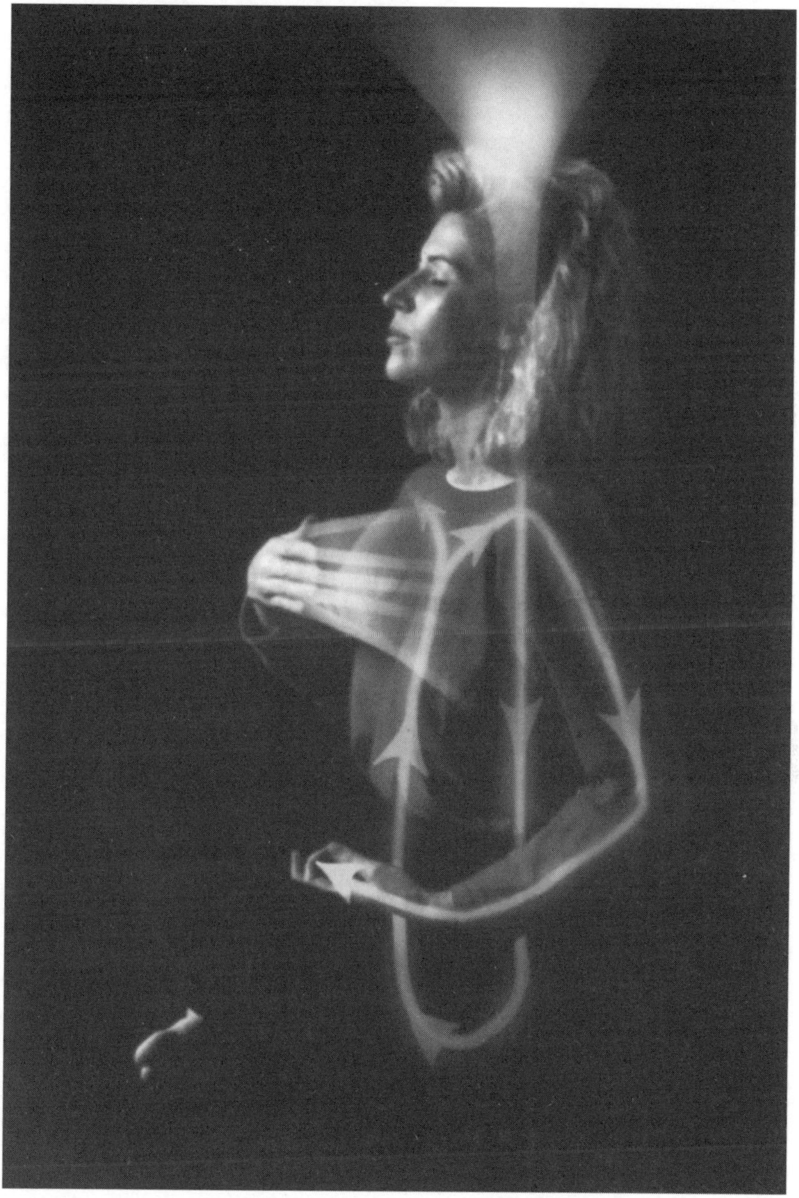

Se donner la Lumière de guérison.

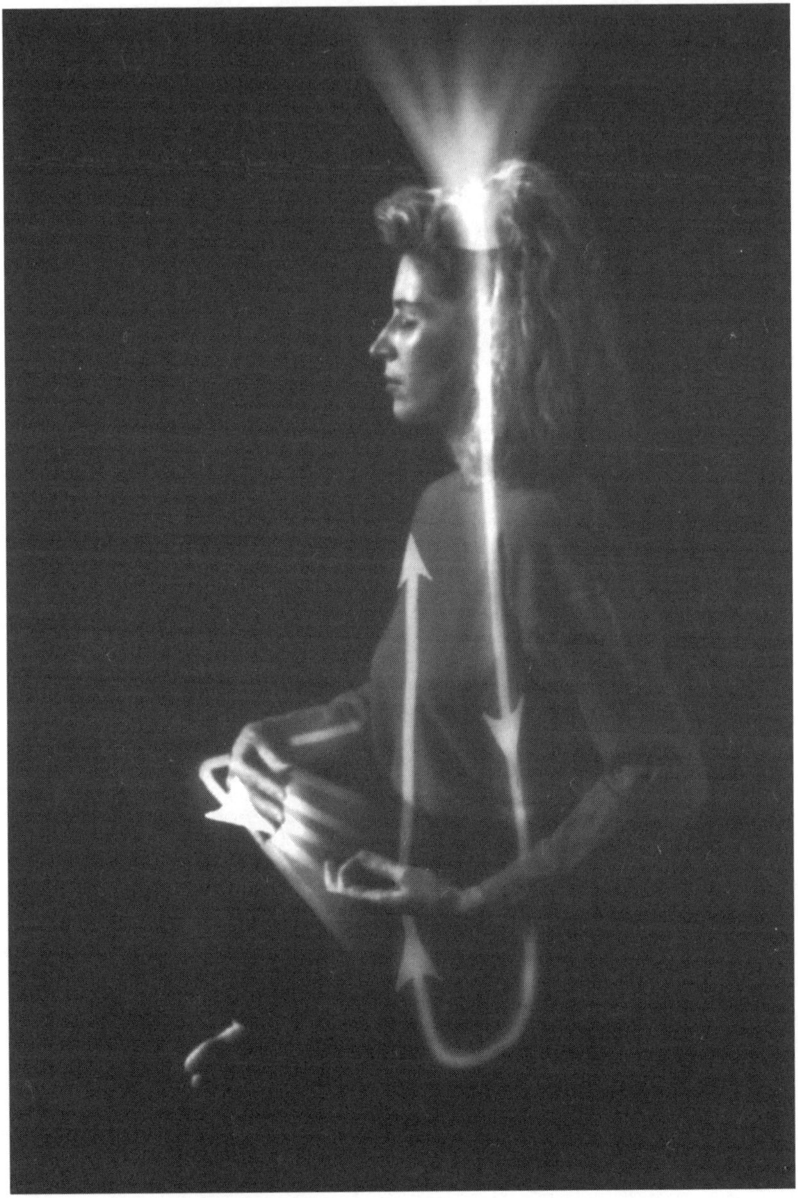

Se donner la Lumière de guérison.

Demandez à la Lumière de devenir la qualité de stabilité, et imaginez la qualité de stabilité comme une force de guérison, qui vous apporte ce dont vous avez besoin pour le bien-être dans votre premier chakra.

Imaginez-vous rayonnant la qualité de stabilité et exprimant la stabilité au travers de vos actions dans le monde.

Lorsque vous vous sentez prêt, portez votre attention à votre deuxième chakra en respirant dans votre ventre et en étant attentif à cette partie de vous-même. La qualité associée au deuxième chakra est la **spontanéité.**

Réfléchissez à la signification qu'a pour vous la *spontanéité* et continuez la méditation comme pour le premier chakra en prenant votre temps avec chacun des chakras et chacune des qualités.

Progressez ensuite à votre rythme dans la méditation.

– La qualité associée au troisième chakra est la **puissance ;**
– La qualité associée au quatrième chakra est la **joie ;**
– La qualité associée au cinquième chakra est l'**authenticité ;**
– La qualité associée au sixième chakra est la **certitude ;**
– La qualité associée au septième chakra est la **communion.**

Quand vous vous sentez prêt, terminez la méditation, prenez quelques grandes respirations profondes puis ouvrez les yeux.

Prenez note de la façon dont vous vous sentez dans votre corps et dans votre esprit.

8. L'aura

Il est important, dans un travail d'évolution personnelle, que nous ayons un sens clair de nous-même en relation avec notre monde extérieur. Pour savoir qui nous sommes, nous devons être capable de faire la différence entre nous et les autres. Cela a l'air d'être une remarque évidente mais, dans la réalité, il est souvent difficile de discerner clairement les limites du « soi » en relation avec « l'autre ». Dans l'absolu, nous pouvons répondre qu'il n'existe pas de séparation. Tout est relié, l'univers est un être et nous sommes des cellules de cet être immense, intrinsèquement reliées les unes aux autres.

En travaillant avec l'énergie, nous apprenons à prolonger notre conscience, à pénétrer et à nous « fondre » avec la matière. Dans la pratique de la guérison nous apprenons à entrer dans la réalité de l'autre et à sentir l'autre afin de percevoir les manques et les besoins en vue d'une guérison. C'est exactement pour cette raison que, parallèlement, nous devons travailler pour établir et définir nos limites énergétiques personnelles. Je sais qui je suis, « où je commence et où je finis », je peux étendre ma conscience dans la réalité d'un autre, en toute sécurité, car sachant qui je suis je peux aller vers l'autre sans me perdre et je peux revenir quand l'exercice est terminé. Savoir comment entrer en rapport avec quelqu'un d'autre est un talent extrêmement utile et nous l'utilisons inconsciemment chaque fois que nous nous mettons « à la place » de quelqu'un.

Apprendre à gérer consciemment ce talent est un travail de grande conscience personnelle. Apprendre à se fondre et à se séparer énergétiquement à des fins de perception intuitive et de guérison est un travail qui demande de grandes aptitudes et beaucoup d'entraînement.

Dans les exercices d'autoguérison, nous créons ce qu'on appelle une frontière personnelle dans le but de nous protéger. Nous ne nous protégeons pas du monde extérieur parce que le monde est un lieu mauvais, horrible et menaçant qui nous ferait du mal, mais parce que nous sommes délicat et sensible et parce que nous avons besoin de nous protéger du chaos du monde extérieur afin de rester plus facilement centré et équilibré en nous-même. Le monde extérieur est souvent perturbant et les autres se débattent avec leurs propres problèmes et leurs propres processus chaotiques d'évolution et de transformation.

Grâce à la conscience de nos frontières personnelles, nous acquérons une compréhension de la différence entre notre énergie, notre « atmosphère », et l'atmosphère des autres et nous apprenons à discerner avec plus de lucidité la différence entre nos « trucs » et les « trucs » des autres. Nous obtenons alors d'enrichissantes prises de conscience sur le processus de projection au sein des relations.

La frontière personnelle nous aide à rester centrés dans notre axe et à rester concentrés sur notre propre rythme, notre propre mouvement. Ainsi protégés de la dispersion, nous cessons de perdre nos énergies dans des directions inutiles et pouvons rester concentrés sur le chemin du moment.

Méditation : créer et maintenir les frontières personnelles

Temps recommandé : 20 minutes.

Commencez par le rituel de préparation.

Portez votre attention aux limites de votre corps physique et sentez le contact de vos vêtements sur votre peau, la sensation de l'air qui vous touche...

Imaginez les sept chakras, rayonnants de Lumière tout le long de votre axe et cette Lumière débordant tout autour de vous, créant ainsi votre champ d'énergie personnel, votre propre aura...

Soyez attentif aux endroits de votre corps où vous vous sentez vulnérable, exposé... et aux endroits où vous vous sentez en sécurité, protégé.

Imaginez votre aura comme un champ de Lumière, un champ d'énergie, comme un canevas de Lumière plus ou moins épais par endroits ; il y a des parties usées et d'autres endroits encore...

Imaginez que vous pouvez intuitivement réparer votre aura en vous débarrassant de l'énergie qui ne vous appartient pas, en la nettoyant des vieilles énergies...

Puis, réparez votre aura en remplissant les endroits qui sont vides, en protégeant ceux que vous sentez vulnérables...

Défroissez votre aura jusqu'à ce qu'elle ait la forme d'une coquille d'œuf lisse et équilibrée tout autour de vous...

Imaginez votre frontière installée à distance confortable de votre corps avec tous ses trous maintenant réparés...

Tout est équilibré et vous, vous êtes à l'intérieur, centré et équilibré.

Faites cette méditation régulièrement, surveillez les zones de faiblesse et renforcez-les jusqu'à ce qu'elles soient solides.

Cet exercice est particulièrement utile avant et après avoir été exposé à des situations stressantes, des conflits ou des situations de confrontation.

9. Suivre son chemin

Utiliser notre intuition pour explorer les choix qui sont à notre disposition crée une situation où la direction spirituelle de nos vies est toujours prise en considération avant que nous ne prenions une décision qui affecte le chemin de notre vie de chaque jour. L'intuition, dans son rôle de guide intérieur, de professeur et d'âme qui récolte des expériences ne nous indiquera pas toujours la direction la plus facile ou la plus confortable. Cependant, nous pouvons toujours compter sur notre intuition pour nous guider vers des choix qui engendrent une croissance intérieure, une évolution et l'expression de nos qualités personnelles essentielles.

a) L'expérience est le but de la vie

Il est important de se souvenir que pour l'âme, l'expérience est le but de la vie. C'est de l'expérience que vient la sagesse et de la sagesse que viennent l'acceptation et le détachement. C'est en se libérant de l'attachement que se crée la liberté d'être authentique. Dans l'atmosphère d'authenticité, l'âme est libre de vivre pleinement et de réunir son plein quota d'expériences terrestres. Chaque âme a son but individuel mais, de manière générale, le plus grand défi de chaque âme est celui de la **réalisation de soi.**

Nous réalisons notre vérité grâce aux tâches et aux missions que nous entreprenons durant nos vies. Ce sont souvent les expériences les plus difficiles à supporter qui nous font grandir le plus et pour lesquelles nous sommes rétrospectivement le plus reconnaissant. Nous sommes essentiellement des âmes libres, libres de choisir et de créer comme nous le souhaitons la direction de nos activités. Même en ce qui concerne les obligations et les dettes karmiques, nous avons le choix. Chaque choix que nous faisons a une conséquence.

Même si nous sommes libres, je crois que chaque âme a un chemin à suivre. Le chemin n'est pas un chemin physique qui nous demande d'être présent à un moment donné à un endroit précis en présence de telle ou telle personne, mais c'est un chemin d'expérience plutôt fluide. En tant qu'âme je m'incarne avec un but. Pour atteindre ce but, j'ai plusieurs possibilités. Ce n'est pas tant ce que je fais, quand et avec qui, mais comment je fais les choses et avec quel niveau de conscience qui me fait évoluer et me permet d'accomplir mon but. Mon âme, dans son ultime sagesse, connaît les expériences dont elle a besoin pour évoluer selon sa destinée.

b) Le cycle karmique

L'âme choisit ses parents et sa famille en prenant comme base les expériences de vie fondamentales dont elle a besoin pour son évolution. C'est pour cette raison que de nombreuses vieilles âmes naissent dans des situations familiales plutôt difficiles, les leçons y sont apprises jeune et les expériences rapidement acquises, permettant ainsi à l'âme de progresser plus rapidement dans la vie. Elle atteint le but de son incarnation alors que la personne est encore jeune pour accomplir et intégrer son but. Quand nous nous alignons sur notre être intuitif, nous nous alignons sur notre âme et notre esprit et nous nous réalignons alors avec notre but spirituel essentiel. Le but spirituel s'exprime naturellement dans la réalisation d'un chemin, d'une façon d'être. Cette façon d'être comporte un aspect philosophique, mais aussi des moyens d'application pratiques.

En tant qu'être spirituel, nous réalisons ce que nous sommes grâce à notre voyage le long de notre chemin. Dans le paradoxe de l'initiation et de la maîtrise spirituelle, nous n'arrivons en fait jamais nulle part, même si nous sommes en permanence en train d'aller quelque part et que notre but est d'y arriver. Le chemin est un moyen qui nous donne le sens et la direction de notre but, mais c'est la conscience que nous mettons dans ce voyage qui permet l'évolution de l'âme et l'acquisition de la sagesse au travers des expériences vécues.

Lorsque nous trouvons notre chemin et vivons en accord avec notre chemin, la vie prend une qualité différente, une atmosphère différente. Quand nous nous réalignons à notre profondeur et que nous nous connectons au sens de notre but personnel et spirituel, une qualité de confiance commence à s'installer en nous. Quand nous avons confiance en nous et confiance en l'univers, nous pouvons relâcher le contrôle et commencer à laisser les choses couler. En ayant confiance en notre chemin, confiance dans le courant, nous restons plus facilement centrés sur notre chemin tout en permettant au courant de nous guider et de nous soutenir.

c) L'évolution de l'âme

Réalignés avec le sens de notre verticalité (axe ciel-terre), nous perdons graduellement notre attachement à la façon dont nous pensons que les choses et les gens devraient être et nous nous ouvrons au ressenti des gens et des choses tels qu'ils sont en réalité. En nous libérant pour être nous-mêmes, nous découvrons que notre réalité extérieure possède un mouvement bien plus fluide et souple que nous ne l'avions imaginé auparavant. En nous libérant, les autres commencent en notre présence à se libérer aussi et peuvent plus facilement être eux-mêmes. La vie prend alors une nouvelle dimension, une dimension de souplesse, de possibilités et d'un nouvel espoir alors que nous réalisons que la guérison est possible et la transformation inévitable.

Notre intuition nous guide à choisir le chemin de l'évolution. L'évolution est un processus de changement, de transformation et de guérison, de maîtrise personnelle et de réalisation de soi. Notre intuition ne nous guidera jamais vers un chemin qui n'est pas dans notre plus grand intérêt. Le chemin peut ne pas être facile. Le chemin peut nous révéler et révéler aux autres nos faiblesses et exiger beaucoup d'efforts personnels, mais la récompense dépassera de loin les efforts que nous sommes invités à faire. Alors que nous nous alignons de plus en plus à notre véritable but, à notre être véritable, que nous avons de plus en plus confiance en cette nouvelle manière de fonctionner, nous permettons au mouvement de nous guider et de nous montrer la direction, nous avançons volontiers sans plus douter ni hésiter. Nous sentons la stabilité de la terre et la présence lumineuse de l'univers qui nous accompagnent et trouvons notre équilibre, notre axe et notre place dans le mouvement de la vie qui coule à travers nous.

L'existence est aimante, généreuse et spontanée. Lorsque nous sommes ouverts à la possibilité d'existence d'horizons accueillants et bienveillants, le chemin devient un plaisir. Nous découvrons la vie non plus comme une tâche ardue aux responsabilités impossibles, mais comme un terrain de jeu où nous pouvons nous exprimer et nous réaliser.

Les trois méditations qui suivent vous aideront à comprendre votre monde personnel, vos expériences en cours et les raisons pour lesquelles vous êtes en relation avec les personnes qui vous sont proches dans votre vie de chaque jour. Avec ces techniques de pratique intuitive, vous pourrez plus rapidement et plus clairement vous situer par rapport aux personnes qui vous entourent en ne perdant plus de temps à vous soucier de votre position psychologique et à l'analyser ainsi que vos comportements et ceux des autres. En allant au-delà de la perception de la structure psychologique, vous pourrez vous percevoir et percevoir les autres comme des êtres qui évoluent, qui ont un mouvement et quelque chose à partager et à échanger. L'échange est parfois vécu comme un mouvement fluide, parfois il semble conflictuel. Aller au-delà de l'expérience du conflit pour redécouvrir le courant harmonieux de l'échange vrai est une expérience libératrice pour toutes les personnes concernées.

Méditation : prise de décision

Pour explorer les différents chemins possibles, pour comprendre les avantages et les inconvénients de chacune des possibilités et faire un choix qui soit aligné sur le chemin de l'âme.

Temps recommandé : 30 minutes.

Suivez toutes les étapes du rituel de préparation et, quand vous vous sentez prêt, portez votre attention sur la décision à laquelle vous êtes confronté.

Restez en contact avec ce que vous sentez à ce moment précis et acceptez les diverses émotions que vous ressentez en rapport avec le choix que vous explorez...

Laissez aller le stress, l'anxiété et la peur et respirez dans votre ventre, enracinez-vous et détendez-vous... Soyez conscient qu'il existe à votre disposition plusieurs possibilités en rapport avec le choix auquel vous êtes confronté. Affirmez en vous-même que vous allez maintenant explorer ces possibilités d'un point de vue intuitif.

Imaginez-vous en train de vous promener dans le jardin de votre temple et, ce faisant, réfléchissez au problème qui vous préoccupe. Permettez simplement aux pensées et aux sentiments d'aller et de venir...

Définissez en vous toutes les options qui vous sont ouvertes... Par exemple, pour une offre d'emploi vous pouvez accepter le travail ou ne pas l'accepter.

Imaginez-vous sur un chemin alors que vous vous promenez dans votre jardin et, sur ce chemin, vous arrivez à une intersection où le chemin se divise en deux, trois, quatre... autres voies.

Imaginez le premier chemin comme le chemin de la première option, le deuxième chemin est le chemin d'une autre option... et donnez un nom, un titre à chaque chemin...

Soyez attentif à ce que vous sentez dans votre corps et commencez à avancer sur le chemin n° 1, le chemin de la première option, et remarquez soigneusement le chemin en lui-même, le paysage, l'atmosphère, le temps et surtout ce que vous ressentez pendant que vous marchez dessus...

Où va ce chemin? Quelle est votre destination? Que vous apportera cette possibilité? Y a-t-il d'autres personnes sur ce chemin? Quelles qualités intérieures ce chemin exige-t-il de vous?

De quelles qualités intérieures avez-vous besoin pour réussir sur ce chemin? Ce chemin vous semble-t-il juste pour vous?

Soyez ouvert aux impressions que vous recevez, aux sensations physiques que vous ressentez et à ce que vous ressentez dans votre cœur...

Imaginez que pendant que vous vous promenez sur ce chemin vous rencontrez un vieil être sage qui vous attendait. Entrez en contact avec cet être et permettez-vous de lui demander conseil à propos de ce chemin, sur ce qu'il peut vous apporter, vous enseigner...

Lorsque vous êtes satisfait, faites demi-tour et retournez à l'intersection d'où vous venez.

Répétez la même chose avec le chemin qui représente l'option n° 2 puis avec chacune des options possibles pour le choix que vous avez à faire.

Quand vous avez terminé votre exploration, retournez à votre temple.

Installez-vous bien dans votre état intuitif centré et posez-vous cette question : « Lequel de ces chemins apporte de la joie dans mon cœur? »

Soyez disponible pour la réponse que vous recevez.

Lorsque vous vous sentez prêt, détendez votre attention et retournez à votre état de conscience normal.

Méditation : situations difficiles

Pour comprendre, accepter et ouvrir la voie de la transformation quand la leçon et le but de la situation ne sont pas évidents et lorsque vous éprouvez le désir de la résoudre.

Temps recommandé : 30 à 45 minutes.

Après vous être préparé en suivant toutes les étapes pour entrer dans votre état intuitif, affirmez en vous que vous allez explorer la situation en question avec l'aide de votre être intuitif en utilisant la technique des images symboliques pour vous apporter prise de conscience et compréhension.

Imaginez-vous marchant dans le jardin de votre temple et que, ce faisant, vous contemplez la situation et les difficultés qui vous paraissent en découler...

Sentez dans votre profondeur votre désir de vous libérer des difficultés de ce problème...

Sentez votre désir d'être libre de poursuivre votre chemin dans l'harmonie et imaginez le chemin de votre vie comme un chemin qui s'étend devant vous...

Alors que vous avancez sur le chemin, vous apercevez devant vous un obstacle qui bloque le passage et qui vous fait ralentir puis vous arrêter.

Observez l'obstacle et soyez attentif à ce que c'est, à sa forme, à sa taille, à sa substance, son atmosphère...

Quelle est votre réaction immédiate, instinctive devant l'obstacle? Quelle émotion ressentez-vous?

Comment imaginez-vous que cet obstacle ait pu arriver sur votre chemin? Est-ce un obstacle naturel ou créé par l'homme?

Quelles sont les parties de l'obstacle qui vous «appartiennent» et quelles sont celles qui «appartiennent» aux autres personnes concernées par cette situation?

Que vous dit cet obstacle?

Et, ce qu'il y a de plus important, qu'êtes-vous en train d'apprendre en vous arrêtant sur votre chemin pour vous occuper de cet obstacle? Qu'avez-vous à comprendre?

Si, au lieu de vous battre contre cet obstacle vous l'acceptiez, que se passerait-il?

Quelles sont les ressources intérieures, les qualités intérieures dont vous avez besoin pour dépasser cet obstacle, pour aller au-delà?

Demandez à votre intuition de vous aider à découvrir en vous ces qualités et de vous montrer le chemin pour aller au-delà de l'obstacle auquel vous faites face.

Une fois que vous l'avez dépassé, regardez en arrière et observez l'obstacle depuis votre nouvelle position, avec plus de recul.

Comment le voyez-vous maintenant?

Souvenez-vous des qualités dont vous aviez besoin pour dépasser l'obstacle...

Quand vous vous sentez prêt, recentrez-vous dans votre temple puis, en prenant quelques profondes respirations, détendez votre attention intuitive et ouvrez les yeux.

Les qualités dont vous avez besoin pour dépasser l'obstacle sont les mêmes que celles dont vous avez besoin dans la situation à laquelle vous faites face dans votre vie.

Retournez à votre état de conscience intuitive et imaginez la situation telle qu'elle se déroule dans votre vie...

Imaginez-vous en train de gérer cette situation avec les qualités dont vous avez besoin...

Grâce à ces qualités, trouvez votre façon de faire pour dépasser les difficultés de la situation...

Restez en contact avec le désir qu'a votre cœur de résoudre la situation afin que vous puissiez apprendre, intégrer et passer à autre chose.

Méditation : relations

Pour résoudre les conflits, clarifier le but de la relation et créer l'atmosphère dans laquelle la qualité d'harmonie et de communion est possible dans la relation.

Temps recommandé : 30 minutes.

Après avoir suivi les étapes de préparation, informez votre être intuitif que vous désirez explorer le monde de vos relations avec l'aide de votre intuition.

Imaginez la personne avec laquelle vous éprouvez des difficultés et réfléchissez quelques minutes à la nature de ces difficultés...

Imaginez cette personne venant dans votre temple et entrant dans l'espace sacré de votre temple ; elle vient vers vous pour vous rendre visite et vous parler. Imaginez-la prête à vous écouter et vous-même prêt à l'écouter...

Dites-lui votre vérité, expliquez-lui vos problèmes et ce que vous sentez, puis imaginez sa réponse à ce que vous venez de dire...

Imaginez que l'autre dit sa vérité par rapport au problème.

Lorsque vous avez fini d'exposer le problème, dites à la personne ce que vous aimeriez vivre dans la relation, comment vous aimeriez que cela se passe entre vous...

Envoyez à l'autre l'image et le ressenti de la façon dont vous préféreriez que les choses se passent entre vous dans la relation...

Demandez à votre intuition de vous montrer ou de vous dire le véritable but de votre relation avec cette personne.

Posez les questions suivantes à votre être intuitif :

– Qu'ai-je à apprendre à cette personne ?

– Qu'ai-je à apprendre de cette personne ?

– Qu'est-ce que l'autre a à m'apprendre ?

– Nous reste-t-il quelque chose à nous apprendre l'un l'autre ?
– Qu'ai-je besoin de lâcher (idées, histoires, jugements…) pour que la relation puisse évoluer et prospérer ?
– Qu'ai-je besoin d'accepter chez l'autre ?

Soyez disponible face aux réponses que vous recevez et attentif à ce que vous ressentez dans votre corps au fur et à mesure que se déroule la méditation.

A la fin, reconfirmez votre lien de cœur avec cette personne et imaginez-la quittant votre temple.

Lorsque vous vous sentez prêt, terminez la méditation.

La prochaine fois que vous rencontrerez cette personne, faites attention à ce que vous sentez de différent ou à ce qui est différent de ce qui était avant que vous fassiez la méditation.

10. Guérir votre monde

a) Les difficultés relationnelles

La colère, le ressentiment et l'amertume sont des états émotionnels qui bloquent le fonctionnement de l'amour dans la vie et qui, par conséquent, limitent la circulation de l'énergie dans le chakra du cœur. Les relations humaines sont complexes, souvent paradoxales et assurément pleines de contradictions. Nous sommes souvent trompés, déçus et désenchantés par les prétendues « imperfections » des personnes qui nous sont proches. Le conflit, bien que terriblement inconfortable à vivre, fait intrinsèquement partie des relations les plus profondes et de celles qui comptent le plus.

Ce serait agréable de vivre éternellement dans l'harmonie, mais ici sur terre, l'harmonie est une expérience plutôt rare, donc très appréciée. Si nous sommes authentiques et engagés dans le chemin de réalisation de soi, il est virtuellement impossible de traverser la vie sans parfois ennuyer quelqu'un. Si nous vivons près de personnes qui suivent le même chemin d'authenticité, elles ont certainement (de temps en temps si ce n'est plus souvent) un comportement qui déclenche en nous une réaction conflictuelle.

Parfois, le conflit n'a rien à voir avec l'authenticité. Nous pouvons nous sentir trahis, arnaqués ou roulés par quelqu'un. Nous pouvons vivre quelque chose avec l'autre qui nous amène à prendre la décision d'en finir avec la relation. Nous sommes si fâchés qu'il n'est simplement plus possible de communiquer avec l'autre, alors nous cassons la relation.

Il est assez rare qu'une relation se termine tranquillement dans la paix, alliant deux partenaires calmes et clairs dans leur cœur. Ce n'est pas le genre de relation que l'on souhaiterait achever !

Nous avons déjà terminé de nombreuses relations. La vie est un processus de rencontres et de séparations. Pensez un instant à tous les gens que vous avez connus dans votre vie et avec lesquels vous n'avez plus de contacts. Pour la plupart de ces personnes, la séparation fut facile, naturelle, en harmonie avec le cours naturel des choses. Mais il existe toujours des relations qui se terminent dans le conflit, avec des choses qui ne sont pas terminées, dans le ressentiment, la colère et l'amertume.

En fait, ces relations ne sont pas du tout terminées, même si nous ne devons plus jamais parler à la personne ni la revoir. Les relations de cette nature nous vident de notre énergie. Nous sommes énergétiquement emprisonnés par tout ce qui n'est pas résolu dans la relation. Nous ne sommes pas libres, ni l'un ni l'autre. Ces conflits non résolus nous préoccupent à un niveau inconscient et créent une situation où notre énergie et notre attention ne sont pas disponibles pour vivre ce qui se passe dans le présent, dans notre vie. Nous ne pouvons pas nous engager dans le moment présent à cause de notre préoccupation pour le passé.

Pour être totalement libre dans le présent nous devons couper nos liens avec le passé, ce qui ne signifie pas se dissocier du passé ou de nos souvenirs, mais simplement « décharger » les souvenirs qui nous pèsent afin de libérer l'énergie pour l'utiliser dans le présent.

b) Accepter et pardonner

L'acceptation, et enfin le pardon, sont deux qualités essentielles dans le chemin de la guérison. Pour créer un monde meilleur, nous sommes obligés de guérir le monde dans lequel nous sommes. Il n'y a pas d'autre solution. Il n'y a pas d'autre monde. Le monde intérieur de notre cœur est blessé et porte les cicatrices de nombreuses batailles, et la sagesse acquise l'est souvent au prix de beaucoup de tristesse et de désillusions. Nous avons souvent raison, mais très souvent l'autre a aussi raison, et ainsi avons-nous aussi souvent tort que raison.

Non seulement la guerre psychologique épuise le cœur et fatigue l'âme mais, en plus, elle bâtit autour du cœur un rempart qui devient impénétrable avec le temps. La haine, le ressentiment et le jugement sont des émotions fortes et des poisons pour le cœur. L'acceptation apporte la guérison au cœur et à l'âme, le pardon nous permet d'aller au-delà du problème, libre de nous engager dans une nouvelle aventure dans notre cœur.

Accepter quelqu'un ne signifie pas forcément être d'accord avec lui ou lui obéir. Accepter une situation ne signifie pas non plus que vous l'approuviez. Cela signifie simplement accepter. Ne pas se battre contre. Ne pas s'y opposer. L'acceptation est un état intérieur de lâcher-prise où nous renonçons au besoin d'avoir raison, au besoin de savoir ce qui est le mieux, au besoin d'être supérieur. Dans l'acceptation, nous nous abandonnons à la situation telle qu'elle est, nous l'acceptons, même si elle n'est pas telle que nous la souhaiterions ou telle que nous pensons qu'elle devrait être. Nous acceptons l'autre tel qu'il est. Nous nous acceptons tel que nous sommes. Nous acceptons les imperfections, les contradictions et les paradoxes et abandonnons la lutte et notre désir que les choses soient autrement.

L'acceptation, ce n'est pas la même chose que le pardon. L'acceptation nous permet d'abandonner notre attachement à notre désir qu'une personne ou une situation soit différente de ce qu'elle est. Le pardon nous permet de lâcher prise de la situation ou de la personne. Le pardon termine les choses. Le pardon est comme une mort, et la mort rend possible la renaissance.

Parfois, nous aimerions pouvoir accepter et pardonner mais nous ne le pouvons pas parce que nous ne sommes pas encore prêts. L'indignation justifiée a sa place dans le monde de l'expression émotionnelle comme la colère, le ressentiment et la perte du respect. Lorsque nous avons vécu et ressenti en nous-même – ou avec quelqu'un – un conflit important, nous devons aussi respecter la vérité de ce que nous sommes dans le processus de nos expériences. Faire semblant d'accepter alors que nous éprouvons un sentiment de rejet et de rancune est hypocrite et totalement inauthentique. Il est préférable d'exprimer la vérité de la colère plutôt que de prétendre être charitable. Si nous acceptons les émotions que nous vivons, nous leur donnons la possibilité de se transformer en un autre état d'expérience. L'acceptation commence toujours avec soi. Si nous ne sommes pas prêts à accepter, il est préférable d'être honnête et conscient. En sachant où nous en sommes, nous sommes toujours en sécurité et juste.

Méditation d'acceptation et de pardon

Temps recommandé : 20 à 30 minutes.

Respirez, centrez-vous et mettez-vous dans votre cœur. Soyez présent en vous et prêt à faire cet exercice de guérison.

Imaginez quelqu'un avec qui vous avez un problème qui vous fait souffrir dans votre cœur. Appelez cette personne, imaginez qu'elle entre dans votre temple et s'assied en face de vous.

Restez dans votre cœur et dites à cette personne ce que vous avez besoin de lui dire : « Ce que j'ai besoin de te dire et que je n'ai pas pu ou pas voulu te dire c'est que… » Videz votre cœur de toutes les choses que vous ne lui avez pas dites.

Imaginez que l'autre est ouvert et prêt à vous écouter, elle ou il vous écoute simplement, acceptant ce que vous dites…

Sentez votre cœur s'ouvrir, abandonnez-vous… Permettez à l'émotion, au sentiment de couler…

Quand vous vous sentez prêt, dites à l'autre : « Je t'accepte tel que tu es », ou : « S'il te plaît accepte-moi tel que je suis », ou encore : « Je m'accepte tel que je suis. »

Soyez dans l'atmosphère d'acceptation et sentez ce que cela vous fait d'accepter dans votre cœur…

Si vous sentez l'envie d'aller plus loin dans l'atmosphère du pardon, imaginez-vous toujours en face de l'autre et dites : « Je te pardonne », ou : « Je me pardonne », ou encore demandez pardon : « S'il te plaît, pardonne-moi. »

Sentez l'atmosphère du pardon et permettez à cette énergie d'ouvrir votre cœur, de le laver et de guérir les blessures du passé, vous donnant la liberté de respirer et de sentir la profondeur de votre cœur ouvert, prêt à vivre et à aimer.

Répétez cette méditation avec autant de personnes que vous en éprouvez le besoin, aussi souvent que vous le désirez.

Cette méditation peut être faite également sous forme de lettre.

11. Les techniques de manifestation

a) La création de votre destin

Chaque pensée que nous avons a une conséquence dans notre vie. Chaque pensée crée un résultat. Le fait que nous ne percevions pas immédiatement le résultat ne signifie pas qu'il n'est pas en train de se créer. Le résultat ne se manifeste pas toujours sous une forme extérieure à nous-même. Une pensée a des répercussions en nous avant que nous en ressentions ses conséquences à l'extérieur de nous. Plus nous pouvons être conscients de nos pensées et de l'atmosphère de notre monde intérieur, plus nous pouvons décider de la relation que nous créons dans notre monde extérieur. Le monde extérieur est le miroir de notre monde intérieur et nos perceptions de la réalité sont presque toujours influencées par l'atmosphère du monde intérieur de nos pensées et de nos ressentis.

Nous n'avons qu'à observer notre vie à la maison, au travail, dans notre famille pour recevoir un feed-back clair sur la qualité de nos systèmes de croyance et surtout sur les croyances que nous avons sur nous-même. Notre vie est le reflet de ce que nous croyons être. Toutes les choses et toutes les personnes qui nous entourent existent dans nos vies parce que nous les y avons créées. Nous sommes tous des créateurs et des magiciens, nous sommes fondamentalement créatifs. Nous ne sommes malheureusement pas prêts à en accepter la responsabilité, ce qui fait que cette capacité n'est pas très développée et sporadiquement utilisée.

Le travail de manifestation exige principalement que nous acceptions d'être responsable de la création de notre vie et de la direction qu'elle prend. Ce travail requiert conscience, vigilance et discipline intérieure ; il demande de se former mentalement soi-même à sa propre puissance *(empowerment).*

Avec les « techniques de manifestation », nous apprenons que plus nous sommes conscients de nos pensées, plus nous pouvons choisir et créer notre qualité de vie. La conscience est la clé de la transformation des systèmes de croyance. Elle nous donne le choix et le choix est implicite au concept de liberté. Nous pouvons choisir notre vie et nous créer la vie de notre choix. Nous pouvons, grâce à la volonté et à la détermination, forger et construire la vie que nous désirons et être fiers des résultats de nos efforts.

La dimension intuitive nous permet de clarifier avec précision la qualité de vie que nous désirons ainsi que les différentes composantes concrètes de cette existence. Plutôt que de planifier à l'avance pour créer la vie que nous désirons et nous épuiser à nous battre contre les éléments, nous adoptons une attitude intérieure de disponibilité et de discernement et laissons le mouvement naturel de la vie prendre la forme et la structure qui correspondent à nos désirs. Nous maintenons intérieurement la vision de la vie que nous voulons et restons en contact avec notre intuition, avec notre relation à la verticalité. Nous permettons au courant de la vie de s'organiser et de nous organiser pour trouver la structure adéquate. Lorsque nous sommes clairs au sujet de ce que nous voulons, nous pouvons dire non aux conditions qui ne correspondent pas à notre vision et oui à celles qui y correspondent.

b) Mériter pour recevoir

Pour que les techniques de manifestation réussissent, il est absolument fondamental de croire mériter de recevoir. Plus encore qu'un travail de création, la Manifestation est le mouvement du recevoir. Si vous croyez mériter de recevoir, la vie pourra vous donner et vous serez capable d'accepter les cadeaux qu'elle vous donne.

Les étapes du travail de Manifestation doivent être suivies de façon précise et progressive pour parvenir aux résultats désirés.

– **Soyez conscient de la situation présente.** En d'autres termes, sachez où vous en êtes et comment vous vous sentez par rapport à la situation que vous aimeriez modifier et/ou transformer.

– **Acceptez la situation telle qu'elle est en ce moment.** Elle n'est peut-être pas telle que vous aimeriez qu'elle soit, mais elle est ainsi, alors acceptez-la. L'acceptation vous aide à rester dans le présent, et le présent est le temps de la puissance créatrice.

– **Choisissez ce que vous voulez.** Soyez clair en ce qui concerne vos préférences et précis sur les changements que vous désirez.

– **Imaginez que vous avez déjà ce que vous voulez.** Amenez ce que vous voulez au présent, même si cela n'existe pas encore concrètement dans le présent. Commencez à vivre comme si vous l'aviez maintenant.

c) Créez votre vie

1. Dressez les listes de toutes les choses que vous aimez, et de celles que vous n'aimez pas dans votre vie. Ces deux listes peuvent être aussi générales ou personnelles que vous le souhaitez.

Pendant que vous dressez ces listes, pensez à votre vie et à votre qualité de vie, soyez attentif à ce que vous ressentez en général et plus précisément sur votre vie : le travail, les amis, la famille, ce qui vous intéresse, etc.

2. Lisez cette liste à haute voix et trouvez en vous l'attitude d'acceptation envers vous-même tel que vous êtes et envers votre vie telle quelle est aujourd'hui.

3. Imaginez que vous pouvez créer la vie de vos rêves, du désir de votre cœur. Quelle serait pour vous la vie parfaite ? Imaginez. Où vivez-vous ? Avec qui ? Que faites-vous ? Le faites-vous souvent ?

Visualisez-vous dans un an et imaginez que durant l'année qui vient de s'écouler, la vie s'est organisée pour devenir celle de vos rêves.

Décrivez la vie de vos rêves comme si vous la viviez maintenant au temps présent, écrivez-en tous les détails significatifs et tous les points importants. Posez-vous les questions suivantes :

– Est-ce possible (à avoir, à faire, à vivre, d'être…) ?
– Est-ce que cela vaut le coup ?
– Est-ce que cela m'apportera ce que je veux vraiment ?
– Suis-je prêt(e) à faire le nécessaire pour l'obtenir ?

Vous devez pouvoir répondre OUI à toutes ces questions.

4. Imaginez que vous l'avez maintenant. Fermez les yeux et laissez-vous imaginer la vie de vos rêves, celle que vous avez décrite sur le papier. Imaginez cette vie idéale avec autant de détails que possible, voyez-vous engagé dans les activités de cette vie, imaginez les gens avec qui vous passez votre temps, à votre travail, à la maison, etc. Souvenez-vous des mots de votre « clé éternelle » et répétez-les vous intérieurement ; imaginez-vous rayonnant des qualités de votre « clé éternelle ». Soyez conscient de ce que vous ressentez dans votre corps et de ce que vous ressentez quand vous imaginez votre vie idéale. Vous pouvez affirmer en vous : « Ceci est pour moi. »

Lorsque vous vous sentez prêt, ouvrez les yeux.

12. La carte du trésor

Prenez une grande feuille blanche de papier cartonné, des ciseaux, de la colle, des crayons de couleur, des feutres et des vieux magazines de photos et de publicités.

Cherchez dans les magazines les photos qui correspondent à la vie de vos rêves. Des photos de maisons, d'objets, de paysages, de gens, etc. Vous pouvez même y découper des phrases qui vous plaisent, par exemple celles des publicités. Découpez ces images et disposez-les artistiquement sur le papier cartonné pour créer un collage. Représentez-vous dans ce collage et, quelque part sur la feuille, écrivez les mots de votre « clé éternelle ». Utilisez des couleurs, des images et votre inspiration créatrice pour créer le collage représentatif de la vie de vos rêves.

Exemple d'une carte du trésor.

Pour que vous puissiez vivre la vie qui correspond à vos désirs et à vos souhaits les plus profonds, soyez attentif à ce que vous faites et restez en contact avec votre désir de transformer votre vie. Ne vous préoccupez pas de la façon dont vous pouvez exécuter ces changements. Restez simplement en contact avec le désir que votre vie se transforme et devienne celle de vos rêves et sentez votre enthousiasme et votre disponibilité pour recevoir ce cadeau.

Lorsque votre carte du trésor est terminée, mettez-la quelque part où vous pouvez la voir régulièrement. Chaque fois que vous la regardez, pensez à ce qu'elle signifie pour vous. Prenez le temps d'en apprécier les couleurs, les images et le fait que c'est vous qui l'avez créée.

Une carte du trésor (détail).

Méditation de la bulle rose

Temps recommandé : 30 à 45 minutes.

Suivez toutes les étapes du rituel de préparation et, quand vous vous sentez prêt, imaginez en face de vous, à la hauteur de vos yeux, une grande bulle rose.

Vous pouvez vous voir à l'intérieur de cette bulle en train de vivre la vie idéale que vous avez imaginée.

La bulle rose est pleine d'images de vous, de votre vie et de l'atmosphère de la vie que vous avez choisi de vous donner.

Imaginez que la bulle descend et entre dans votre axe au niveau de votre premier chakra. Visualisez-la en train de flotter doucement jusqu'à votre premier chakra. Affirmez alors en vous : « Je donne forme à ma vision. »

Imaginez la bulle s'élevant doucement jusqu'à votre deuxième chakra et affirmez : « Je donne un ressenti à ma vision. »

La bulle s'élève et arrive à votre troisième chakra et vous affirmez : « Je donne puissance et action à ma vision. »

La bulle s'élève et flotte dans votre quatrième chakra et vous affirmez : « Je donne amour et sagesse à ma vision. »

La bulle monte dans votre cinquième chakra et vous affirmez : « Je donne mots et compréhension à ma vision. »

La bulle s'élève dans votre sixième chakra et vous affirmez : « Je donne clarté et perspective à ma vision. »

La bulle s'élève dans votre septième chakra et vous affirmez : « Je donne harmonie à ma vision... Je bénis ma vision de Lumière et du sens de son but. »

Imaginez la bulle flottant au-dessus de votre tête, s'élevant dans le ciel, pleine de votre énergie, de votre atmosphère et des qualités que vous lui avez données...

Imaginez-la remplie de vous-même et de votre vision... La bulle flotte dans le ciel, elle s'envole au loin puis, très haut dans le ciel, elle explose en une centaine de morceaux que le vent emporte aux quatre points cardinaux...

Chaque fragment contient votre énergie en lui... Laissez-les s'envoler, regardez-les se disperser dans le vent et sachez que la vie vous apportera ce que vous avez souhaité.

L'énergie que vous avez envoyée vous reviendra, ce n'est qu'une question de temps.

Méditation : la chanson du cœur

Temps recommandé : 20 à 30 minutes.

Respirez, enracinez-vous et centrez-vous.

Portez votre attention à votre poitrine et respirez pleinement et profondément...

Soyez de plus en plus présent dans votre cœur, de plus en plus disponible envers vous-même, envers votre profondeur, envers votre vérité...

Dans le sanctuaire de votre cœur, dans la quiétude de votre temple, regardez dans votre cœur et voyez son désir et ses besoins...

Laissez-vous sentir ce dont vous avez besoin pour être bien dans votre cœur...

Qu'est-ce qui apporterait de la joie à votre cœur?

Si vous pouviez créer tout ce que vous voulez, que créeriez-vous?

Sentez ce qui est vrai pour vous, et choisissez, choisissez ce que vous aimeriez vivre, ce que vous aimeriez recevoir, donner, avoir, être...

Avec les yeux de votre esprit, créez une image de vous-même qui soit claire et dans laquelle vous recevez et vivez le désir de votre cœur.

Voyez-la, sentez-la comme si elle existait pour vous en ce moment même... Vous l'avez, vous la touchez, l'entendez, la sentez, la voyez, vous l'appréciez...

Imaginez-vous en train de gérer et de maintenir ce qui se passe dans cette image, en acceptant la responsabilité de votre création...

Laissez-vous ressentir les qualités de gratitude et de reconnaissance, remerciez-vous et remerciez l'existence pour cette possibilité d'apporter de la joie dans votre cœur, d'amener de la joie dans votre âme...

Imaginez-vous en train de chanter, de chanter avec joie, avec plaisir.

Vous recevez les bienfaits du désir de votre cœur.

Restez centré dans ce sentiment que procure le fait de recevoir, de recevoir les choses qui apportent de la joie dans votre cœur, centré dans les sensations que vous procure cette chanson qui jaillit de votre cœur, la chanson du remerciement, de la grâce et de l'espoir.

Restez présent tout en respirant et en laissant cette sensation parcourir tout votre corps...

Quand vous vous sentez prêt, ouvrez les yeux, étirez-vous et détendez votre attention.

QUATRIEME PARTIE

Utilisez votre intuition avec les autres

CHAPITRE X

Les règles de la pratique

1. La nécessité d'être clair

a) La vraie nature de la réalité

Nous savons que l'intuition est un moyen grâce auquel nous pouvons percevoir la vraie nature de la réalité qui est en nous et autour de nous. Notre capacité à percevoir clairement dépend de plusieurs facteurs : de la profondeur et de la stabilité de notre état de transe, du sujet que nous percevons, de nos idées préconçues et de notre conditionnement, de notre état intérieur, etc. Notre intuition fonctionne au travers de nous, passant par les mécanismes sensitifs de notre corps/être (la vue, l'ouïe, le ressenti, l'odorat, le goût) ; pour cette raison, les perceptions que nous recevons sont toujours intrinsèquement reliées à la relation que nous avons avec nous-même à un niveau essentiel et fondamental.

L'intuition sert de miroir, elle reflète nos forces et nos faiblesses, la relation que nous avons avec nous-même, le fonctionnement de notre corps physique et celui de nos cinq sens. Si dans la vie nous éprouvons des difficultés à nous exprimer avec des mots, nous éprouverons la même difficulté avec le fonctionnement de notre intuition. Si nous souffrons d'un manque d'imagination, il s'avérera probablement difficile de recevoir des images dans les exercices d'intuition. A un niveau plus physique, une personne qui n'est pas en contact avec son propre corps et le monde des sensations éprouvera aussi des difficultés à sentir avec ses sens intuitifs.

Il semblerait qu'il existe une loi universelle nous permettant de percevoir la profondeur et la vérité de l'autre uniquement au niveau où nous percevons notre propre profondeur et notre propre vérité. En d'autres termes, si nous ne nous voyons pas clairement, si nous ne pouvons discerner notre état émotionnel ni nous comprendre, il est ridicule d'envisager d'y parvenir avec quelqu'un d'autre. Pour cette raison, il est absolument essentiel, pour développer notre intuition, de nous engager dans un travail de transformation personnelle. Il est tout aussi important et nécessaire de travailler plus profondément sur les aspects de nous-même que nous sentons bloqués ou dissociés alors que, parallèlement, nous développons les capacités avec lesquelles nous sommes plus à l'aise. Durant les périodes où nous faisons face aux aspects problématiques de notre fonctionnement intuitif et où nous nous appliquons à les résoudre, l'utilisation de nos aptitudes naturellement plus développées nous aide à maintenir notre enthousiasme et une haute estime de nous-même.

b) Travail sur soi et sur les autres

Nous avons découvert, lors des recherches sur l'intuition et pendant les programmes d'enseignement, que travailler sur nous-même nous aide à travailler sur les autres et que travailler sur les autres nous donne la possibilité de continuer à travailler sur nous-même. Le processus d'échange qui permet à deux personnes de s'exercer l'une sur l'autre crée les conditions idéales à la croissance personnelle et accélère l'apprentissage. Mais s'il est essentiel d'utiliser les techniques de développement de l'intuition sur nous-même, il peut être d'une certaine façon difficile de faire le tri dans l'information que nous recevons et de discerner ce qui est intuition, conjecture ou phantasme de ce qui est réel. En travaillant sur l'autre, nous avons naturellement plus de distance et pouvons rester plus neutre, parce que nous sommes moins impliqué personnellement. Une séance intuitive avec une personne qui nous est étrangère est infiniment plus simple qu'une séance pratiquée sur un membre de la famille. Lorsque nous ne savons absolument rien au sujet de quelqu'un, nous pouvons être sûr que l'information reçue l'a été de façon intuitive.

Notre monde personnel intérieur est littéralement un monde en soi. Si nous pouvons apprendre à être objectifs, neutres, compatissants et centrés envers nous-mêmes, nous serons alors capables d'utiliser ces qualités lorsque, plus tard, nous commencerons à nous exercer sur les autres.

c) L'enseignement de nos erreurs

Quand nous nous exerçons au travail de l'intuition, il est normal au début de faire des erreurs. Dans ce processus où nous nous éclaircissons, il se peut que nous traversions des phases de projection, de pouvoir et de manipulation. Il nous arrivera peut-être d'interpréter les symboles que nous percevrons et de comprendre plus tard que ces interprétations n'étaient pas tout à fait justes ni très appropriées. Nous devons simplement rester conscients de la possibilité de faire des erreurs en nous souvenant de la sagesse contenue dans cette parole : « Si vous n'êtes pas prêt à faire des erreurs, vous ne ferez jamais rien. »

C'est grâce à nos erreurs que nous apprenons, et ce que nous apprenons s'intègre en richesse d'expérience personnelle. Dans notre quête de lucidité et d'excellence, il est cependant préférable de ne pas répéter les mêmes erreurs. La répétition constante des mêmes erreurs est un signe de manque de conscience et de tromperie envers nous-même, qui nous rappelle la nécessité de faire attention, d'apprendre et de progresser au-delà de nos schémas habituels de comportement.

2. L'intuition, une aptitude sacrée

a) L'expression de notre aspect divin

L'intuition est une aptitude sacrée parce qu'elle est l'expression de notre aspect divin dans son action sur le monde physique, et sacrée à cause de sa formidable puissance de transformation de la matière, du mental et de l'esprit.

Grâce à notre intuition, nous vivons notre capacité à ressentir, à voir et à entendre la vérité. En d'autres termes, nous vivons notre aptitude à séparer l'illusion de la vérité et à percevoir, à un moment donné, la vérité d'une situation, d'un événement, de nous-même ou d'une autre personne en relation avec le mouvement de l'existence.

Lorsque nous nous servons de notre fonction intuition avec quelqu'un d'autre, nous nous plaçons dans une position d'immense responsabilité par rapport à cette personne. A ce moment-là, nous prenons le rôle d'un des archétypes : le Guérisseur, le Professeur, le Guide, le Prêtre, la Prêtresse, le Dieu, la Déesse… chacun de ces rôles demandant de notre part une immense clarté personnelle et une intégrité d'éthique. Nous sommes obligés d'accepter la responsabilité de la position de pouvoir que nous prenons, cela afin de diriger la séance avec autorité et certitude tout en nous assurant que nous n'abusons jamais du pouvoir qui nous est confié en violant de quelque façon que ce soit l'intégrité de la personne avec laquelle nous travaillons.

Lorsque nous exerçons nos talents intuitifs sur les autres, nous devons toujours nous souvenir que notre objectif premier est d'**aider l'autre dans son processus de transformation et d'évolution** et que, d'un point de vue transpersonnel, nous aidons à l'évolution de l'humanité. Lorsque nous sommes dans ces rôles, nous agissons comme un pont, un lien entre la Lumière et la matière. Nous offrons nos services à la Lumière pour qu'elle puisse se marier à la matière et ramener le monde à la Lumière.

En rendant ce service, nous nous guérissons et nous nous transformons.

b) La relation d'aide

Assumer le rôle du professeur, du guérisseur, du guide, de la prêtresse… et l'assumer correctement peut nous apporter beaucoup de reconnaissance, tant de notre part que de la part des autres, de la gratitude et finalement même de l'argent si nous nous engageons dans le travail intuitif à un niveau professionnel. La place de guérisseur, de professeur spirituel ou de lecteur psychique est un rôle peu commun à assumer dans le monde d'aujourd'hui. Lorsque nous nous retrouvons dans un rôle de pouvoir, nous sommes immédiatement confrontés au défi de gérer ce pouvoir avec sagesse. La dynamique « praticien/client » donne au praticien une position d'autorité et confère un pouvoir créatif illimité à celui qui la détient ; l'ego étant le maniaque de pouvoir égocentrique et avide d'illusion que l'on connaît peut facilement tomber dans une multitude de pièges.

C'est justement à cause des dangers que présentent l'ego et sa tendance naturelle à se mettre en avant, à entrer dans des jeux d'acquisition territoriale, de pouvoir et de domination, qu'il est absolument essentiel de s'engager dans un travail personnel et spirituel de transformation si nous voulons réussir à assumer correctement, de façon intègre et avec des codes d'éthiques sains, le rôle de professeur/guérisseur dans la société dans laquelle nous vivons. D'après mon expérience, les enseignants et les guérisseurs les plus talentueux sont conscients, se battent et essaient de gérer du mieux qu'ils le peuvent le pouvoir considérable de leur ego.

c) Vaincre son ego

L'ego est quelque chose qui doit être géré, mais n'est pas un démon que nous devons démolir. Grâce à notre ego et à l'opinion que nous avons de nous-même en tant que personnalité, nous avons quelque chose à dire, des idées à partager, des philosophies à débattre, des enseignements à transmettre. C'est en partie grâce à l'ego que nous osons proposer aux autres des lectures intuitives et des guérisons. Le grand piège de l'ego réside dans son sentiment de vivre une existence solitaire, dans sa tendance à penser que lui seul est responsable de son succès, de son importance, de son intelligence, etc. L'intuition ce n'est pas l'ego. L'intuition c'est l'âme. L'âme sait d'où elle vient, sait qu'elle appartient à l'infini de la Source, à la Lumière qui danse, au Cœur Dieu de l'Univers. L'intuition sait que le concept d'individualité est une construction de l'ego/mental pour se différencier de la grande Unité afin de mener à bien une tâche donnée lors d'une incarnation. L'intuition sait que nous sommes tous, en définitive et profondément, un Etre, une Conscience collective, une Ame, et que par conséquent lorsque nous nuisons à quelqu'un nous nous nuisons à nous-même et que lorsque nous soignons quelqu'un nous nous soignons nous-même.

Si, lorsque nous nous trouvons dans le rôle du Guérisseur, nous pouvons nous souvenir de cette vérité, l'ego restera dans sa juste sphère d'action et nos interventions seront justes et appropriées pour la personne sur laquelle nous travaillons. Lorsque nous travaillons sur une personne, il est impératif que nous considérions cette personne comme un être d'intelligence et d'intégrité. Nous percevons l'autre comme un être qui possède en lui toutes les ressources dont il a besoin pour réaliser son but et sa destinée. Un des aspects de notre rôle est d'aider l'autre à accéder à ses ressources et à ses qualités intérieures en l'encourageant à toujours rechercher *avant tout en lui-même* réponses et guérison. La personne en face de nous est, tout comme nous le sommes, un être né d'un espace sacré, un être en cours de réalisation, un être en train de se souvenir et qui est dans sa vérité. Tout comme nous, cet être a besoin d'amour, d'acceptation et du respect qui l'aidera à se trouver. C'est en créant une atmosphère de respect et d'intégrité, en faisant notre travail avec d'impeccables critères d'éthique que nous créons l'ambiance sacrée dans laquelle la transformation et la guérison surviennent naturellement.

d) S'ouvrir à l'Intelligence universelle

Lorsque nous nous ouvrons à notre intuition, nous nous ouvrons à notre vérité et à l'intelligence vivante de l'univers. Nous avons confiance en cette intelligence et la laissons parler et agir à travers nous tout en la « dirigeant » avec notre conscience en éveil et notre niveau de conscience. C'est grâce à notre intention que l'énergie intelligente agit sur l'un de nos niveaux de conscience. Pour cette raison, nous devons toujours canaliser l'énergie avec l'intention qu'elle agisse pour le plus grand bien de tous les êtres concernés par cette intervention. Lorsque nous prions pour le plus grand bien possible, nous nous alignons à la Lumière, à la Création et à l'Evolution, et cela nous protège naturellement contre les pièges de manipulation et d'intérêts personnels dans lesquels il peut être si facile de tomber à un niveau inconscient.

Lorsque nous nous alignons sur notre intention d'agir pour le plus grand bien, l'univers nous prête son énergie, sa Lumière et nous donne une puissance plus grande que celle que nous possédons lorsque nous agissons seul. Lorsque nous agissons en complicité avec l'univers et que nous avons pour guide la Lumière, nous sommes capable de faire du très bon travail, un travail de guérison profond, précis et vrai. Une fois réalisée l'expérience de l'immense bienfait du travail en collaboration avec la Lumière, nous en ressentons avant tout un sentiment de communion et perdons tout intérêt à travailler « seul ». Savoir qu'en vérité nous ne faisons qu'un avec la Lumière nous engage totalement sur le chemin de la Lumière, chemin sur lequel nous travaillons pour amener les autres à réaliser cette même vérité. Considérée de ce point de vue, l'utilisation de nos dons intuitifs et de nos dons de guérison devient un service rendu pour le plus grand bien de tous les êtres : nous-même, les personnes sur lesquelles nous travaillons et les autres. Notre travail devient partie intégrante de notre chemin spirituel et chaque séance représente une leçon le long de notre voyage initiatique.

e) La maîtrise progressive

En tant qu'étudiant engagé sur un chemin initiatique tendant à la réalisation de soi, nous sommes certain de rencontrer des difficultés et de commettre des erreurs qui, bien que parfois sérieuses, ne sont que des erreurs, des oublis. Apprendre de nos erreurs nous permet de perfectionner notre technique et de maîtriser notre art. Maîtriser notre art nous permet de contribuer par nos dons à l'évolution de l'humanité. En offrant aux autres et à nous-même le cadeau de notre profondeur, nous participons à la danse évolutive de l'existence. Pour danser nous devons bouger et, au début, nos mouvements ne sont guère adroits, pouvant parfois même être patauds. Au début, il est difficile de rester centré, connecté et dans le courant, conscient de la musique, du mouvement de l'autre et du but. Nous rencontrons les mêmes problématiques lorsque nous commençons à apprendre la danse des lectures et de la guérison intuitive. Les problèmes, c'est dans leur nature, ont tendance à nous prendre par surprise. Même notre merveilleux être intuitif peut être dépassé et relégué temporairement au rang de subalterne par la globalité des événements intérieurs et extérieurs qui surviennent durant une séance. Ce n'est très souvent qu'après un événement, une fois que les choses se sont calmées, que nous prenons conscience de ce qui s'est passé. C'est durant les moments où nous acquérons des prises de conscience et de la lucidité à l'égard de notre fonctionnement que nous commençons réellement à apprendre sur nous-même et à nous comprendre.

Il est impératif, pour progresser, que nous acceptions le fait d'être obligés de faire des erreurs. Une fois que nous avons fait des erreurs il est tout aussi impératif que nous apprenions de ces erreurs et que nous nous pardonnions de les avoir commises. Si nous ne pouvons pas nous le pardonner, nous limiterons notre capacité à aller de l'avant sur notre chemin d'évolution, nous coupant de ce fait de la Source qui nous nourrit et nous enseigne.

Les plus grands problèmes potentiels que nous rencontrons lorsque nous commençons à exercer notre intuition sur les autres sont les problèmes de *projection,* de *pouvoir,* de *prédiction* et d'*interprétation.* Nous observerons chacun de ces « monstres » potentiels pour mieux comprendre comment et pourquoi ils peuvent représenter un problème dans le travail intuitif.

3. La projection

a) Le transfert sur l'autre

Projeter signifie transférer votre réalité personnelle sur quelqu'un et supposer que cette personne perçoit, ressent et interprète la réalité de la même façon que vous. La projection se base sur la présomption que l'autre a exactement les mêmes critères d'expérience que vous. Lorsque vous projetez sur quelqu'un, cette personne cesse d'exister, tout ce qui existe c'est vous, vous et vos critères que vous lui transférez. La projection est un phénomène très étendu auquel nous sommes tous sujets dans notre quotidien à un degré plus ou moins important en fonction des personnes auxquelles nous sommes confrontés. Les projections ne sont pas nécessairement nuisibles, elles sont même assez souvent innocentes. Cependant, être victime d'une projection peut déclencher toutes les réactions comprises entre l'irritation et la fureur, cela dépend de la qualité de projection.

Dans la vie nous sommes tous sujets à la projection des autres et pouvons apprendre à devenir tolérants et plus ou moins détachés. Lorsque nous comprenons que les gens projettent inconsciemment, en faisant de fausses suppositions basées sur des généralisations et sur leur propre interprétation de la nature de la réalité, et que nous avons le choix d'entrer en conflit avec eux ou de les laisser faire, il est souvent beaucoup plus simple de les laisser faire. Si nous choisissons la confrontation, nous découvrons rapidement que nous dépensons un temps infini à corriger ce qu'ils nous assènent sous le couvert de conversations tout à fait banales. Nous devons reconnaître que, pour notre part, nous apportons aussi notre juste contribution de projections à l'inconscient collectif de l'humanité.

b) Quelques exemples de projections en action

« Laisse-moi t'offrir un verre d'eau fraîche, je suis sûr que par une chaude journée comme celle-là tu préfères de l'eau fraîche. »

« Je vais fermer la fenêtre, le vent est mauvais pour nous tous. »

« Je ne veux pas te parler, tu es fermé et pas disponible. »

« Tu ne me comprends pas, personne ne me comprend. »

« Je ne te donnerai pas de salade, je sais que tu détestes ça, tu n'en manges jamais. »

« Tu dis toujours ça. »

« Je ne te demanderai même pas si tu veux aller te promener parce que tu ne veux jamais venir, tu détestes marcher. »

« Tu aimes les mêmes choses que moi. »

« Je déteste les pièces décorées dans les tons orange. Personne ne peut se sentir à l'aise dans de telles pièces. »

« Je sais que tu aimeras cette robe, moi je l'adore. »

« A cause de toi je suis triste, heureuse, en colère, etc. »

c) Se défendre contre les projections

Les projections dont nous faisons l'objet dans notre vie sociale sont irritantes, mais nous apprenons à vivre avec. La meilleure défense contre les projections c'est d'en être conscient au moment où elles surviennent et de ne pas s'y laisser prendre.

Nous pouvons identifier une projection par le sentiment qu'elle déclenche en nous. C'est comme si nous n'existions pas en face de celui qui exprime ses projections. L'autre ne nous demande pas notre opinion, mais nous dit qui nous sommes, comment nous nous comportons et pourquoi nous nous comportons ainsi. Il n'existe aucune discussion possible, uniquement des suppositions. Lorsque nous sommes confrontés à la projection, nous nous sentons obligés de nous défendre, de nous justifier et d'affirmer catégoriquement que nous ne sommes pas du tout comme ça. Quand nous nous retrouvons en train de réagir en affirmant : « Non, je ne suis pas comme ça » ou : « J'ai changé », ou : « Je ne vois pas les choses comme ça »... nous pouvons être presque totalement certains que nous sommes en face d'une projection.

Dans le travail intuitif, la projection se manifeste lorsque nous tombons dans le piège des conclusions hâtives, lorsque nous supposons qu'une personne est comme ceci ou comme cela parce qu'il en a été ainsi pour nous ou pour quelqu'un de notre connaissance. Nous pouvons facilement projeter cette présomption sur quelqu'un sans vérifier auprès de notre intuition avant de parler. La projection est une fonction de l'esprit rationnel, une habitude de logique et elle n'a absolument aucune place dans le travail intuitif. Lorsque nous utilisons notre intuition pour travailler sur quelqu'un, nous ne devons jamais supposer que nous connaissons cette personne ni présumer que nous comprenons les pourquoi, les comment et les quand de ses diverses préoccupations.

Lorsque nous supposons et que nous présumons, nous donnons tous pouvoirs à l'esprit logique et limitons sérieusement l'envergure de notre capacité intuitive.

Projeter, c'est envoyer quelque chose quelque part. Il est vrai que lors des lectures et des guérisons nous devons projeter notre conscience, notre attention intuitive dans la réalité de la personne avec laquelle nous travaillons. Nous quittons notre réalité personnelle pour entrer temporairement dans la réalité subjective de l'autre. Nous devons apprendre à projeter notre conscience avec clarté et précision sans, en même temps, projeter notre réalité subjective. Si nous sommes centrés dans notre esprit rationnel et que nous projetons notre conscience dans la réalité de l'autre, nous emporterons avec nous notre réalité subjective et tomberons dans le piège de la projection. Dans ce cas, notre réalité se superpose à la réalité de l'autre et nous supposons que la réalité que nous percevons est la sienne, alors qu'il s'agit de la nôtre. Dans de tels cas nous pouvons être surpris de découvrir combien l'autre nous ressemble !

L'unique façon efficace d'éviter la projection est de s'assurer d'être totalement centré dans l'état intuitif avant de commencer à projeter sa conscience dans la réalité de l'autre. Il est impératif que vous preniez tout le temps dont vous avez besoin pour votre rituel de préparation avant de commencer une séance, et de régulièrement prendre le temps de revenir à vous-même et à votre centre au cours de la séance. Un bon praticien intuitif est comme un bon détective : il pose constamment des questions, ne saute jamais sur les conclusions, est déterminé à connaître la vérité et ne s'arrête jamais avant de l'avoir trouvée.

d) Confondre soi et l'autre

Lorsque nous commençons à pratiquer les lectures intuitives, nous avons tendance à traverser une phase de projection. Au début, il peut être difficile d'atteindre et de maintenir un état de transe suffisamment profond et libre de toute interférence mentale. Une sorte de nettoyage intérieur survient également, comme si nous devions nettoyer les filtres de nos perceptions obstrués par les histoires non résolues de notre propre histoire.

En regardant les autres, nous voyons notre image qui nous rappelle notre propre passé et nos propres problèmes. Pris dans la contemplation de nous-même, nous perdons rapidement notre état centré de détachement intuitif et retournons au niveau de conscience de notre personnalité ; il est alors facile de tomber dans le piège de la projection.

Après nous être entraînés quelque temps et avoir entrepris un travail de nettoyage personnel, nous passons au-delà de la projection. Nous apprenons à reconnaître les signes intérieurs qui nous indiquent que nous sommes en train de perdre notre centre, notre perspective intuitive et le ton de notre voix qui correspond au fonctionnement de notre état intuitif ; nous pouvons alors nous ramener à l'état intérieur juste grâce auquel nous pouvons travailler.

e) Le travail en groupe

Il est plus facile de se laisser prendre au piège de la projection lorsque nous travaillons avec quelqu'un que nous connaissons. L'avantage du travail en groupe est que nous pouvons pratiquer sur des gens que nous ne connaissons absolument pas et sur qui nous n'avons pas d'idées préconçues. Il peut être difficile de ne pas projeter sur des personnes dont nous connaissons les façons de fonctionner, les problèmes et les préoccupations, car nous avons l'habitude d'entretenir avec elles des rapports à un niveau relationnel. La famille et les amis représentent à cet égard un problème délicat.

Au début, lorsque nous souhaitons pratiquer les lectures intuitives, il est naturel que nous nous tournions vers des membres de notre famille, des amis, peut-être même des collègues de travail. Ces personnes ont des idées préconçues à notre sujet, tout comme nous avons sur elles certaines idées, jugements et opinions. Pour réussir à pratiquer une lecture intuitive, nous sommes obligés d'aller au-delà du degré normal de rapport social que nous entretenons avec ces personnes, et il est de notre responsabilité de transformer ce rapport et de créer un nouveau degré de communication afin d'établir une rencontre à un niveau plus profond, plus essentiel et plus intime. C'est au cours de ces premières séances que nous risquons de tomber dans le piège de la projection.

Si cela nous arrive, nous trouverons que la lecture manque de quelque chose et que ce « quelque chose » est une qualité de profondeur, une atmosphère de contact profond qui survient entre deux personnes lorsqu'elles se rencontrent au-delà du niveau social habituel et superficiel. Si nous réussissons à créer une atmosphère de contact intuitif, nous ressentirons une transformation dans notre relation avec la personne avec qui nous travaillons. En allant au-delà des idées préconçues, en touchant et en explorant la réalité subjective de l'autre, nous pouvons réellement le rencontrer dans la globalité de son être. Cette rencontre est le plus souvent une expérience d'ouverture du cœur qui engendre un renouveau de compassion, de compréhension et de respect pour cette personne. Dès lors, pratiquer sur des amis ou des membres de notre famille peut devenir une expérience de guérison et de transformation pour toutes les personnes concernées.

Le problème de la projection nous enseigne rapidement que chaque personne possède sa propre réalité subjective, ses propres critères d'expérience et ses propres filtres au travers desquels elle perçoit la réalité extérieure. Lorsque nous projetons, nous limitons l'autre en construisant autour de lui notre propre interprétation de la réalité. Limité par la structure que nous lui imposons, l'autre doit se battre pour être lui-même. Une fois que nous avons compris combien le système de la projection est limitant et combien ses conséquences peuvent être désastreuses pour nous et pour les autres, nous avons trouvé une bonne raison de la dépasser et de ne plus en faire une habitude de comportement le plus souvent inconscient.

Lorsque nous cessons d'imposer aux autres nos projections et que nous créons simplement un espace dans lequel l'autre peut être lui-même, nous sommes enfin libre de découvrir l'autre dans son authenticité, sa spontanéité et sa vérité. En allant au-delà de la projection, nous sommes libre de percevoir en nous et chez les autres le mouvement intrinsèque de l'existence. C'est dans ce mouvement essentiel, dans cette danse énergétique de la Lumière et de la matière que nous touchons la vérité et que nous pouvons percevoir la vraie nature de chacun d'entre nous.

4. Le piège du pouvoir

a) La domination de l'autre

Le piège du pouvoir est celui de la domination de l'autre. Nous dominons en manipulant et en créant des relations de dépendance dans lesquelles l'autre est la victime et où nous sommes celui qui détient le contrôle. Tomber dans l'abus de pouvoir peut être fait de manière très subtile ou ce peut être évident. Le piège de pouvoir le plus commun dans le travail intuitif est la création d'une relation de dépendance dans laquelle le client est obligé de rester le client qui vient voir le praticien pour que celui-ci lui donne des informations et le guérisse. Dans ce type de relation, le client aime, respecte, voire même vénère le praticien et peut même, dans les cas les plus extrêmes, consulter le praticien avant de prendre la moindre décision. Le praticien baigne dans la reconnaissance de ses considérables pouvoirs et oublie son but, celui de restituer l'autre dans son propre pouvoir afin qu'il puisse se guérir lui-même.

Apprendre aux autres à entrer en contact avec leur intuition pour qu'ils puissent devenir leur propre enseignant/guérisseur, c'est leur offrir leur indépendance et leur liberté. Les relations de dépendance sont des relations de manipulation et n'ont pas leur place dans le travail sacré du développement de l'intuition. Nous devons toujours encourager l'autre à se tourner en lui et à trouver ses propres ressources pour se guérir. Lorsque l'autre nous complimente pour nos pouvoirs de perception et de guérison, nous devons nous souvenir, après avoir gracieusement accepté le compliment, de lui rappeler qu'il possède en lui ces mêmes capacités et qu'elles attendent d'être développées.

Le pouvoir en lui-même est une qualité saine et fondamentale pour nous aider à évaluer et à affirmer qui nous sommes. Notre pouvoir, notre puissance, nous permet de pénétrer, de créer et de transformer. C'est avec notre puissance que nous détruisons, terminons et défaisons nos créations lorsqu'elles ne nous sont plus utiles. Grâce à notre puissance, nous osons être nous-même, nous osons assumer que nous avons quelque chose à offrir à l'existence et nous le lui offrons.

Le danger, avec le pouvoir, réside dans la tentation d'en abuser. Lorsque nous ne percevons pas clairement nos limites et que nous ne respectons pas les limites des autres, nous pouvons projeter notre puissance de façon telle que nous empiétons sur l'intégrité et l'espace sacré de l'autre. Nous devons être vigilants avec notre puissance et ne jamais sous-estimer « le pouvoir de notre pouvoir ». Lorsque nous nous entraînons à utiliser nos dons intuitifs, nous nous retrouvons dans une position de grand pouvoir. L'autre nous donne la permission de pénétrer avec notre conscience intuitive dans sa réalité, dans son espace sacré et même dans son âme. Nous devons y pénétrer avec beaucoup de respect, avec une grande précision et une immense conscience pour que l'autre ne se sente ni violé ni trahi par notre intrusion. Notre but ultime est d'aider l'autre à s'ouvrir, à s'épanouir et à restituer à lui-même sa propre puissance. Si nous pouvons lui montrer que nous exerçons nos considérables pouvoirs avec élégance, maîtrise et précision, en le respectant et en l'aidant à aller au-delà de ses limites, nous serons, pour cette personne, un modèle de valeur.

b) Les jeux de pouvoir

Une indication qu'il existe des jeux de pouvoir est l'utilisation de mots tels que *devoir, toujours* et *jamais*.

« Tu devrais changer ton comportement parce que... »
« Tu dois être plus courageux. »
« Tu ne devrais pas continuer à agir comme une victime. »
« Tu dois voir la vérité. »
« Tu devrais être plus conscient. »
« Tu dois m'écouter. »
« Tu ne seras jamais assez fort pour réussir. »
« Tu devrais faire de l'exercice et manger raisonnablement. »
« Tu ne devrais pas manger de la viande. »
« Tu ne dois pas te comporter ainsi. »

Ne pas utiliser le verbe « devoir » est une règle fondamentale dans les lectures intuitives. Ne supposez pas que vous pouvez dire quelque chose à quelqu'un de façon absolue. Ne lui donnez pas d'ordres. Vous pouvez donner votre opinion intuitive en restant dans votre position de puissance personnelle sans devenir un dictateur fasciste. Notre objectif est de donner notre point de vue de manière à ce que l'autre puisse explorer ses différentes possibilités avec plus de recul et puisse être libre de choisir lui-même le chemin le plus juste pour lui.

5. Les prédictions

La philosophie du développement de l'intuition soutient la croyance que nous sommes les créateurs de notre propre réalité et que nous sommes incarnés pour réaliser notre destinée en travaillant pour atteindre un but ou mener à bien une mission.

a) La responsabilité du choix

Il existe plusieurs façons possibles d'arriver à la réalisation de ce but et nous avons de nombreux choix à faire tout au long de notre chemin. Nous sommes des êtres libres et rien, si ce n'est notre objectif de départ, n'est prédéterminé. Nous devons, en tant qu'âmes, assurer une obligation karmique et cette obligation entraînera l'arrivée d'autres âmes dans nos vies avec lesquelles nous devrons nous arranger pour honorer cette obligation. Nous ferons, au cours de notre chemin, l'expérience des conséquences de nos actions. Notre ultime liberté réside dans la possibilité d'agir et de réagir comme nous le choisissons à n'importe quel moment de notre vie. Il n'existe pas de chemin prédéterminé et fataliste que nous serions obligés de suivre. Nous avons le choix et il est essentiel que nous mettions à l'épreuve notre capacité de choisir pour permettre le développement de notre âme et l'évolution de notre être. Nous sommes responsables de nos choix et devons accepter de déterminer consciemment la direction de notre évolution. Lorsque nous laissons l'autre choisir pour nous, nous lui donnons la responsabilité de notre vie, devenons alors impuissants, perdons notre place et devenons une victime.

Le piège de la prédiction est un piège de jeu de pouvoir. Dire à quelqu'un ce qui va lui arriver, c'est lui voler sa puissance en tant que créateur de son existence, c'est le rendre incapable de faire face à scs responsabilités. Les prédictions sont des sortes de programmations de l'esprit inconscient. Si nous sommes amenés à croire en la vérité d'une prédiction, elle aura des chances de se réaliser parce que notre inconscient travaillera pour la créer. Ce phénomène n'est pas un problème lorsque la prédiction est « positive » et que nous recevons une programmation qui nous dirige vers une conclusion heureuse. Mais trop souvent, le travail de prédiction est un truc sinistre fait d'histoires d'horreur et de souffrances, d'échecs et de déceptions, exactement le genre de scénario dont la peur se nourrit et qui lui profite ! La caricature populaire du clairvoyant présentée dans les films et les romans de fiction telle que la diseuse de bonne aventure, la gitane ou l'excentrique aux pouvoirs psychiques a la réputation bien connue de prédire l'avenir.

b) Le danger de la prédiction

L'aspect le plus sacré du travail intuitif a été en grande partie perdu à cause de cette orientation vers la prédiction et le travail lui-même en a été discrédité. Il n'est en fait pas difficile de prédire « l'avenir » de quelqu'un. Nous percevons, avec notre conscience intuitive, la personne telle qu'elle est habituellement dans sa vie de tous les jours, et nous accédons intuitivement à ses espoirs, à ses peurs, ses projets et ses rêves. En percevant la nature psychologique et la structure habituelle de comportement d'une personne, nous pouvons raisonnablement et facilement « prédire » le reste de sa vie. Si cette personne continue à se comporter de la même façon sans prendre de décisions ni choisir consciemment, sa vie se déroulera selon un schéma largement prédictif. En présence d'un interlocuteur ouvert et vulnérable, il est possible d'effectuer toutes sortes de programmations : « sinistre et sombre », « santé et bonheur », « pertes et gains », « mort et dépression », « fortune et volonté »... Le travail de prédiction n'est pas un travail intuitif vrai, c'est un numéro de cirque psychique, un spectacle de divertissement et surtout un jeu de pouvoir inconscient.

Il est vrai que nous pouvons avec notre intuition percevoir des scénarios possibles du futur, et il est également vrai que nous pouvons avoir des flashs de ce qui semble être l'avenir, mais il ne s'agit que de possibilités. Nous avons le pouvoir de choisir une possibilité ou d'aller vers une autre qui nous convient mieux. C'est notre choix, c'est notre droit de naissance de créer la réalité de notre choix. Tomber dans le piège de la prédiction, c'est tomber dans le piège de l'illusion, de la domination et de la manipulation. Les gens vous demanderont peut-être de leur prédire leur avenir et ce peut être une grande tentation de combler leur désir, de leur faire plaisir et d'apaiser leurs peurs en leur disant ce que vous percevez avec les pouvoirs de votre intuition. Soyez conscient de la tentation, c'est un des plus grands pièges auquel vous puissiez faire face.

c) La puissance de la vérité

Souvenez-vous qu'il n'existe pas de plus grand pouvoir que celui de la puissance de la vérité. Et la vérité est que nous sommes le créateur de notre destinée. Nous pouvons transformer tout ce que nous créons. Nous sommes totalement responsables de la création de notre vie. En tant que lecteur intuitif, il n'est pas de plus grand cadeau que nous puissions offrir à l'autre que le cadeau de son propre pouvoir créateur. Si nous pouvons aider l'autre à voir et à comprendre que c'est à lui de sculpter et de créer son chemin comme il le sent et comme il le choisit, nous travaillons alors vraiment avec notre don de guérisseur. Dans la philosophie « nouvel âge » du développement de l'intuition, il n'y a pas de place pour la prédiction car elle est contraire aux vérités sacrées de la liberté, de l'évolution et du choix individuel.

Quelqu'un qui pratique un travail de prédiction ne pratique pas un travail intuitif dans le sens sacré de son but originel de catalyseur de l'évolution spirituelle. Par conséquent, évitez ce piège à tout prix. Si des personnes vous demandent ce que l'avenir leur réserve, demandez-leur ce qu'elles aimeraient que l'avenir leur réserve et aidez-les à explorer les futurs possibles de leur vie. Aidez-les à trouver en elles les ressources dont elles ont besoin pour restituer à elles-mêmes leur propre puissance afin de créer leur vie et de manifester leurs rêves. Aidez-les à devenir responsables de la vie qu'elles vivent dans l'ici et maintenant afin qu'elles puissent clairement choisir la direction qu'elles aimeraient donner à leur existence.

Nous devons toujours garder en mémoire que le but des lectures intuitives est d'aider l'autre à comprendre qui il est, où il en est et pourquoi il en est là ici et maintenant. Cela est déjà un grand programme pour une séance, et c'est un programme plus que suffisant à gérer surtout lorsqu'on commence à pratiquer les lectures intuitives.

6. L'interprétation

a) Déchiffrer les réponses

Lorsque nous utilisons notre intuition pour obtenir des informations et des prises de conscience sur l'état d'une autre personne, nous recevons des réponses à nos questions sous différentes formes possibles : une perception directe, des images symboliques, des mots, des ressentis (résonances émotionnelles) ou des sensations. Plus nous développons notre capacité intuitive, plus nous recevons d'informations à tous les niveaux possibles de fonctionnement, c'est-à-dire une image avec des mots, des sentiments, des sensations et un sentiment de connaissance.

Avec la pratique et l'expérience, nous finissons par nous familiariser avec le processus intuitif, et l'art de poser des questions, de recevoir des réponses et de communiquer sur le mode intuitif devient une seconde nature, un état dans lequel nous pénétrons simplement et naturellement. Au début, lorsque nous pratiquons, nous sommes reconnaissants de recevoir une réponse de notre intuition et sommes soulagés que cette réponse soit suffisamment claire pour pouvoir être communiquée à quelqu'un en réponse à sa question.

En tant que débutants, nous ne sommes pas encore capables de nous appliquer confortablement à l'art de l'interprétation, qui est en soi un défi subtil et sophistiqué demandant du temps, de la patience et beaucoup d'entraînement. Une fois que nous nous sommes familiarisés avec le fonctionnement de notre intuition et que nous commençons à comprendre sa façon de communiquer avec nous, nous commençons naturellement à comprendre les messages que contiennent ses informations.

b) De l'intuitif au concret

L'art de l'interprétation réside dans l'équilibre délicat entre trop en dire et ne pas en dire assez, entre être trop concret et trop rester dans la symbolique. Une image symbolique peut être un puissant catalyseur plein de signification et de justesse pour la personne à qui elle est offerte. Elle peut également être reçue comme un message assez vague qui évoque quelque chose, mais rien de très précis ou de très particulier.

Lorsque nous travaillons avec le symbolisme de l'intuition, notre défi est d'arriver à donner un sens concret aux informations que nous recevons sans pour cela les rendre trop concrètes au point de limiter celui qui les reçoit. Nous devons laisser suffisamment de place au message pour respirer et parler à l'inconscient de notre partenaire, tout en restant confiant dans la justesse de l'information le concernant.

Il n'est pas nécessaire que nous, lecteur, comprenions logiquement le sens du message pour qu'il ait un sens pour notre partenaire. Il est toujours réconfortant de sentir que nous comprenons, mais nous devons toujours nous souvenir qu'à ce niveau comprendre signifie comprendre avec notre esprit logique. A un niveau intuitif, il arrive souvent que nous puissions sentir la vérité d'une information alors que nous ne pouvons pas en comprendre la pertinence à un niveau conscient. Si, lors d'une lecture, nous ne comprenons pas particulièrement l'information que nous recevons, nous ne pouvons qu'être satisfaits car, dans ce cas, nous savons que c'est notre intuition qui fonctionne et non notre esprit logique. Nous pouvons être assurés que nous sommes en relation avec l'autre à un niveau de profondeur qui correspond à la fonction intuitive.

c) Ecarter l'esprit logique

Le problème le plus fréquent est d'essayer d'interpréter avec l'esprit logique au lieu de laisser l'être intuitif expliquer lui-même la signification de l'information. Nous devons avoir confiance en notre intuition qui a toutes les ressources dont elle a besoin pour nous expliquer la pertinence des symboles, et nous devons par-dessus tout penser à lui demander de les interpréter pour nous. Au début, nous avons tendance à nous maintenir dans notre état intuitif le temps de recevoir l'information et de la communiquer, au terme de quoi nous relâchons notre attention avec un grand soupir de soulagement pour sortir de notre état de transe et discuter de la signification possible du message avec notre partenaire. Il est réellement plus simple, plus intéressant et beaucoup plus judicieux de rester en transe, de demander à notre intuition la réponse et de la communiquer. Après quoi, nous pouvons sortir de notre état de transe intérieure et partager avec notre partenaire.

Afin de maîtriser l'art de l'interprétation, vous devez être disponible et prêt à questionner continuellement votre intuition jusqu'à ce que vous sentiez intérieurement et intuitivement la signification de l'information reçue. Lorsque votre intuition vous donne une image comme réponse, il arrive très souvent que vous ayez besoin de la décrire avant que vous ne commenciez à en sentir le sens et la pertinence par rapport à la question posée. C'est comme si l'image devait commencer à bouger et si vous deviez, avec votre conscience intuitive, commencer à vous déplacer dans l'image pour qu'elle puisse prendre totalement vie et exprimer ce qu'elle signifie en mots et en sensations. Si nous interprétons l'information avec notre esprit logique, nous nous retrouvons face au problème de la projection, nous plaquons notre concept de la réalité au lieu de pénétrer dans celle de notre partenaire. L'interprétation effectuée par le biais de la logique peut sembler juste mais sera sèche, froide et manquera de sensations pour la personne qui la recevra. Si vous éprouvez des difficultés à recevoir une interprétation de votre intuition décrivez simplement ce que vous recevez et laissez votre partenaire interpréter lui-même le sens du message.

Dans la formation du développement de l'intuition à un niveau plus avancé, l'art de l'interprétation est abordé en profondeur et avec précision, car c'est un aspect indispensable du travail intuitif. Vous trouverez cependant, au cours des exercices de lecture et de guérison qui suivent, que les images symboliques ont tendance à s'interpréter d'elles-mêmes. Après votre lecture, vous pouvez demander à votre partenaire comment il relie l'information à sa vie de tous les jours ; sa réponse vous aidera énormément à comprendre la signification et le sens que contiennent les messages de votre intuition. De cette façon, vous avancerez doucement mais sûrement sur la voie de l'interprétation juste.

7. La puissance sacrée de la présence et du silence

L'état intuitif est avant tout un état intérieur de présence et de silence. En entrant en communion avec nous-même, avec notre profondeur et avec notre vérité, nous pouvons tout simplement être. Dans le vide de notre silence intérieur nous trouvons la paix et, paradoxalement, la totalité de la plénitude de notre être. Dans l'état de présence intérieure nous pouvons entrer en communion avec la nature, avec la Lumière et avec l'univers. Nous pouvons également entrer en communion avec la profondeur de l'autre et être le miroir qui reflète notre façon de le percevoir dans sa profondeur. Lorsque nous donnons une lecture intuitive, les mots sont nos outils pour communiquer les perceptions que nous recevons au niveau intuitif. Les mots ont un immense pouvoir et, grâce à eux, nous pouvons partager nos perceptions.

Mais nous devons nous souvenir que la puissance du silence, la puissance de l'ambiance et le pouvoir de la présence sont aussi des outils de guérison. Quand nous sommes centrés et silencieux au cœur de notre état intuitif, nous diffusons une atmosphère très particulière, une atmosphère de calme et de présence. Cette atmosphère aide notre partenaire à trouver en lui ce même état d'être, qu'il le recherche consciemment ou non.

Dans une lecture, nous dirons de nombreuses choses qui toucheront le cœur et l'âme de la personne à qui nous parlerons. Dans les moments de silence, cette personne sera touchée d'une autre façon : par le silence, par la présence ; ce sera pour elle une guérison et lui apportera réconfort et espoir. Les moments de silence peuvent engendrer une profonde communion et une rencontre d'être à être. Pour cette raison, vous ne devez pas avoir peur du silence ; acceptez-le en sachant que la guérison survient aussi pendant les moments de silence.

Lorsque vous faites une lecture à quelqu'un, prenez le temps de vous préparer. Prenez tout le temps dont vous avez besoin, cinq à dix minutes ne sont pas de trop. Acceptez votre besoin de silence pour retrouver l'espace silencieux de votre profondeur, pour retourner à la présence silencieuse de votre intuition avant de commencer à poser des questions et à proposer des réponses. Ne considérez pas le silence comme un signe de faiblesse de votre part, percevez-le plutôt comme une force qui fait partie intégrante de la séance, comme un équilibre entre les moments de dialogue que vous partagez avec l'autre.

Dans le silence, vous transmettez quelque chose qui est au-delà des mots, qui atteint directement le cœur de l'autre. Dans le silence, vous trouvez l'atmosphère sacrée du temple, et c'est dans cette atmosphère que se trouve la véritable guérison.

8. L'intuition et la communication

a) Le pouvoir des mots

Les mots ont un pouvoir immense. L'intuition, en tant que véhicule de la vérité, a besoin des mots pour que cette vérité puisse être partagée par le biais de la communication. Il existe un art de communiquer la vérité intuitive pour qu'elle puisse être entendue, comprise et intégrée par celui qui la reçoit. La communication entreprise avec diplomatie, simplicité et grâce, a la capacité de créer une guérison profonde et permanente. Une communication qui n'est pas soignée peut pousser votre partenaire à se mettre sur la défensive, peut engendrer la confusion et créer de profonds dommages psychologiques. Il est important, en tant que personne intuitive, de respecter les limites de l'individu et de ne partager l'information que si vous sentez qu'elle est utile pour l'autre.

Trop d'information, même si elle est de bonne qualité, peut engendrer chez l'autre un état dans lequel il se sent dépassé et déséquilibré. Vous devez apprendre à remarquer l'impact de vos mots pendant que vous travaillez, tout en restant intuitivement attentif à l'état de disponibilité de votre partenaire. Pendant que vous faites la lecture, vous pouvez sentir son état de réceptivité avec votre *clairsentience* ou votre *clairvoyance* en observant les changements de son état énergétique subtil. Lorsque votre partenaire atteint son point de saturation, vous pouvez terminer la séance afin de lui permettre de digérer et d'intégrer à son rythme les informations reçues.

b) Règles de base

Il existe, pour communiquer, des règles de base et des outils essentiels qui sont largement utilisés dans la plupart des métiers de relation d'aide et doivent être appris et appliqués lorsque vous travaillez avec votre intuition.

1. Parler et écouter. Ecoutez ce que vous dit votre interlocuteur. Pour pouvoir bien parler vous devez bien écouter. C'est en écoutant vraiment que vous comprendrez les besoins de votre partenaire et que vous les aborderez dans votre lecture.

2. Parlez toujours pour vous... « Je suis, je sens, je ressens, je vois, etc. » Acceptez la responsabilité de votre position, de la place que vous occupez et exprimez-vous en ayant conscience de votre position.

3. Créez un contact. Utilisez les jeux de miroir pour aider votre partenaire à se détendre et à se sentir à l'aise en votre présence. Soyez attentif à sa posture, à ses gestes, à ses expressions... elles vous donneront des clés grâce auxquelles vous pourrez établir un contact de confiance et de disponibilité.

9. Points dont vous devez vous souvenir

1. Il existe toujours une intention positive derrière chaque pensée et chaque action. Cherchez cette intention, elle vous mènera à l'essence du problème que vous êtes en train de lire.

2. Equilibrez vos informations entre les forces et les faiblesses, les aspects positifs et les aspects négatifs.

3. Il existe, dans chaque expérience difficile, la possibilité de vivre quelque chose qui a de la valeur.

4. Soyez diplomate, surtout lorsque vous abordez des sujets difficiles et délicats.

5. Comprenez à quel niveau se trouve votre partenaire. Demandez à votre intuition le niveau d'information dont votre partenaire a besoin et choisissez le langage approprié pour qu'il puisse le comprendre.

6. Interprétez vos métaphores. Lorsque la métaphore se présente sous la forme d'une image symbolique, décrivez-la avec précision car ce symbole peut être clair pour votre partenaire. Cependant, vous devez aussi l'interpréter pour lui donner une réalité et l'adapter à la structure de la vie de tous les jours.

7. Ne dites jamais à quelqu'un ce qu'il ou elle devrait faire. Présentez des options, des possibilités et explorez les résultats possibles, mais ne prédisez pas l'avenir.

8. Acceptez de ne pas comprendre personnellement l'information que vous recevez de votre intuition. Restez dans la confiance.

9. Durant une séance, consultez votre intuition en permanence lorsque vous avez une question à poser. Ne consultez pas votre esprit logique.

10. Souvenez-vous que toutes les informations échangées dans une séance intuitive sont confidentielles. Respectez l'intimité de votre partenaire.

10. La pratique des lectures intuitives

Les quatre modèles de lecture intuitive qui suivent vous permettront d'utiliser vos aptitudes intuitives avec des membres de votre famille ou des amis. Nous commencerons ces lectures en utilisant tout d'abord des images symboliques puis nous passerons aux lectures où nous explorerons l'état subtil ou corps énergétique, et nous donnerons, pour terminer, la possibilité d'explorer la dynamique existant entre deux personnes afin de clarifier et de transformer les aspects problématiques de la relation.

Les lectures symboliques peuvent être considérées comme étant les lectures les plus « simples » car elles apportent une expérience de base et permettent, au fur et à mesure que nous gagnons de l'assurance, de progresser vers des styles de lecture plus sophistiqués. La lecture de l'arbre, bien que simple, est extrêmement utile et peut être une expérience touchante pour celui qui la reçoit. Cette lecture est la toute première effectuée par les étudiants au sein de l'Ecole de l'Intuition (voir en appendice) ; c'est également l'une de celles que j'utilise avec mes étudiants plus avancés pour le perfectionnement de leur technique.

Nous utilisons les mêmes étapes que dans la méditation de l'arbre, la seule différence étant le sujet ; il s'agit d'une autre personne que vous. Pour cet exercice, vous aurez besoin d'un partenaire pour se prêter à l'expérience.

Lecture de l'arbre

Temps recommandé : 30 minutes.

Suivez toutes les étapes du rituel de préparation. Lorsque vous vous sentez prêt, imaginez que la personne assise en face de vous entre dans votre temple et s'assied en face de vous, à l'intérieur de votre espace sacré de travail.

Informez votre être intuitif que vous souhaitez faire une lecture intuitive de cette personne en travaillant avec l'image symbolique de l'arbre.

Demandez à votre intuition de vous montrer l'image qui correspond à la vérité de l'état de votre partenaire. Laissez l'image de l'arbre apparaître et explorez-la...

Observez cet arbre à distance et observez sa taille, sa forme et son environnement; soyez attentif à l'atmosphère qui s'en dégage.

Tout comme vous avez exploré l'arbre dans votre méditation personnelle, laissez votre intuition vous guider pour explorer l'arbre symbolique de votre partenaire.

Percevez l'environnement de cet arbre, le sol, l'eau et le soleil... Percevez son tronc, ses racines, ses branches et ses feuilles...

Soyez attentif à l'atmosphère qui se dégage et à ce que vous ressentez dans votre corps pendant que vous percevez les différents aspects de cet arbre...

Décrivez ce que vous voyez à votre partenaire et laissez les images lui parler d'elles-mêmes...

Lorsque vous avez décrit les images, demandez ce qui manque à cet arbre et ce dont il a besoin pour être bien, ce dont il a besoin pour sa guérison... Partagez cette information avec votre partenaire.

Lorsque vous sentez que votre lecture est terminée, vous pouvez demander à votre partenaire s'il a des questions à poser à propos de l'information reçue...

Restez centré et enraciné, laissez votre être intuitif répondre à votre question...

Si votre être intuitif ne vous donne pas de réponse, informez simplement votre partenaire que vous ne pouvez pas obtenir de réponse à sa question.

Lorsque vous sentez que la séance est terminée, dites au revoir à votre partenaire dans votre temple intérieur et imaginez qu'il le quitte.

Prenez quelques minutes pour rester tranquillement en vous, en étant centré, présent et connecté à la Lumière...

Quand vous vous sentez prêt, ouvrez les yeux. Prenez un peu de temps pour parler avec votre partenaire de l'expérience que vous venez de vivre.

Lecture de la maison

Temps recommandé : 45 minutes.

Préparez-vous en suivant toutes les étapes de préparation et, quand vous vous sentez prêt, imaginez que votre partenaire entre dans votre temple et s'assied en face de vous.

Informez votre être intuitif que vous souhaitez faire une lecture intuitive en utilisant l'image symbolique de la maison et demandez-lui de vous montrer l'image de la maison qui correspond à la vérité de l'état intérieur de la personne qui est en face de vous... Laissez l'image apparaître et commencez à l'explorer avec votre perception intuitive.

Percevez l'extérieur de la maison avec autant de détails que possible et découvrez la porte d'entrée par laquelle vous allez pouvoir pénétrer à l'intérieur de la maison... Préparez-vous à entrer...

Continuez d'explorer cette maison tout comme vous l'avez fait pour celle qui vous représentait dans votre méditation...

A l'intérieur de la maison vous trouvez quatre pièces; chacune d'entre elles représente un des état de votre partenaire : physique, émotionnel, mental et spirituel.

Prenez votre temps et explorez chacune de ces pièces en décrivant au fur et à mesure à votre partenaire les images que vous recevez de votre être intuitif...

Pendant que vous explorez ces pièces, soyez attentif à l'ambiance qui s'en dégage et aux différents objets qui s'y trouvent...

Décrivez en détail vos perceptions pour permettre aux images de parler à votre partenaire.

Lorsque vous avez fini de décrire chacune des pièces, vous pouvez demander à votre intuition de vous dire quel est le manque et le besoin en vue d'une transformation et d'une guérison.

Partagez cette information avec votre partenaire...

Si votre partenaire a des questions en rapport avec l'information reçue, donnez-vous quelques minutes pour recevoir une réponse à ces questions.

Lorsque vous sentez que la lecture est terminée, imaginez que votre partenaire quitte votre temple et prenez quelques minutes pour rester calmement en vous avant d'ouvrir vos yeux et de commencer à partager cette expérience avec votre partenaire.

Lecture des chakras

Temps recommandé : 60 minutes.

Fermez les yeux et préparez-vous selon les étapes du rituel de préparation. Imaginez votre partenaire entrant dans votre temple et s'asseyant en face de vous.

Informez votre être intuitif que vous allez faire une lecture intuitive des chakras de la personne qui se trouve en face de vous.

Commencez par le premier chakra et terminez par le septième en vous souvenant de la signification de chacun d'entre eux comme vous l'avez fait pour vos propres méditations...

Pour chacun des sept chakras, percevez les images symboliques décrivant l'état du chakra, les formes, les contours, les couleurs, l'atmosphère, les sensations, les émotions, la circulation de l'énergie dans le chakra ainsi que les blocages de circulation de l'énergie...

Demandez à votre intuition de vous aider à percevoir l'état actuel de chaque chakra et demandez à recevoir la qualité dont chaque chakra a besoin pour sa transformation...

Partagez, au fur et à mesure de la lecture, l'information que vous recevez avec votre partenaire, et terminez chaque chakra avant de passer au suivant.

Lorsque vous avez terminé de décrire les sept chakras, permettez à votre partenaire de poser des questions en rapport avec l'information que vous avez reçue pendant la lecture...

Lorsque vous sentez que la lecture est terminée, prenez le temps d'imaginer votre partenaire en train de quitter votre temple.

Prenez quelques minutes pour rester centré en vous-même et, quand vous vous sentez prêt, ouvrez les yeux.

Prenez un peu de temps pour partager ce que vous avez vécu avec votre partenaire.

Lecture des relations affectives

Temps recommandé : 30 minutes.

Amenez votre partenaire dans votre temple et imaginez que la personne impliquée dans la relation se joint à vous.

Observez intuitivement ces deux personnes côte à côte et laissez-vous aller à ressentir l'atmosphère qui existe entre elles...

Comment se regardent-elles ? Quelle est leur position l'une par rapport à l'autre ?

Demandez à votre intuition de vous guider pour percevoir la vérité de ce qui se passe entre ces deux personnes...

Vous pouvez poser à votre intuition toutes ces questions ou certaines d'entre elles pour vous aider à explorer les dynamiques de cette relation.

Qu'y a-t-il d'essentiel dans cette relation ?
Quel est le véritable problème ?
Quel est le véritable problème pour chacune de ces personnes ?
Qu'est-ce que chacune de ces personnes a à comprendre ?
Qu'est-ce que chacune de ces personnes a à apprendre à l'autre ?
Qu'est-ce que chacune de ces personnes a à apprendre de l'autre ?
Quel est le manque de chacune d'entre elles ?
Quelle est l'intention positive au-delà du conflit ?

Partagez les perceptions que vous recevez avec votre partenaire, prenez le temps de répondre aux éventuelles questions et, lorsque vous vous sentez prêt, terminez la lecture.

Partagez ensemble l'expérience que vous venez de vivre dans cet échange.

CHAPITRE XI

L'intuition, outil de guérison

1. Le pouvoir de guérison

a) La renaissance intérieure

La prise de décision qui nous amène à développer notre intuition et à l'utiliser déclenche une réconciliation profonde entre l'âme/esprit et le corps/mental. Cette décision nous permet de réaffirmer notre lien avec l'univers et ce que nous nous sentons être bien au-delà de notre personnalité sociale. Nous redécouvrons la richesse de notre profondeur et, très souvent pour la première fois, un moyen d'exprimer et de partager notre sagesse et notre amour inconditionnel. Le mouvement intérieur de réalignement sur notre axe crée un lien énergétique avec la terre et avec l'univers ; les prises de conscience et les révélations qui résultent de cette ouverture à notre être intuitif engendrent une transformation intérieure considérable. Nous nous sentons renaître, plein d'espoir et de gratitude. Nous vivons ces réconciliations intérieures comme une véritable guérison et expérimentons alors le pouvoir de guérison de l'intuition.

La découverte de notre capacité à nous guérir et à transformer notre vie nous entraîne dans un mouvement spontané vers les autres. Nous éprouvons tout naturellement le désir de partager ce que nous avons appris avec ceux qui nous sont proches. Nous

nous sentons appelé à aider les autres, à les aider à guérir leurs problèmes et leurs difficultés, à redécouvrir leur nature profonde et véritable.

Utiliser notre intuition pour aider les autres nous permet de développer envers les gens avec qui nous travaillons, les qualités d'acceptation, de tolérance et de compassion et nous donne la possibilité de pratiquer les techniques que nous apprenons lentement à maîtriser.

En nous servant de nos perceptions intuitives et en utilisant les techniques de lecture et de guérison, nous nous permettons de montrer et de partager avec les autres ce que nous sommes et ce que sont véritablement nos dons.

Lorsque nous pratiquons sur quelqu'un d'autre, nous appliquons les mêmes techniques que celles que nous utilisons en travaillant sur nous-même ; nous découvrons cependant une dynamique différente, celle qu'engendre la présence de deux personnes ensemble. Nous vivons alors la dynamique du partage, de l'échange, et cette qualité d'interférence favorise la transformation et la guérison.

En utilisant l'intuition comme outil de guérison, nous percevons non seulement l'état actuel d'une personne mais aussi ses manques et ses besoins. Une fois que nous avons perçu ce dont l'autre a besoin pour sa guérison, nous le lui transmettons en utilisant les techniques de guérison psychique dans lesquelles nous utilisons la présence de la Lumière comme dynamique de guérison. Ayant déjà utilisé ce principe sur nous-même au cours de notre pratique de la méditation, nous pouvons commencer à pratiquer la guérison sur les autres avec relativement de facilité.

b) Etapes du processus

Avant de commencer à guérir les autres, nous devons nous souvenir de respecter les étapes progressives du processus de lecture intuitive afin d'être certain d'avoir tous les éléments dont nous avons besoin pour réussir la séance de guérison.

Les étapes se présentent de la façon suivante :

Posture pour donner une lecture intuitive.

1. Accédez à l'état d'être actuel de l'autre. Commencez en vous basant sur la question posée par la personne que vous lisez, explorez intuitivement le problème en percevant les dynamiques, les répercussions et les origines.

2. Soyez conscient des manques et des besoins de l'autre. Que manque-t-il ? Que manque-t-il à cette personne ? De quoi cette personne a-t-elle besoin pour être bien, pour être guérie et pour être en paix avec elle-même ? Demandez à votre intuition de vous aider à percevoir le véritable manque et, par conséquent, le véritable besoin de cette personne.

3. Transmettez les qualités nécessaires. Une fois que vous avez exploré l'état actuel de la personne, son manque et son besoin, vous êtes prêt à commencer la dernière partie de votre séance de guérison dans laquelle vous utiliserez l'imposition des mains pour transmettre de la Lumière de guérison, des couleurs et les qualités dont cette personne a besoin.

Bien que ces étapes soient simples, nous les suivons toujours dans cet ordre lorsque nous travaillons avec notre intuition comme outil de guérison. Quelle que soit la complexité du problème d'une personne, il existe toujours un manque et un besoin et donc une qualité que nous pouvons lui transmettre en utilisant la Lumière, la couleur et le pouvoir de guérison du cœur.

2. La pratique de la guérison

Le don de guérison est inné pour chacun de nous, c'est un droit de naissance que nous pouvons choisir d'utiliser si nous le souhaitons. Comme c'est le cas pour tous les dons d'expression créatrice, certains en possèdent une dose innée plus importante que d'autres et sont donc plus fortement poussés à le développer et à l'explorer. Lorsque nous commençons à utiliser notre intuition pour aider les autres, nous sommes déjà engagés sur le chemin de la guérison. Une lecture intuitive donne du recul, permet des prises de conscience et des révélations à la personne qui la reçoit, et c'est une expérience de guérison en soi, la transformation qui en résulte nous montrant le pouvoir de guérison que peuvent posséder les mots lorsqu'ils réagissent dans le monde de la matière. La vérité dite avec compassion engendre une atmosphère d'acceptation et l'acceptation est la clé de la guérison.

Les lectures intuitives nous apportent des informations, des prises de conscience et des éclaircissements sur nous-même, sur nos problèmes et sur notre destinée. La guérison nous invite à nous abandonner, à accepter et à recevoir. Lorsque nous recevons une guérison, nous nous permettons de recevoir de l'amour, de l'énergie et de la Lumière. Nous permettons à l'autre de nous aider et permettons à l'énergie de vie de couler en nous pour nous apporter le mouvement, l'accomplissement et le sentiment que l'on prend soin de nous.

Pour guérir l'autre, nous agissons en tant qu'intermédiaire entre la Lumière et la matière, le ciel et la terre. La guérison est un travail sacré qui signifie unir la Lumière et la matière et amener ces deux qualités opposées à se rencontrer dans la communion. Nous avons besoin d'ouvrir notre cœur, de nous ouvrir à la Lumière, à l'amour et à nous-même, présent, alerte, conscient et disponible. Lorsque nous soignons quelqu'un, nous appelons la Lumière et la dirigeons avec notre conscience pour qu'elle aille où nous le désirons et nous l'y envoyons avec amour à la personne qui la reçoit.

Il existe plusieurs étapes progressives dans le processus de guérison, et chacune doit être respectée si nous voulons maîtriser l'art de guérir les autres. Les étapes à suivre sont : préparation, réception, transmission et intention

a) Préparation

Nous utilisons le rituel de préparation pour nous assurer que nous sommes bien centrés, enracinés et présents avant de commencer un travail de guérison sur quelqu'un. Nous devons particulièrement porter attention à notre frontière personnelle et à l'alignement sur notre verticalité pour être bien connectés à la terre et à la Lumière, équilibrés, présents et prêts à donner.

b) Réception

Nous appelons la Lumière de l'univers pour qu'elle coule en nous au travers de nos sept chakras. Elle s'écoule dans notre chakra du cœur et se mélange à la qualité de compassion que nous avons dans notre cœur. Depuis notre poitrine, elle s'écoule dans notre ventre, dans notre deuxième chakra. Nous recevons en nous la Lumière qui s'ajuste à la densité de la matière physique, s'écoule dans notre axe, circule dans notre bas-ventre et remonte dans notre cœur. Du chakra du cœur, l'énergie de Lumière s'écoule dans nos bras puis dans nos mains. Nous recevons la Lumière dans nos mains comme une chaleur de guérison liquide.

c) Transmission

Nous transmettons la Lumière de guérison à notre partenaire par nos mains, soit en les plaçant directement sur la partie du corps où se trouve le besoin de guérison, soit en l'envoyant à distance du corps physique. Nous transmettons cette Lumière qui a voyagé dans notre corps, dans le corps de l'autre et cela en la dirigeant avec notre conscience.

d) Intention

Nous utilisons notre volonté, notre pouvoir, pour « introduire » la Lumière dans la partie du corps où elle est nécessaire en imaginant que l'autre la reçoit et l'intègre de la manière la plus juste qui soit. Nous maintenons notre concentration jusqu'à ce que nous sentions que la Lumière a atteint sa destination et a été absorbée et intégrée dans le système énergétique de la personne. Simultanément, nous maintenons le contact avec notre intention profonde de faire de cette intervention de guérison un acte d'amour afin d'engendrer en l'autre une transformation et une guérison. Nous maintenons également notre intention de transmettre la Lumière pour le plus grand bien de tous les êtres concernés par cette intervention. Nous pouvons ainsi être certains de ne jamais nuire inconsciemment à la personne sur laquelle nous travaillons.

L'intention est une qualité qui donne de la puissance à l'intervention de guérison et qui permet à la Lumière de pénétrer la densité de la matière en trouvant sa destination juste, avec efficacité et précision.

Lorsque nous soignons en maintenant notre alignement sur la verticalité, nous sommes naturellement centrés dans notre confiance et notre certitude. C'est notre certitude intérieure de la juste valeur de notre stratégie de guérison qui nous donne l'intention claire dont nous avons besoin pour suivre la guérison du début à la fin, créant ainsi un résultat, une transformation chez la personne que nous traitons.

3. Traitements de guérison

Channeling de la Lumière dans le cœur

Temps recommandé : 30 minutes.

Demandez à votre partenaire de s'allonger confortablement sur le dos ; couvrez-le si nécessaire pour qu'il se sente au chaud et en sécurité. Vous pouvez placer un coussin sous ses genoux ou sous sa tête. Demandez-lui de simplement se détendre et de respirer à un rythme qui lui soit facile et naturel.

Suivez les étapes du rituel de préparation et imaginez que votre partenaire arrive dans votre temple et s'allonge confortablement devant vous.

Portez votre attention au sommet de votre tête et imaginez votre septième chakra comme une sphère d'énergie qui s'ouvre vers le ciel...

Etendez la sphère en l'ouvrant de plus en plus largement et imaginez votre axe comme une grande colonne de Lumière aussi large que votre corps...

Imaginez la Lumière, une Lumière chaude et aimante, une Lumière de guérison, une Lumière blanche, intelligente, présente et pure et appelez à vous cette Lumière...

La Lumière descend et s'écoule en vous par le sommet de votre tête, elle s'y écoule comme un liquide...

Elle s'écoule le long de votre axe jusque dans votre poitrine, dans votre cœur, puis elle descend et coule dans votre ventre, dans la sphère de votre deuxième chakra...

Imaginez la Lumière en train de couler dans votre ventre, sentez-la remplir votre ventre...

La Lumière blanche coule en vous, et maintenant elle remonte vers votre cœur, elle est dans votre cœur et, de là, se sépare en deux rivières de Lumière dans chacun de vos bras.

La Lumière coule dans vos bras et les remplit... Elle s'écoule de vos bras jusque dans vos mains et les remplit...

Vos mains se réchauffent, se remplissent et débordent de Lumière ; la Lumière liquide s'écoule de vos mains, la Lumière blanche remplit vos mains, vos mains sont pleines de Lumière.

Quand vous vous sentez prêt, placez vos mains sur le chakra du cœur de votre partenaire en restant en contact avec la trajectoire de la Lumière,

La Lumière s'écoule de votre tête à votre cœur, de votre cœur à votre ventre, de votre ventre à votre cœur, de votre cœur à vos bras, de vos bras à vos mains... et de vos mains dans le cœur de l'autre.

Envoyez la Lumière dans le chakra du cœur de votre partenaire... Imaginez le chakra du cœur de votre partenaire comme une sphère d'énergie, une sphère qui reçoit et se remplit d'énergie.

La Lumière remplit son cœur et, de son cœur, s'écoule dans tout son corps subtil, dans toutes les parties de son corps où elle est nécessaire.

Soyez conscient de la Lumière qui s'écoule vers vous, qui s'écoule en vous puis coule vers et dans votre partenaire...

Continuez pendant plusieurs minutes à envoyer de la Lumière jusqu'à ce que vous sentiez intuitivement que le traitement est terminé.

Quand vous vous sentez prêt, enlevez doucement et lentement vos mains de la poitrine de votre partenaire, puis posez-les sur vos genoux.

Continuez à recevoir la Lumière et laissez-la vous remplir et s'écouler en vous...

Placez vos mains sur votre cœur et remplissez-vous à nouveau de Lumière.

Gardez cette posture pendant quelques minutes puis, doucement, relâchez votre concentration intérieure et reposez-vous simplement.

Prenez le temps de partager avec votre partenaire les impressions et les sensations que vous avez ressenties tous les deux pendant la séance de guérison.

Channeling des couleurs dans les chakras

Temps recommandé : 40 à 50 minutes.

En suivant toutes les étapes précédentes, amenez la Lumière dans vos mains.

Lorsque vous vous sentez prêt, demandez à la Lumière de se transformer en une Lumière rouge et imaginez-la comme une rivière de Lumière rouge qui s'écoule vers vous puis s'écoule en vous, remplissant vos mains de l'énergie et de l'atmosphère de la couleur rouge.

Placez vos mains sur ou juste au-dessus du premier chakra de votre partenaire et imaginez ce chakra comme une sphère, comme un réceptacle vide que vous commencez à remplir de Lumière liquide rouge en visualisant que le niveau monte jusqu'à ce que le réceptacle soit totalement plein...

Après quelques minutes la sphère sera pleine.

Enlevez vos mains, reposez-vous calmement en vous-même et demandez à la Lumière de devenir orange... Imaginez maintenant la Lumière orange.

Placez vos mains sur le deuxième chakra de votre partenaire et remplissez-le de Lumière liquide orange; prenez quelques minutes pour accomplir votre tâche.

Répétez cette procédure pour chacune des couleurs correspondant à chaque chakra...

... jaune pour le troisième chakra;
... verte pour le quatrième chakra;
... bleue pour le cinquième chakra;
... violette pour le sixième chakra;
... blanche pour le septième chakra.

Lorsque vous avez fini de remplir chacun des chakras avec la couleur qui lui correspond, cessez doucement d'être en contact avec votre partenaire...

Continuez d'imaginer la Lumière s'écoulant en vous et placez vos mains sur votre chakra du cœur pour vous ressourcer pendant quelques minutes.

Quand vous vous sentez prêt, détendez votre conscience intérieure et terminez le traitement.

Prenez le temps de partager avec votre partenaire les impressions que vous avez tous les deux ressenties pendant le traitement.

Channeling des qualités

Temps recommandé : 45 minutes.

Suivez toutes les étapes de préparation personnelle.

Amenez votre partenaire dans votre temple; asseyez-vous l'un en face de l'autre...

Demandez à votre intuition de vous indiquer trois qualités que cette personne à besoin de recevoir et quels sont les trois endroits de son corps où il a besoin de les recevoir... Ayez confiance en la réponse que vous recevez.

Quand vous vous sentez prêt, appelez la Lumière et quand vous la sentez présente et qu'elle s'écoule, commencez à imaginer la première qualité...

Imaginez cette qualité comme une couleur, une sensation, un son, une atmosphère... Imaginez-la aussi pleinement que vous le pouvez, laissez-vous imaginer profondément cette qualité, laissez-vous l'incarner et la rayonner.

Envoyez la qualité dans vos mains et placez vos mains sur la partie du corps de votre partenaire où elle est nécessaire... Imaginez la qualité qui s'écoule dans le corps de votre partenaire à l'endroit où il en a besoin...

Continuez d'imaginer cette qualité aussi clairement que vous le pouvez, voyez-la, sentez-la, entendez-la... soyez cette qualité.

Imaginez que vous êtes cette qualité, que la Lumière est aussi cette qualité et que cette qualité s'écoule dans le corps de votre partenaire, remplissant ainsi son besoin et lui apportant la guérison...

Transmettre des qualités de guérison.

Après quelques minutes, cessez d'envoyer la première qualité et portez votre attention sur la deuxième qualité, en l'imaginant avec tous vos sens...

Répétez ce processus pour la deuxième et la troisième qualité, et transmettez-les à votre partenaire dans les parties de son corps où il en a besoin.

Prenez tout le temps dont vous avez besoin et, lorsque vous sentez intuitivement que vous avez terminé, finissez la séance et prenez le temps de partager ensemble vos impressions.

CINQUIEME PARTIE

L'intuition et l'évolution de l'âme

CHAPITRE XII

Les vies antérieures et la réincarnation

Lorsque nous partons à la découverte de notre nature essentielle, il devient rapidement évident que nous sommes beaucoup plus que nous paraissons. L'accès à notre intuition nous ouvre aux vastes dimensions de notre monde intérieur, et la réconciliation avec notre être le plus profond, avec notre âme, nous amène à percevoir et à comprendre le royaume éternel de l'univers qui existe au-delà du monde concret de notre quotidien. En allant au-delà de ce que nous sommes en tant que personne définie par un corps et une personnalité, nous trouvons notre place dans un plus grand cadre d'existence.

Le travail intérieur de méditation et de contemplation nous apporte une dimension de lucidité aiguisée et une plus grande sensibilité dans notre façon de percevoir la réalité. L'exploration de la nature de notre être intuitif nous révèle les nombreuses facettes de notre personnalité et nous emmène en même temps vers la découverte finale de notre véritable visage.

1. Le chemin d'évolution

Dans nos âmes se trouve l'évidence du long chemin d'évolution que nous avons déjà parcouru et nous pouvons, avec notre conscience, trouver la trace de ce chemin, revivre des vies antérieures et nous souvenir de nos morts passées et de nos nombreuses précédentes naissances.

En purifiant notre corps/esprit et en élevant notre conscience par la pratique régulière de la contemplation intérieure, nous nous libérons de nos histoires passées, à la fois dans cette vie mais aussi dans nos incarnations précédentes. Alors que nous nous familiarisons avec le fonctionnement de notre corps énergétique, nous découvrons que nous avons accès à la mémoire de nos vies antérieures qui sont enregistrées et stockées dans le système des chakras de notre corps énergétique subtil.

Nous pouvons, au cours d'une séance de guérison avec la Lumière sur un certain chakra, être confronté à un problème non résolu d'une vie antérieure en rapport avec l'état actuel du chakra que nous sommes en train de soigner. En acceptant, en explorant et en libérant les émotions reliées à ce qui a été stimulé durant la séance, nous nous libérons de nos vieilles histoires et de leur poids karmique. En nous libérant du passé, nous devenons plus disponibles au moment présent et plus à même d'assumer nos responsabilités avec le cœur léger et la conscience claire. Nous pouvons avoir accès à nos vies antérieures et utiliser notre intuition pour faire des lectures de vies antérieures sur les autres. Une fois que nous avons appris comment accéder à la profondeur de l'autre et comment entrer en communication avec elle, nous pouvons explorer ses précédentes incarnations et chercher le lien entre les difficultés de cette vie et des traumatismes non résolus lors de vies antérieures.

2. La roue de l'évolution

Après avoir précisé la nature du problème, nous invitons notre conscience intuitive à nous montrer l'incarnation passée en rapport avec le problème vécu aujourd'hui. Nous sommes alors capable de percevoir le scénario ainsi que les éléments qui n'ont pas été résolus. Très souvent, nous percevons des problèmes relationnels complexes qui étaient difficiles à clarifier et à résoudre et qui le restèrent pendant plusieurs incarnations. Finalement, la roue de l'évolution ramène les êtres impliqués dans le problème à se rencontrer dans cette vie et un même type de problème s'établit dans la relation. Tous ceux qui y sont impliqués ont la possibilité d'aller au-delà de leur manière habituelle de réagir les uns envers les autres et de résoudre le problème.

Guidé par la sagesse et la lucidité de l'intuition, il est possible d'aider l'autre à percevoir et à comprendre les difficultés auxquelles il se retrouve confronté dans sa relation. Si l'on considère l'évolution d'un être, il devient possible de voir ses problèmes comme un défi nécessaire au développement de son âme. En acceptant les problèmes comme une occasion de grandir, il devient plus facile d'accepter la personne avec qui nous éprouvons des difficultés dans cette vie et à qui nous étions attaché dans une autre vie. Soigner un problème relationnel avec quelqu'un nous permet de soigner la relation que nous avons avec nous-même. Nous libérer de l'enchevêtrement des vieilles histoires de nos vies antérieures nous aide à être plus disponible dans nos relations dans cette vie.

Quand la profondeur de notre être porte le poids des problèmes non résolus de nos vies passées, nous avons tendance à réagir inconsciemment envers l'autre en fonction de ce qui n'a pas été résolu entre lui et nous. Nous réagissons avec cette personne comme nous avions l'habitude de le faire, même s'il n'existe aucune raison logique dans cette vie. Nous avons des comportements souvent déconcertants que nous ne pouvons pas expliquer et qui réveillent des émotions n'ayant aucun rapport avec la situation actuelle.

3. Premier exemple

J'ai reçu en séance individuelle une femme qui avait récemment rencontré un homme dont elle était tombée amoureuse. Ils décidèrent de vivre ensemble.

C'est une période de plaisir et de joie pour chacun d'eux, un nouveau début plein de promesse et de projets. C'est une belle histoire de cœur.

Cependant, cette femme éprouve le terrible pressentiment qu'elle va perdre son compagnon. Sa peur est incohérente dans la situation donnée. Chaque fois qu'ils se séparent, même si c'est pour une courte durée, elle a la certitude que son ami va disparaître à jamais. Elle s'accroche à lui, a peur de le laisser partir et est terrifiée à l'idée qu'il va l'abandonner et ne jamais revenir. Sa peur est illogique. Il n'est rien que son ami désire autant que de passer le plus de temps possible avec elle. La situation est difficile à gérer et entraîne drames et conflits dans leur relation, ce qui fait énormément souffrir ma cliente qui fait face à sa peur de l'abandon sans beaucoup de succès. Lorsqu'en séance nous explorons le problème, je lui fais une lecture de vie antérieure et je la vois vivre dans un petit village de l'Angleterre médiévale.

Elle est une jeune femme dont l'amoureux est l'homme qu'elle aime aujourd'hui et avec qui elle aimerait faire sa vie. Mais avant qu'ils aient pu vivre ensemble, son ami s'engage dans l'armée pour défendre son peuple de l'invasion de leurs ennemis et pour ne jamais revenir. Le cœur brisé, la femme l'attend mais ne le reverra jamais. Bien que sa mort lui soit confirmée, elle ne peut l'accepter. Elle continue à attendre son retour, fait le deuil de sa présence mais ne parvient pas à croire qu'il est mort. Le temps passe et elle continue sa vie, mais elle ne se libérera jamais de la tristesse causée par son absence et du sentiment d'avoir été abandonnée.

Durant la séance, nous travaillons avec cette information et le lien que cette dernière a avec sa vie d'aujourd'hui. La joie intense et la peur qu'elle éprouve dans la relation avec son ami prend alors un sens plus profond. Elle reconnaît avoir vécu sa peur d'être abandonnée dans plusieurs précédentes relations. Aidée à faire son deuil de cet amour perdu dans une autre vie, elle est enfin capable d'en finir avec ce vieux traumatisme et est prête à vivre le plaisir d'être à nouveau réunie à cet homme.

La conscience des vies antérieures et la possibilité de s'engager dans un travail de transformation à leur sujet peut aussi nous aider à guérir de nos peurs irrationnelles et des phobies que nous ne pouvons pas expliquer.

4. Second exemple

J'ai toujours eu peur de l'eau. Lorsque j'étais petite, nous allions souvent au bord de la mer pendant les week-ends et les grandes vacances. Mes frères et sœurs plongeaient dans l'eau avec un total abandon alors que je restais sur le bord à les regarder jouer entre eux. J'étais anxieuse et soucieuse de leur sécurité et incapable de me laisser aller dans l'eau. La vue des vagues se brisant sur le rivage me remplissait d'une inquiétude telle que je ne pouvais même pas en parler avec mes parents. La vue d'un cours d'eau m'effrayait quand j'imaginais devoir m'y baigner. Finalement, malgré mes résistances et de nombreuses scènes mélodramatiques, j'appris à nager. Avec le temps j'apprenais à apprécier la mer et les bienfaits de la natation et des jeux aquatiques. Mais j'avais toujours peur de l'eau. Je ne peux pas nager la nuit et je ne suis jamais à l'aise dans les eaux profondes dont je ne peux voir le fond. Déterminée à ne pas me laisser contrôler par ma peur, je passai beaucoup de temps dans l'eau et j'apprenai même la plongée sous-marine pour maîtriser ma terreur irrationnelle.

Lorsque je commençais à faire des recherches sur mes vies antérieures, je découvris qu'en de nombreuses occasions j'étais morte noyée. Je me suis noyée dans des rivières, des étangs, des océans et des petits cours d'eau. En de nombreuses occasions l'eau m'avait capturée et gardée. Comprenant ma facilité, en tant qu'âme, à perdre la vie dans l'eau, je peux mieux comprendre l'immense respect que j'ai pour l'eau et sa capacité à prendre la vie. En comprenant la relation que j'ai avec l'eau je peux mieux comprendre la jeune fille hésitante sur la grève qui observait ses frères et sœurs en train de jouer et qui avait peur pour leur vie. Revivre les différentes morts par noyade que j'ai vécues en tant qu'âme m'a permis de développer une qualité de confiance et la certitude d'avoir envie de vivre cette vie. En même temps, j'ai retrouvé contact avec le ressenti de l'abandon à la mort, l'abandon de la vie physique vers l'immortalité. L'expérience de la renaissance et de la mort m'a montré l'aspect de moi qui est au-delà de la mort physique. Cette expérience m'aide au quotidien à me libérer du passé et à laisser mourir les vieilles expériences et les idées que j'ai sur moi et sur les autres. En comprenant que la relation que j'ai avec l'eau est unique et que j'ai une certaine tendance à rencontrer la mort en me noyant, je peux mieux accepter la timidité que j'éprouve à l'idée de m'abandonner à l'océan. En utilisant ma peur de l'eau comme catalyseur de transformation, j'ai été capable de me souvenir de mes expériences de vie après la mort, celles où je suis retournée à la Lumière pour intégrer les expériences de ma vie et me préparer à mon incarnation suivante.

Nos vies antérieures font partie de la mystérieuse mosaïque que nous constituons dans cette vie. L'accès aux souvenirs des vies passées nous aide à nous ressentir comme un être aux multiples facettes. Savoir d'où nous venons et connaître le chemin que nous avons déjà parcouru nous aide à comprendre nos véritables origines dans la Lumière. Cette capacité à explorer les morts que nous avons vécues et auxquelles nous avons survécu nous donne la conviction de notre nature immortelle. Le recul que cela nous apporte nous aide à développer notre sagesse et la tolérance que nous avons envers nous-même et les autres. Trouver le moyen de revivre consciemment la mort, la naissance et la renaissance nous ouvre à d'autres plans de conscience.

Les cycles de mort/renaissance que nous rencontrons dans la profondeur de notre âme nous amènent à être plus conscients de l'existence de la Lumière en tant qu'intelligence accueillante qui nous apporte la guérison et nous accompagne tout au long de notre vie et de ce que nous appelons notre mort. Nous commençons à percevoir la présence d'une *guidance* qui nous suit tout au long de notre évolution et vers laquelle nous pouvons nous tourner pour demander de l'aide, du réconfort et des prises de conscience. L'étude des vies antérieures et de la réincarnation nous amène à découvrir nos guides spirituels, ces êtres qui nous aident lors de notre passage de la vie à la mort et de la mort à la vie, qui nous accompagnent dans toutes nos aventures sur cette terre.

CHAPITRE XIII

Les Guides spirituels

1. Nos aides invisibles

Les Guides spirituels sont des êtres non incarnés appelés à aider à l'évolution de la race humaine. Ils sont des anges, des gardiens, des messagers de Vérité et des âmes très sages. Ayant été incarnés à un moment de leur voyage d'évolution, ils comprennent les dilemmes des humains et les problèmes complexes qu'engendre le fait de vivre et de créer dans le plan matériel.

Leur but est de guider l'humanité vers la Lumière ; ils l'accomplissent en travaillant avec les individus qui sont ouverts et disponibles à leur présence. Ils n'imposent jamais ni leur présence ni leur volonté. Ils ne viennent que s'ils y sont invités et parce que l'être humain a dans le cœur le désir sincère de recevoir de l'aide et d'avoir des prises de conscience dans son chemin vers le souvenir et la totalité.

Les Guides spirituels sont des professeurs. Ils nous montrent le chemin et nous aident à nous souvenir de ce que nous avons besoin de savoir pour trouver notre chemin. Ils nous accompagnent tout au long de notre vie, mais ne peuvent la vivre pour nous, ni ne peuvent interférer dans notre libre arbitre. Lorsque nous faisons des erreurs, nos Guides spirituels peuvent en être désolés mais ils ne nous empêcheront pas d'aller vers ce que nous avons choisi. Les Guides comprennent notre besoin humain d'apprendre par les expériences de la vie et notre besoin de grandir en sagesse, laquelle ne peut s'épanouir que dans l'expérience. Les Guides spirituels considèrent les humains comme les maîtres du plan matériel. Leur point de vue est que nous sommes incarnés afin de pouvoir apprendre en détails les lois de la manifestation et de la manipulation de la matière physique. En tant qu'esprits vivants et incarnés, la terre est notre royaume et nous possédons le plus grand des pouvoirs. Ils suivent notre évolution avec un intérêt immense et sincère et, lorsqu'ils nous sentent disponibles pour entretenir une relation avec eux, ils nous font savoir qu'ils sont présents dans notre vie.

Dans les séances de méditation, quand nous sommes centrés dans notre état de conscience intuitif, nous pouvons commencer à percevoir, avec nos sens intérieurs, la présence de nos Guides spirituels. Nous nous sentons enveloppés d'une atmosphère de chaleur et de guérison, nous percevons la douce sensation d'une présence. Il se peut que nous recevions des messages et des conseils. Nos Guides peuvent nous apparaître dans notre temple et nous apporter leurs enseignements et le cadeau sacré de leur présence dans notre monde intérieur. Notre capacité intuitive nous permet de percevoir leur présence et de comprendre la signification des enseignements qu'ils nous offrent. L'intuition est un pont entre le monde de la matière et le monde de la Lumière dans lequel nous nous réunissons avec nos Guides.

2. Le channeling

Alors que nous consacrons de plus en plus de temps au développement de notre capacité intuitive, nous développons également notre habileté à entrer en communion avec nos Guides spirituels. La capacité à recevoir leurs enseignements est directement liée à l'expression intuitive de la Connaissance, encore appelée perception directe. Quand nous recevons des messages de cette façon, le processus est appelé « channeling » ou « transmission ».

Le channeling est une **capacité innée en chaque être humain,** tout comme l'est l'intuition, mais ce talent doit être développé lentement et patiemment et requiert beaucoup de discernement.

Lorsque nous nous engageons à développer cette capacité, nous nous ouvrons à d'autres plans d'existence et de conscience. Il est fondamental de s'engager en même temps dans un travail de purification et de transformation personnelle. Nous devons développer de grandes qualités de sagesse, de présence et de clarté pour que les transmissions que nous recevons soient pures et de grande qualité.

Quand nous fonctionnons sur le mode de channeling, les transmissions reçues correspondent à notre vibration énergétique et à notre niveau d'évolution spirituel et personnel. Bien que nos Guides spirituels soient nos professeurs et donc plus avancés que nous dans la roue de l'évolution vers l'illumination, le fait qu'ils soient nos Guides indique que nous résonnons à la même fréquence qu'eux. Plus nous élevons notre fréquence énergétique pour nous adapter à la leur et plus la communication devient fréquente et fluide. La communication avec les Guides spirituels nous permet de recevoir des enseignements spirituels d'une haute fréquence vibratoire qui accélèrent grandement notre évolution personnelle. Les enseignements transmis par nos Guides nous aident de façon très précise dans tout ce qui touche à notre incarnation et aux problèmes auxquels nous pouvons nous trouver confrontés le long de notre chemin d'évolution. Les Guides spirituels possèdent le merveilleux avantage de la distance et du détachement, et leur point de vue peut énormément nous aider à comprendre et à intégrer les leçons spirituelles que nous sommes en train d'apprendre.

3. Messages de mes Guides spirituels

Au fil des années au cours desquelles j'ai étudié et travaillé dans le développement de l'intuition, j'ai également consacré mon temps à développer une relation avec mes Guides spirituels. Aujourd'hui, je suis chaque jour en contact avec les êtres de Lumière qui m'accompagnent dans ma vie. Ils m'aident à la fois personnellement et professionnellement, m'offrent des prises de conscience, me guident dans ma propre évolution et offrent leurs conseils pour aider mes étudiants et mes clients dans leur évolution. Dans les pages suivantes, j'aimerais partager la profondeur et la richesse de certaines de ces transmissions pour démontrer la présence, le pouvoir de guérison et la profonde sagesse de ces êtres de Lumière qui nous protègent et nous accompagnent dans notre voyage d'évolution.

a) Raphaël

Qu'est-ce que l'intuition ?

« L'intuition est un moyen de vous relier à votre cœur et à votre vision. Grâce à l'intuition, vous apprenez à dire la vérité et à percevoir les schémas énergétiques. Vous comprenez que vous êtes une partie du Tout et voyez combien le mental est limité.

« En *lisant* les autres, vous découvrez votre capacité à aller à l'essentiel, à être détaché, à comprendre ce qui n'est pas en rapport avec leur mouvement fondamental. Les lectures intuitives sont une façon d'aider les autres à entrer en contact avec leur profondeur et leur véritable désir. Grâce au développement de votre intuition, vous apprenez l'importance d'être vrai et authentique avec vous-même. Chaque fois que vous dites la vérité à quelqu'un, vous créez cette vérité en vous. L'intuition vous enseigne à être profond et clair et à aller au-delà du mental. En trouvant votre être intuitif, vous vous réunifiez à la sagesse et à l'éternité de votre âme. Avec vos sens intérieurs vous touchez les mystères et les paradoxes de l'Etre. Vous allez au-delà du temps et de l'espace, dans un état intérieur de vide où vous avez accès à la vérité. Dans cet état vous trouvez votre vérité et vous trouvez votre place. »

b) Istar

Entrer en communion avec les Guides.

« N'ayez pas peur de nous, vous êtes dans nos cœurs et nous vous souhaitons la Lumière.

« Nous sommes avec vous depuis l'éternité, attendant que vos cœurs et vos yeux s'ouvrent et que vous reconnaissiez notre présence dans vos vies.

« C'est une grande joie pour nous qu'aujourd'hui vous soyez nombreux à vous accorder au monde qui est et n'est pas, et que vous abandonniez la rigidité des murs de vos pensées pour nous laisser entrer.

« Entendez-nous, les secrets et les vérités dont vous avez besoin de vous souvenir nous ont été confiés, et dans la douceur du silence intérieur nous pouvons vous rejoindre et vous dire de nombreuses choses pour vous aider dans votre chemin.

« Voyez-nous, nous sommes faits de Lumière pure et claire, car nous vivons dans le cœur de Dieu et de Lui nous venons à vous, vêtus de Sa Lumière, baignés de Son Amour. Nous prenons forme humaine pour que vous puissiez nous percevoir plus clairement car, en vérité, notre souhait est de vous aider dans l'Amour.

« Connaissez-nous, appelez-nous par nos noms, nous vous les donnerons. Nous pouvons être avec vous en un instant de votre temps. Laissez-nous vous aider. Nous sommes appelés à vous guider. Nous sommes nombreux mais, en vérité, nous ne faisons qu'un. Nous sommes votre miroir, nous sommes la Lumière en vous, intouchés par la matière. Nous sommes véritablement libres, mais l'amour de vous nous lie à votre but.

« Sentez-nous, nous vous touchons, nous vous apportons les cadeaux de la Lumière de guérison et nous les tissons autour de vous pour vous envelopper de Sa Lumière et de Son Amour. Nous savons votre douleur et votre joie et attendons patiemment. Nous savons que vous rentrez à la maison. Le voyage est long et vous êtes las, mais écoutez… écoutez avec vos cœurs… le ciel lui-même s'ouvre pour vous accueillir. Son cœur vous attire et vous réchauffe. Vous y êtes presque.

« En ces jours très particuliers, nous sommes vos amis, nous avons beaucoup à vous apprendre et à vous montrer. La Lumière est éclatante et nous sommes accueillis dans de nombreux cœurs.

« Souvenez-vous de nous, nous sommes vos amis, nous sommes aimés de la véritable Lumière. Soyez en paix car vous êtes nos bien-aimés. Vous n'avez pas été oubliés. Votre Lumière brille et grandit, l'amour est là dans la guérison que vous donnez. Confiance. »

c) Ariel et Raphaël

Peur, purification et transformation (1).

« Quand nous venons à vous, nous parlons à votre conscience, à votre âme. C'est au travers de la conscience de votre âme que nous sommes en contact avec vous.

« Votre âme qui était cachée dans la profondeur de votre cœur s'étend et prend sa place dans tout votre corps. Chaque fois que vous acceptez la Lumière, vous nourrissez votre âme, votre âme grandit et devient plus rayonnante, plus lumineuse, plus lucide et plus puissante. Plus vous laissez la conscience de votre âme éveiller et développer votre conscience, plus vous recevez de révélations sur vous-même, sur qui vous êtes, d'où vous venez et quelles sont vos capacités.

« Parce que vous avez répondu à notre appel, vous êtes des instruments de la Lumière. Vos âmes ont accepté la tâche d'éveiller les autres à ce qu'ils sont en vérité. Se libérer signifie se libérer de la peur. La peur est la plus grande des limitations. La peur de lâcher prise est une peur profondément inscrite dans les cellules de votre corps physique. Le corps croit que la peur l'aide à survivre, elle lui est impérative. La peur et le fait de se protéger sont à peu près la même chose pour le corps. La peur est une qualité d'énergie, une croyance qui se transmet de génération en génération. L'histoire familiale de la peur est contenue dans les reins. La peur de la mère et la peur du père se combinent pour concevoir la peur de l'enfant. L'eau de l'utérus est l'eau de la mère. L'eau est reliée aux reins et les reins sont associés aux histoires ancestrales et à la survie de la famille. Le fœtus est protégé par cette eau, mais l'eau elle-même est liée à la peur. Il est difficile de dissocier la vie de la peur. La peur engendre des limites et la vie semble pleine de limites. Ce dilemme est l'un des plus diffi-

1. Avec mes remerciements à mon compagnon dans la Lumière, Jean-Louis Abrassart.

ciles à résoudre dans ce chemin qui vous emmène vers la révélation de la vérité de qui vous êtes vraiment.

« Pour aller au-delà de la peur et des limitations qu'elle impose, vous devez avoir l'esprit des guerriers. Vous devez oser faire face à votre peur, la vaincre et aller au-delà. Vous avez vécu la peur de votre famille, la peur de vos ancêtres et la peur de vos précédentes incarnations. Le seul espace en vous où vous êtes au-delà de la peur est votre esprit et la conscience de votre âme. Ici, la peur n'existe pas parce qu'il n'existe pas de limites, parce que vous vivez dans la conscience de votre immortalité. La peur c'est la matière sans la conscience de la Lumière.

« La peur, c'est vivre l'illusion de la mort.

« La peur, c'est penser que vous êtes votre corps physique et votre personnalité.

« La peur est le résultat de la plus grande illusion qui soit, celle de la séparation et de l'ego.

« Vous êtes en train de vous libérer de la peur et de ses illusions. Vous êtes en train d'éliminer la peur de votre héritage ancestral. Vous êtes en train de vous libérer du passé et de votre histoire karmique. Ce processus se vit comme une élimination. Se libérer de la peur déclenche de nombreux symptômes et de nombreuses réactions physiques. Vous devez comprendre qu'en un sens votre corps a sa propre vie. L'instinct de survie est très fort. Le paradoxe est que cet instinct de survie est la cause de la mort du corps physique. Quand chaque cellule de votre corps s'incarne à la Lumière de la conscience de votre âme, vous devenez immortel et vous êtes libre. Pour vous libérer, toutes vos peurs doivent être purifiées, transformées et libérées avec la conscience de votre être de Lumière.

« Vous devez accepter la peur quand elle est là, mais vous n'êtes pas la peur. Vous devez être le maître de votre corps et accepter la présence de la peur sans qu'elle vous domine. Votre corps a peur, et la peur engendre douleur et maladie. Alors, tel un parent sage et aimant, vous prenez l'enfant apeuré dans votre cœur et l'écoutez vous raconter l'histoire de sa peur. Mais vous ne pensez pas que vous êtes cette peur. Vous acceptez qu'elle soit là et, avec l'énergie de la sagesse aimante, vous la laissez se dissoudre. Vous libérez l'enfant de sa peur en lui montrant que c'est une illusion. Vous apportez la Lumière où se trouvait la peur. La Lumière absorbe l'ombre et la peur est dissoute, laissant ainsi plus de place encore pour la Lumière. Dans cet espace de Lumière, l'âme est libre et peut vivre dans la confiance et la liberté.

« Plus la Lumière vous habitera pleinement, plus vos capacités de guérisseur deviendront puissantes et plus votre vision intérieure sera claire. Ne sous-estimez pas la puissance de purification de la Lumière. Ne soyez pas découragés par le sentiment de ne pas savoir où vous allez. Vous le savez dans votre âme. Vous rentrez chez vous. Vous quittez pour toujours les structures de l'illusion dans lesquelles vous avez fonctionné depuis l'éternité. Vous êtes en train de vous libérer de vos limitations. Vous maîtrisez la matière physique et la transformez pour la rendre à la Lumière.

« Ce processus alchimique se fait avant tout dans votre corps physique. Chaque fois que vous touchez la matière avec l'intention de la transformer en Lumière, il se déclenche un mouvement d'élimination, de purification et de transformation. Vous pouvez renoncer à votre passé et au chemin de l'illusion, mais ne renoncez pas à votre expérience. Votre expérience n'a pas de prix, elle est votre vérité et votre vérité est ce que vous êtes. Croyez-nous lorsque nous vous disons avec beaucoup d'amour et de compassion que vous aurez besoin de toute votre expérience pour vous aider et vous guider et guider les autres dans ces années de transition et de purification qui approchent. Nous sommes désolés que cette période de transition soit difficile à vivre. Vous n'êtes pas encore capables de vivre dans la grâce éternelle de la conscience de la Lumière. Dieu est là dans la Lumière, et dans la Lumière se trouve Son Amour. Son amour immense est éternel et vous êtes l'essence de l'amour éternel. Ouvrez-vous à l'amour, à la Lumière et à l'essence de Dieu. Nous vous remercions. »

d) Red Eagle

Vie et mort. Se préparer à quitter ce monde (2).

« Je suis un vieil homme. Je suis vieux et sec. Mes os sont secs et j'attends que le vent m'emporte. Mon cœur est lourd. Mon cœur pleure. Je suis assis sur mon rocher et j'attends que le vent m'emporte. En face de moi je vois la terre. La terre est riche et pleine de vie. Le ciel est immense. Le soleil est là. Je respire avec la terre. J'attends. J'attends que la terre me laisse partir. J'attends que la terre me libère. Bientôt la terre expirera. Alors je partirai. Le soleil me respirera et le vent m'emportera. Et je disparaîtrai de cette terre. J'aime cette terre mais je ne serai pas triste de la quitter. Mon peuple est parti, je suis vieux et j'attends que le vent vienne me chercher. Ce ne fut pas facile de vivre et de voir tout ce que j'ai vu. Ce ne fut pas facile de marcher sur cette terre. J'ai même survécu à ma mort. J'ai vécu ma mort et je suis encore vivant.

« N'ayez pas peur de mourir, vous ne pouvez échapper à l'expérience. Vous ne pouvez pas y échapper, alors vous feriez mieux de vous rendre.

« Je vous aiderai à être courageux face à votre mort. Je vous aiderai à avoir du courage si vous pouvez vous souvenir que mourir est comme respirer. En ce moment, vous respirez avec la terre et êtes dans les bras de votre Mère la terre. Votre Mère respire et vous vivez. Le Grand Esprit vous a laissé quitter Son cœur pour que vous puissiez aller vivre avec votre Mère la terre. Il vous a donné à la Mère pour qu'elle puisse vous aimer. Pour qu'elle puisse vous connaître. Pour qu'Elle puisse vous porter dans Son cœur.

« Le Père est généreux. Il donne Ses enfants à la Mère. Il est généreux. Mais il est un moment où il désire que Ses enfants lui reviennent. Il vous prête à la terre. Mais le Père a aussi besoin de vous. Quand vous partez vous Lui manquez. Il vous laisse partir. Il sait qu'un jour vous reviendrez. Il vous attend. Il sait que lorsque vous reviendrez vous Lui raconterez de nombreuses his-

---

2. Avec toute ma gratitude, je remercie mes étudiants pour leur présence au Hameau de l'Etoile, le 21 juillet 1993, France.

toires. Vous parlerez de ce que vous avez vécu. Il est vieux maintenant. Le Père est très vieux. Vos jambes sont plus fortes que les Siennes. Vous pouvez faire de grands voyages et Lui raconter de nombreuses histoires.

« Un jour arrive où Il ne peut vous laisser rester plus longtemps. Il inspire profondément et vous ramène à Lui. Il respire comme le vent et vous ramène à Lui. Il vous respire en Lui.

« Alors vous expirez et vous quittez la terre. La terre Mère vous laisse partir. Elle ne peut faire autrement. Le Père et la Mère ont conclu un accord et chacun doit honorer sa parole.

« Vous pouvez être heureux de retourner dans le cœur du Père. Il est comme votre soleil. Il est chaud et généreux. Il est un Père aimant, un Père bon. Vous pouvez être triste de quitter la terre votre Mère, car elle est douce et chaude. Mais quand vous retrouverez votre Père, vous oublierez votre chagrin. Vous serez joyeux.

« N'ayez pas peur de ce que vous appelez la mort.

« Je suis vieux et mes os sont secs et je suis toujours vivant. J'ai appris dans mon voyage vers la mort à accepter mon chagrin. Vous n'avez jamais rencontré un homme aussi triste que moi. Vous ne pouvez savoir la profondeur de mon chagrin.

« Ne laissez pas votre chagrin vous rendre amer. Cela est mon conseil. Ne laissez pas votre chagrin vous empêcher de voir la joie. Il est beaucoup de joie. Il est autant de joie que de chagrin. J'étais un homme qui avait de l'importance. J'avais une place. J'étais un homme qui avait beaucoup d'enfants, de nombreuses femmes et de nombreux enfants. J'ai perdu tout mon peuple. Ils me furent tous enlevés. Vous ne pouvez demander à un homme de supporter plus grand chagrin que celui-là. C'est vrai, j'étais amer. Comment le père peut-il être aussi cruel ? Comment peut-il être si dur ?

« Nous étions un grand peuple, c'est vrai. Il n'est pas facile de comprendre pourquoi un peuple doit périr, comment quelque chose d'aussi beau peut être détruit à cause de l'ignorance.

« De mon temps, j'étais un sage. J'étais un homme qui connaissait la nature, qui parlait avec les esprits. J'étais ce que vous appelez un *medecine man.* Face aux changements de mon temps, j'avais de l'importance. Vous êtes nombreux ici présents à avoir vécu avec moi en ces temps. Vous viviez à ce moment-là, en ces temps difficiles, en ces temps de perte. N'essayez pas de comprendre ce qui s'est passé à ce moment-là. Nous avons perdu beaucoup de nos enfants. Ce fut si triste. Nos enfants sont morts, mais ils ne sont pas morts. Ne gardez pas cette amertume dans votre cœur. Ne vous asséchez pas comme je l'ai fait. Nos enfants sont morts, mais c'était pour retourner vers le Père. Maintenant je comprends cela, j'étais si amer que je ne pouvais l'accepter.

« Je suis un vieil homme, je suis un homme sec, je suis maintenant presque aussi sec que le vent.

« Vous devez laisser votre chagrin s'écouler. Le chagrin de votre cœur est comme le sang qui coule dans vos veines. Vous devez le libérer et le laisser s'écouler. Vous ne devez pas vous assécher, vous devez rester humide.

« Vous ne pouvez changer ce que les dieux décident. Vous ne pouvez comprendre leurs desseins. Ils ont leurs propres mouvements. Ils ont leur histoire. Nous faisons partie de leur histoire. Leur histoire est bien plus grande que nous ne le sommes. Aujourd'hui je comprends mieux tout cela.

« Il est autant de joie que de tristesse. Cela est la vérité. Les enfants meurent mais les enfants sont vivants. Ils jouent, ils rient.

« Un jour vous mourrez, quitterez cette terre. Cela est inévitable, il ne peut en être autrement. Quand viendra votre heure de mourir, essayez de ne pas être amer. Si vous êtes amer, il vous sera difficile d'ouvrir votre cœur. Il vous sera difficile d'ouvrir votre cœur pour dire au revoir à la Mère. Et il vous sera difficile d'ouvrir votre cœur pour dire bonjour au Père. Quand votre cœur est ouvert vous pouvez respirer avec facilité, vous pouvez quitter la vie, aller vers la mort et vous pouvez de nouveau revenir à la vie, simplement. Mes enfants, n'oubliez pas cela.

« Quand vous verrez s'approcher l'heure de votre mort, souvenez-vous de vous ouvrir.

« Vous vivrez votre vie, puis vous vivrez votre mort comme une naissance, comme une nouvelle vie.

« Je suis un vieil homme, j'ai beaucoup de souvenirs.

« Je vous remercie pour avoir écouté un vieil homme.

« Je vous bénis avec l'Amour du Père.

« Je vous bénis avec l'Amour de la Mère.

« Puisse la Mère vous montrer votre chemin et le Père vous apporter Son soleil.

« Puissiez-vous toujours aller en paix.

« Et puisse le vent vous ramener doucement à la maison. »

e) Kwan Yin

Le guérisseur en nous (3).

« Bonjour mes frères et sœurs bien-aimés. Mon intention est de vous parler de la guérison.

« Je suis un professeur et j'enseigne la guérison. Je suis un être qui a consacré son existence au travail de guérison. J'ai travaillé durant de très nombreux siècles de votre temps.

« Peut-être, dans la profondeur de votre âme vous souvenez-vous de moi, non en tant que personne mais en tant que présence.

« Je suis une sœur de Dieu. Je suis une sœur d'Amour et de Miséricorde. Les vibrations de mon être sont en relation avec les couleurs rose et verte. Mon nom est Kwan Yin. Dans votre culture, je suis vénérée en tant que déesse. Je suis cela, mais plus encore que cela, je suis un esprit. Je suis un être. Je suis un être qui enseigne l'Amour.

« Mon devoir est d'enseigner la guérison et d'élever la conscience des êtres tels que vous pour que vous puissiez prendre votre place dans le monde en tant que Guérisseurs. Nous sommes nombreux à travailler ensemble pour réaliser notre but qui est de guérir la planète.

« Vous êtes déjà des Guérisseurs. Vous n'êtes pas en train d'apprendre à devenir des Guérisseurs. Vous êtes en train de vous souvenir du Guérisseur que vous êtes. La guérison n'est pas une technique, bien qu'il existe de nombreuses techniques que vous pouvez apprendre pour vous aider dans votre travail de Guérisseur. Vous êtes des Guérisseurs à cause de ce que vous êtes dans votre profondeur. Vous devez absolument en prendre conscience et accepter ce fait.

---

3. Avec mes remerciements aux étudiants de l'Ecole de l'Intuition du niveau III du mois de juillet 1993, pour qui j'ai reçu ce channeling.

« C'est votre présence qui engendre la guérison. C'est votre énergie qui engendre la guérison. Votre existence engendre la guérison chez les autres. Il en est ainsi à cause de qui vous êtes, c'est ainsi. Il est un mouvement en vous, un mouvement très spécial. Vous avez avec Dieu un lien particulier. Ce lien est inscrit dans votre âme. Vous en avez décidé ainsi avant de naître. Avant de prendre un corps vous consacriez votre vie à la guérison.

« Vous vous êtes consacré au chemin de la guérison parce que vous avez compris qu'il n'existait pas d'autre alternative.

« Vous avez compris qu'aider les autres est en vérité un chemin honorable.

« Vous avez compris qu'il y a beaucoup de travail à faire.

« Vous avez compris que chacun doit coopérer.

« Vous avez compris que la souffrance de l'autre est aussi votre souffrance.

« Vous avez compris que la joie de l'autre est aussi votre joie.

« Vous avez compris toutes ces choses, toutes ces choses si importantes. En comprenant tout cela vous avez consacré votre vie à la guérison.

« Vous devez maintenant assumer la responsabilité de votre serment. Vous avez un lien avec nous, avec le monde de l'énergie, le monde des Esprits, des Guides et de la Lumière. Nous agissons au travers de vous. A cause de votre lien avec nous, il est en vous un important mouvement. Ce mouvement touche les autres et provoque chez l'autre son propre mouvement.

« Si vous n'utilisez pas votre don de guérison, vous finirez par vous laisser prendre par vos problèmes. Vous ne pouvez stopper ce mouvement. Vous ne pouvez que suivre ce mouvement. Beaucoup parmi les problèmes que vous pensez avoir sont le résultat d'un arrêt de ce mouvement. Votre attention est trop dirigée sur vous-même. Vous êtes trop préoccupé par vos propres problèmes. Vous pensez devoir résoudre vos problèmes avant de pouvoir aider l'autre. Mais il n'en est rien, je vous le dis. Vous devez vous abandonner à ce mouvement, vous abandonner à la Lumière, vous abandonner à nous. Mettez-vous au service des autres. C'est ainsi que vous trouverez votre mouvement. L'autre trouvera son mouvement. Et vous vous libérerez de vos obsessions.

« Vos problèmes ne sont pas importants. Vos problèmes sont des illusions. Vous n'êtes pas vos problèmes. Vous les créez à cause de vos obsessions mentales. Vos pensées sont créatrices. Et tout ce que vous créez avec vos pensées est illusion. Des illusions qui ont l'air très réelles. Des problèmes qui ont l'air très sérieux. A cause de ces problèmes en apparence si sérieux, vous pensez que vous ne pouvez pas commencer à aider les autres parce que vous devez avant tout vous aider vous-même. Vous êtes piégés.

« Ce que vous devez comprendre, c'est que dès que vous commencez à aider les autres vous pouvez réellement commencer à vous aider vous-même. Quand vous abandonnez toutes les obsessions de votre petit monde, vous vous ouvrez à l'immensité du monde.

« Vous n'apprenez pas à être Guérisseur. Vous êtes déjà un Guérisseur. Vous êtes cela. Regardez votre vie et vous verrez que c'est évident. Vous êtes un Guérisseur. Vous avez en vous quelque chose qui amène les autres à venir vers vous. Les gens viennent à vous. Ils vous demandent de l'aide. Ils vous parlent, vous ouvrent leur cœur, vous ouvrent leur vie. Regardez-vous. Regardez votre vie. Vous l'avez toujours fait. Si les gens viennent vous voir et qu'ils vous ouvrent leur cœur, c'est parce que instinctivement ils vous font confiance. Soyez conscient de vous-même et de qui vous êtes.

« Nous ne vous demandons pas de pratiquer la guérison seul. Au contraire. Nous vous demandons de vous ouvrir à nous, de travailler en collaboration avec nous. Vous êtes nos mains. Vous n'avez rien à craindre de notre présence. Nous partageons le même but. Simplement, nous sommes dans la Lumière et vous êtes dans la matière.

« Nous vous sommes très reconnaissants de vous être incarnés en ces temps. Vous êtes nombreux. Vous devez vous nourrir les uns les autres. Il y a beaucoup de travail à faire. Il y a un grand travail à accomplir. Il y a beaucoup de cœurs à atteindre, de nombreuses âmes dont il faut prendre soin, de nombreux êtres à réveiller. C'est votre tâche. Vous ne pouvez pas l'éviter. Cette obsession est la vôtre depuis le début.

« Vous ne pouvez être que ce que vous êtes. Nous ne vous en demandons pas plus. Nous vous demandons simplement d'être qui vous êtes et de réaliser votre but en participant. Ne croyez pas que vous êtes seuls. Nous ne sommes pas loin de vous. Nous sommes avec vous. Nous vous guérissons. Nous vous aimons tant. Et nous vous remercions.

« Nous aimerions que vous vous laissiez voir. Essayez de ne pas être découragés par les difficultés. Plus vous pouvez vous abandonner à la Lumière, plus la Lumière pourra vous porter vers votre but. Plus vous pouvez vous abandonner à la Lumière, plus l'autre pourra être guéri en étant simplement en votre présence.

« Vous n'êtes pas responsable de l'illumination des autres. En tant que Guérisseur, votre responsabilité est d'aider l'autre à trouver son propre mouvement, de l'aider à s'éveiller à sa propre vérité. Vous aidez l'autre à trouver en lui les ressources dont il a besoin pour se guérir lui-même. Vous n'êtes pas responsable de son illumination.

« Mes enfants, ne soyez pas découragés par ce que vous pensez qu'il arrive à votre monde. Ce n'est pas si mauvais que cela. Le monde est en train de guérir. Et tous les vôtres sont en train de guérir. Lentement les êtres s'éveillent. Ne vous découragez pas. Nous ne le sommes pas. Nous avons beaucoup d'espoir.

« Vous êtes nos enfants. Mais vous êtes plus encore que cela. Vous êtes nos frères et nos sœurs. Et nous vous attendons. Un jour vous reviendrez vers nous. Quand vous aurez accompli votre tâche, vous reviendrez vous reposer dans la Lumière. Mais ne soyez pas pressés de revenir vers nous. Ce n'est pas nécessaire. Nous pouvons être avec vous, là où vous êtes. Le travail que vous accomplissez n'est pas inutile. Chaque fois que vous touchez le cœur de quelqu'un, il y a plus de joie dans le monde. Chaque fois que vous agissez avec votre vérité, vous apportez plus de joie dans le monde. Chaque moment est sacré, chaque geste est important, chaque action a une conséquence. Chaque fois que vous êtes conscients vous amenez le monde à la conscience. Mes enfants vous avez un rôle à jouer dans tout cela. Et nous vous remercions. Nous vous remercions d'être prêts à le faire. Nous vous remercions pour votre courage et pour le soin que vous y apportez.

« Je vous remercie de m'avoir écoutée. Je vous remercie pour votre présence.

« J'avais besoin de parler. En vous parlant, je peux toucher vos cœurs. En vous parlant, je sais que vous commencerez à vous souvenir qui je suis. En vous souvenant de moi, vous vous souviendrez de vous-même. Vous vous souviendrez de vos origines. En vous souvenant de qui vous êtes, vous pourrez vous souvenir pourquoi vous êtes ici.

« Je vous salue. »

f) Ariel

La Lumière que nous sommes, le Soleil et la qualité de notre intention (4).

« Peu d'entre vous sont appelés à faire le travail que nous vous donnons. Nous avons longtemps et patiemment attendu avant de trouver l'atmosphère juste.

« Pour comprendre la Lumière, la vraie nature de la Lumière vous devez être prêt à abandonner toutes les idées que vous avez au sujet de la Lumière.

« Vous êtes la Lumière.

« C'est en fait très simple ; c'est parce que vous êtes la Lumière que vous ne pouvez vous voir clairement. Ce que vous percevez comme étant ce que vous êtes n'est que la structure qui contient la Lumière. Vous êtes la Lumière qui existe entre la structure de la matière, mais vous ne pouvez la toucher. C'est une Lumière si subtile et si légère que vous ne pouvez pas la saisir.

« Votre nature originelle est Lumière. Votre essence est Lumière.

« Il est normal que vous trouviez cela naturel. Votre véritable père, le soleil, vous a toujours béni de sa Lumière. Il est la Lumière… Il est une Lumière en train de mourir et, cependant, voyez combien il est beau, combien sa chaleur vous ressource et

4. Avec mes remerciements à mon compagnon dans la Lumière, Jean-Louis Abrassart.

comment grâce à lui la vie s'épanouit. Votre Lumière est plus encore que la Lumière du soleil. Nous savons que vous ne pouvez pas comprendre cela. Votre Lumière est une Lumière vivante, une Lumière consciente, une Lumière qui possède un but et une intention. C'est cette intention qui vous rend merveilleux. Grâce à cette intention, votre Lumière magnifie la Lumière.

« Vous avez non seulement le pouvoir de diriger la Lumière, mais également celui de créer la Lumière. Ne soyez pas découragé par votre petitesse. Votre fragilité est un aspect essentiel de votre véritable beauté. La Lumière que vous êtes est précieuse, plus précieuse que n'importe quoi d'autre sur terre.

« Vous venez d'une Source qu'il est impossible de décrire. Vous portez en vous le souvenir de cette Source ainsi que celui du chemin pour y retourner. Mais ne soyez pas pressé de revenir vers nous, car vous avez vraiment votre place sur la Terre. Vous avez un travail à accomplir et nous sommes avec vous. Nous ne vous quittons jamais. Même lorsque vous êtes perdu nous sommes avec vous.

« Nous nous adressons toujours à la Lumière en vous, la Lumière de votre intelligence infinie. Vous avez beaucoup oublié de ce que vous êtes réellement mais, dans votre profondeur, vous vous souvenez de ce qui est essentiel pour retourner chez vous.

« Soyez courageux. Restez confiant. La Lumière qui est au cœur de votre cœur est votre véritable guide.

« Croyez en vous. Soyez disponible. Nous sommes avec vous. »

POSTFACE

Sur le chemin des nuages blancs

« We are going the way of the white clouds,
Home to you. »
(Nous allons, sur le chemin des nuages blancs,
Lieu de votre demeure.)

Chanson soufie.

Les messages des Guides sont emplis d'espoir, de grâce et d'encouragements patients. Les Guides sont sages et leurs enseignements nous sont offerts dans une atmosphère d'amour, d'encouragement et de compréhension. Après une séance de channeling, je suis profondément touchée dans mon cœur par l'enseignement reçu et par la qualité de la relation avec les Guides. Leur présence m'aide à me souvenir qui je suis, d'où je viens et où je retournerai un jour.

Les Guides existent sur un autre plan vibratoire. Un plan de Lumière rayonnant d'une douce chaleur accueillante. La perception intuitive permet de rapprocher le monde physique et leur monde de Lumière et, durant le temps où nous communiquons, les deux mondes peuvent se rencontrer. Entrer en contact avec mon monde enseigne aux Guides les plaisirs et les dilemmes de la nature humaine. Entrer en contact avec leur monde me révèle que la Lumière est l'essence de la création, une force omniprésente qui pénètre totalement notre monde et cette précieuse expérience que nous appelons la vie. Grâce à ma rencontre avec les Guides, j'ai reçu un enseignement vivant de ce qu'est la Lumière, la transformation personnelle et l'évolution humaine qui me permet de le mettre en application dans ma vie quotidienne comme dans ma vocation professionnelle. Il ne fait pour moi aucun doute que la *guidance* que j'ai reçue est directement reliée au développement de mon intuition et aux capacités de perception subtile qui y sont associées.

Je n'ai pas toujours été en contact avec des Guides spirituels. J'ai grandi en Australie où j'ai eu une enfance relativement « normale ». Durant mon adolescence, j'étais extrêmement intéressée par les enseignements métaphysiques et j'ai commencé à étudier l'astrologie et l'interprétation des cartes du ciel. J'étais fascinée par l'hypnose, les tarots, la magie et les techniques de méditation. Mon ambition secrète était de maîtriser l'art du voyage astral afin de comprendre la véritable nature de la vie, de la réalité et des autres plans d'existence. Je lisais des livres sur la vie dans les temples de l'ancienne Egypte et de la mythique Atlantis, et j'attendais que d'autres me conseillent et me guident pour progresser.

Parvenue à l'adolescence, je mis au monde un enfant et me trouvais mère, j'avais quinze ans. Emotionnellement, j'étais tout juste à même de gérer cette transition soudaine entre l'adolescence et l'âge adulte, de passer de l'état de jeune fille à celui de femme. Cependant, avec l'aide de ma mère et de ma famille j'acquis progressivement les qualités nécessaires pour élever un enfant. La naissance de mon fils fut une expérience qui bouleversa complètement la perception que j'avais de la vie, qui me distingua des autres adolescents et qui me poussa à découvrir en moi des ressources dont j'ignorais l'existence. Je n'avais jamais imaginé la profondeur et la qualité de patience, d'amour et de responsabilité nécessaires pour guider un enfant dans la vie et assurer son bien-être physique émotionnel et spirituel.

J'étais non seulement relativement jeune à la naissance de mon fils, mais j'étais également une âme qui cherchait sa voie, une chercheuse et une aventurière. Dans les années qui suivirent mon initiation en tant que parent, ma fascination pour la philosophie ésotérique devint une passion. Je commençai à explorer l'autohypnose, la méditation et les états d'extase intérieure et j'étais toujours préoccupée par mon but : le voyage astral.

C'est au cours d'une des tentatives où j'essayais de me libérer de mon corps physique pour rejoindre la Lumière que je rencontrai pour la première fois un de mes Guides. Je réussis à entrer dans un état de conscience qui me permit de me détacher partiellement de mon corps (la chance y fut plus pour quelque chose que l'élégance de ma technique) et je me retrouvai sur un plan de conscience énergétique peuplé d'entités élémentales encore appelées esprits. Avant d'aller plus loin, il m'était nécessaire de confronter ces entités et de les dépasser. L'expérience fut assez terrifiante. Je revins très rapidement à mon corps et à la sécurité de la réalité en étant tout à fait consciente de ma peur, de ma fragilité et de ma jeunesse. C'est alors que je me remettais du choc de mon expérience, que je devins consciente de la présence dans la pièce d'un être de Lumière. Dans le calme de la nuit, le Guide spirituel s'adressa à moi et m'avisa de ma nécessité d'apprendre à vivre dans mon corps avant de faire autant d'efforts pour le quitter. En présence de cet être de Lumière, je fus guidée pour comprendre qu'un chemin spirituel n'est pas destiné à être un moyen d'échapper aux leçons de la vie, mais plutôt un moyen d'étreindre l'existence. Je compris, grâce à ma rencontre avec cet être, que je devais apprendre sur le corps, l'esprit, l'énergie et la guérison, que je devais apprendre ce qui concernait le processus de l'incarnation avant de pouvoir maîtriser l'art de la mort et de la renaissance métaphysique.

Je rêvais de devenir guérisseuse, mais il me semblait être si sotte, si dispersée et tellement imparfaite que cela me paraissait être un rêve impossible. Cependant, malgré les doutes que j'avais par rapport à mes possibilités, d'autres guérisseurs m'encouragèrent à suivre mon désir et, finalement, à l'âge de vingt-deux ans je commençais à étudier à plein temps l'acupuncture et la médecine orientale. Je continuais parallèlement à développer mon intérêt pour l'astrologie et la pratique des rites kabbalistiques. Cette soif d'apprendre, le sentiment grisant d'avoir enfin trouvé mon chemin et le désir de découvrir précisément quel était mon don en tant que guérisseuse m'emportèrent jusqu'aux Etats-Unis, à San Francisco, où je découvris le travail du développement de l'intuition. J'étudiai intensément pendant deux ans, y développai mes dons intuitifs et appris le massage profond et le rebirth. A la fin de ma formation en intuition, je commençai à enseigner et à recevoir des clients en séances individuelles de guérison et de transformation thérapeutique.

C'est à cette période que mes Guides spirituels réapparurent de temps en temps pour m'aider pendant mes cours ou durant mes séances. Chaque fois, ils m'encourageaient à continuer de travailler professionnellement dans ce domaine.

Ces années dans la baie de San Francisco furent riches. Je terminai mes études et développai une clientèle. J'enseignais régulièrement des formations en rebirth et en développement de l'intuition. A cette période, je suivis l'enseignement spirituel de Bhagwan Shree Rajneesh, appelé Osho *post-mortem,* un maître indien qui vivait à cette époque aux Etats-Unis. Ses enseignements, riches en qualité de cœur, de sagesse, d'esprit de communauté et orientés vers la méditation et la transformation personnelle, me permirent d'affiner le monde intérieur de mes méditations personnelles et de préciser mes dons de guérison.

La vie me ramena en Australie pour quelques années au cours desquelles je continuais mes activités. C'est lors de ce retour « à la maison » que je recontactai mes principaux Guides spirituels. Lors d'une séance de méditation, deux êtres de Lumière apparurent à ma conscience et me dirent que j'étais maintenant formée et prête à vraiment commencer à travailler avec eux. J'étais enchantée, mais légèrement indignée en pensant à toutes les années que je venais de passer à étudier, travailler et à me battre pour survivre dans le monde matériel pendant que je développais mes dons de guérisseur. Je me demandais ce que signifiait « vraiment commencer à travailler » en comparaison avec les douze années qui venaient de s'écouler depuis que je m'étais sérieusement engagée dans cette voie.

A partir de ce moment, les Guides devinrent une présence intérieure beaucoup plus forte et l'organisation de ma vie quotidienne subit quelques changements radicaux et inattendus qui me semblèrent complètement hors de contrôle. Ce fut comme si j'étais emportée par une immense vague. Il était inutile de résister. J'acceptai le mouvement et laissai la vague m'emporter.

Quelques mois plus tard, alors que j'animais un groupe de développement de l'intuition en Grèce, je rencontrai Jean-Louis Abrassart, collègue guérisseur. Plus tard, il devint mon époux et mon compagnon dans la Lumière. Je suivis Jean-Louis en France où il organisa pour moi des groupes d'intuition et nous commençâmes à animer des groupes ensemble. C'est lors d'une séance de méditation durant laquelle nous nous préparions pour un groupe que les Guides réapparurent, ils vinrent à notre double attention. Nous fûmes invités à collaborer avec eux et à créer une école pour diffuser l'enseignement de la Lumière. Les Guides nous informèrent qu'ils nous offriraient régulièrement des messages et qu'ils nous transmettraient progressivement l'enseignement, en nous montrant la façon de construire et de gérer l'école.

Plusieurs années se sont écoulées depuis le retour «permanent» des Guides dans ma vie. Nous sommes régulièrement en séances de méditation au cours desquelles nous recevons des conseils qui nous aident dans tous les domaines de notre vie. Les Guides ont collaboré avec nous tout au long de la mise en place de l'Ecole de la Lumière et nous ont aidés à établir des stratégies d'enseignement et des techniques de guérison dans nos autres programmes d'enseignement. Leur présence journalière, leurs conseils et leur soutien nous ont lancés dans un programme d'évolution d'une profondeur, d'une intensité et d'une précision remarquables qui continue de nous remplir d'émerveillement et de gratitude. Les enseignements des Guides sont parfaitement adaptés à la vie des chercheurs spirituels dans un monde matériel. Ils nous aident à développer la discipline, le détachement et les aptitudes de réalisation de soi tout en nous apprenant l'art du lâcher-prise dans le silence, le cœur et la communion. Un des buts ultimes des Guides est d'aider les autres personnes telles que nous à développer leur capacité à entrer en contact avec leurs propres Guides.

Le monde des Guides est riche et leurs enseignements sont extrêmement appropriés aux problèmes que l'humanité rencontre en ces temps tourmentés. En cette période de transition qui nous amène vers un siècle nouveau, nous avons besoin d'être guidés et soutenus. Nous avons besoin de sagesse. Et nous avons besoin de recul. La présence des Guides spirituels ne nous permet pas d'échapper à ce monde ou d'être autre chose que des humains, mais nous aide au contraire à être, à devenir l'Etre que nous sommes au plus profond de nous-même.

La voie que j'ai choisie est un chemin d'apprentissage. D'abord en tant qu'étudiante puis en tant que professeur. En tant que professeur je reste une étudiante. De tous les outils que j'ai acquis durant mes années d'étude, mon intuition a été le plus précieux d'entre tous.

L'intuition est le début et la fin, l'intuition est l'essence, la réponse. Elle est une porte qui ouvre sur la vérité, sur les immenses mystères de l'existence et de l'être humain.

Nous sommes tous intuitifs, de cela je suis certaine. Cependant, l'intuition n'est pas un don toujours facile à assumer. Percevoir la vérité au milieu des mensonges est une expérience qui engendre une souffrance infinie. Avoir conscience de tout le chemin qu'à déjà parcouru l'âme peut être fatiguant et parfois même désespérant. Percevoir et sentir la tristesse, la peur et la souffrance des autres est souvent déchirant et très délicat à gérer. Il est difficile d'être sensible, de sentir, de voir et de savoir tout en restant gai, vibrant et souriant. Mais nous sommes intuitifs et il ne peut en être autrement. C'est notre droit de naissance, notre héritage. Cela fait partie de notre profondeur, de notre fragilité, de notre véritable force et de notre véritable beauté. Refuser notre intuition c'est nous refuser nous-mêmes. En nous refusant, nous nous condamnons à vivre seuls et à être perdus, coupés de notre cœur, de nos sentiments et de la Source d'où nous venons.

Nous réconcilier avec notre intuition nous ramène à nous-même et en revenant à nous-même nous revenons à la divinité qui est en nous. Nous redécouvrons notre profondeur, notre immense potentiel et les mystères infinis qui sont en nous.

En nous alignant sur notre intuition, nous donnons naissance en nous-même au mariage du féminin et du masculin. Nous créons un mouvement d'alchimie intérieure et, une fois que ce mouvement est amorcé, nous ne sommes plus jamais le même. L'intuition nous amène à être indépendant et à avoir confiance en nous. Nous sommes capable de rechercher nos propres conseils et de trouver en nous-même les réponses à nos questions dans le calme et le silence du temple de notre âme. L'ultime cadeau que nous fait notre intuition est celui du retour à soi. Nous revenons en nous, chez nous, nous venons à notre juste place, à notre véritable but. Nous avons tous une raison d'être en vie, un but. C'est ce but que nous devons découvrir puis réaliser pour accomplir l'évolution de notre âme. Un jour nous mourrons, quitterons ce monde et retournerons à la Lumière d'où nous sommes venu. Mais l'Etre essentiel que nous sommes, la Conscience de notre esprit et de notre âme, est éternel et se souviendra du chemin parcouru après que nos corps soient devenus poussière. Nos origines se trouvent dans la Lumière et notre intuition est l'incarnation de notre nature Lumineuse dans toute sa puissance, sa sagesse et sa vérité. En donnant une place à notre intuition, nous nous guérissons de nos anciennes blessures et de nos anciens chagrins. Nous donnons une place à la joie, au rire et à la certitude. Nous donnons une place à notre cœur et nous laissons notre sagesse vivre en nous. Guidés par l'amour et protégés par la sagesse, nous sommes certains de trouver notre voie tout au long du chemin qui nous ramène chez nous.

APPENDICE

L'Ecole de l'intuition

Il est toujours plus difficile d'avancer seul sur un chemin de transformation personnelle que de voyager en compagnie d'autres âmes qui s'aventurent dans la même direction. C'est en partie pour cette raison que durant les vingt dernières années le monde occidental a vu s'épanouir les groupes de travail et les formations en développement personnel. Hommes et femmes se réunissent pour apprendre ensemble et découvrent que le fait de se réunir et partager un but commun est enrichissant et réchauffe le cœur.

Toutes les techniques et exercices pratiques proposés dans ce livre sont extraits du programme de formation de l'Ecole de l'Intuition. Le programme est vaste et comprend un large éventail de techniques de transformation personnelle pour assurer un résultat tangible, utilisable dans la vie quotidienne.

1. Le programme

Ce programme est essentiellement basé sur la pratique ; il est enseigné dans un processus continu d'explications, de démonstrations, de pratique, de feed-back et de partage à la fin des exercices. Chaque étudiant est suivi individuellement et sa progression est personnellement supervisée, quand cela est nécessaire, pour l'aider à transformer les obstacles qui bloquent l'expression de l'intuition.

Niveau I : Le pouvoir de l'intuition

Ces stages vous apportent les bases indispensables au développement de l'intuition. Ils associent des techniques psychocorporelles et des techniques de méditation et de guérison en vue d'une transformation personnelle profonde.

Durée : 10 jours.

Contenu : La pensée est créatrice – Le Silence intérieur – La confiance – Les chakras – Les images symboliques et leur transformation – Prises de décision par l'intuition – Transformation des systèmes de croyance – L'acceptation et le pardon – Techniques de manifestation.

Niveau II : Le chemin de l'âme

Dans le second niveau, vous apprenez les techniques pratiques de lecture intuitive et de guérison psychique qui vous permettent de pratiquer sur les autres. En explorant la puissance et la vérité de l'intuition comme catalyseur de transformation, vous faites l'expérience de votre capacité intuitive comme étant un aspect sacré de votre âme.

Durée : 14 jours.

Contenu : La structure de l'émotion – L'art de la perception subtile – Lecture intuitive du corps – Lectures d'aura et de chakras – Les relations – Les principes de la guérison psychique – Transmettre des qualités – Les vies antérieures – Lecture de l'âme – Le but de la vie – Les Guides spirituels.

Niveau III : La guérison spirituelle

La synthèse de la formation permet à chaque individu d'accéder et de comprendre son don de guérison propre et de développer les moyens de l'exprimer dans le monde. La pratique intensive permet d'affiner et de développer plus avant la capacité intuitive et, dans le même temps, le travail de chaque participant est personnellement supervisé afin de l'aider à comprendre sa propre façon d'utiliser son intuition dans la vie quotidienne, à la fois personnellement et professionnellement.

La réconciliation avec la sagesse du cœur et la guérison spirituelle de l'âme clarifie le but de la vie et en révèle le chemin.

Durée : 12 jours.

2. L'équipe de l'Ecole de l'intuition

Pour tous renseignements concernant le programme et les activités de l'Ecole, contacter :

Judee Gee
L'Ecole de la Lumière
La Charité
74270 CLERMONT (France)
Téléphone : (33) 50 69 68 65 – Fax : (33) 50 69 42 04.

Les formateurs :

Vanessa Mielczarek et Gilles Bouilliez
3, rue Pasteur
94800 VILLEJUIF (France)
Téléphone : (16 1) 47 26 88 05.

Michèle Isorez
Cabinet Espace Vie
18, cours Becquart-Castelbon
38500 VOIRON (France)
Téléphone : 76 93 03 77.

Table des matières

L'impression de cet ouvrage
a été réalisée par CLERC S.A.
18200 SAINT-AMAND-MONTROND - Tél. : 48-96-41-50
pour le compte des EDITIONS DANGLES
18, rue Lavoisier - 45800 ST-JEAN-DE-BRAYE
Dépôt légal Editeur n° 1977 – Imprimeur n° 5788
Achevé d'imprimer en février 1995

Chez le même éditeur :

Lilla BEK (avec Philippa Pullar) :

VERS LA LUMIÈRE.
L'éveil de vos centres énergétiques.

Traduit de l'anglais par Patrick Favro.
Format 15 x 21 ; 208 pages ; illustré.

Le corps humain est un instrument merveilleux, qui est là pour nous aider plutôt que pour nous limiter ; encore devons-nous apprendre à l'utiliser correctement. Nos **chakras** – ou centres énergétiques – qui sont à la fois receveurs, assimilateurs, amplificateurs et transmetteurs d'énergie peuvent nous conduire à un **nouvel univers de vie.** Si nous apprenons à les ouvrir au flot d'énergie universelle, puis à concentrer, canaliser et maîtriser son cours dans les différentes parties de notre corps, nous générons en nous un champ vibratoire **en harmonie avec les forces cosmiques ;** nous devenons capables de transmuter l'obscurité et la négativité, **de créer la lumière en nous et autour de nous.**

Aujourd'hui, nous avons abandonné la sécurité des temples de pierre et nous devons construire un sanctuaire intérieur, un espace sacré à partir duquel notre conscience pourra s'ouvrir à d'autres dimensions, à de nouveaux horizons, à d'autres modèles d'expansion... et **nous unir à la lumière, au Divin.** Ainsi nous devenons capables, à partir du développement de notre corps énergétique, de transcender le monde des formes matérielles et de parvenir à cet état que les mots sont incapables d'exprimer et dans lequel il n'existe plus de limitations.

Lilla Bek, qui a vécu l'éveil de ses centres énergétiques, vous invite, au travers d'exercices de relaxation, de respiration et de visualisation à découvrir à votre tour ce nouvel et splendide univers de vie.

EXTRAIT DE LA TABLE DES MATIÈRES :

Le système – L'espace extérieur et l'espace intérieur – Le deuxième système nerveux – Les chakras, centres énergétiques – Le flot universel de l'énergie – Les corps de l'homme – Les « formes-pensées » – L'aura – Exercice...
La base du corps – Les orgasmes – L'énergie sexuelle – La force de gravité – La magie noire – Exercice de purification – Exercices physiques – Relaxation...
L'abdomen – Relaxation – Assimilation – Bénédiction de la nourriture – Jeûne – Végétarisme – Affections – Méthodes pour renforcer l'abdomen – Respiration abdominale – Renforcer les muscles – Élargir la conscience...
Le plexus solaire – Le centre de conscience de « je » – Le chakra de la percée spirituelle – L'insécurité – Le culte de l'or – Peur et phobies – Médicaments – Exercices pour renforcer le plexus – Sentir et échanger des énergies...
Le cœur – La conscience du Tout – La puissance de l'amour – Les valeurs matérialistes – Tomber amoureux – Affections – Pour renforcer le cœur...
La gorge – Le pouvoir des mots – Le son – L'hypnose et le mesmérisme – Les commotions cérébrales – La respiration – Exercices physiques – Exercice d'écoute...
Le troisième œil – L'ouverture à des vies différentes – Les fantômes – Les voix – Voir l'invisible – Les esprits de la nature – Affections – Pour améliorer le troisième œil – Exercices...
Le sommet de la tête – Les anges – Réincarnation et karma – La mort...

Chez le même éditeur:

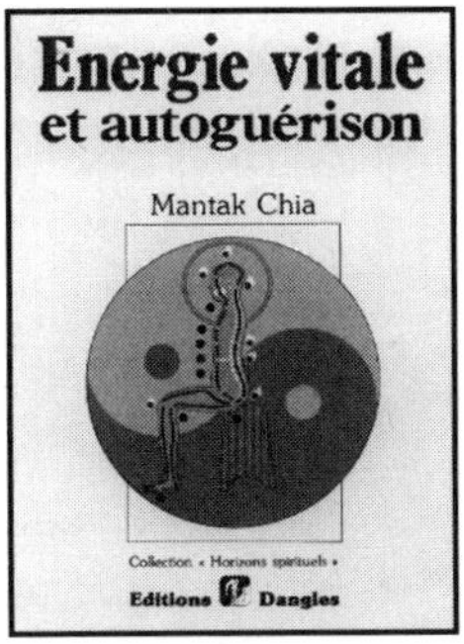

Mantak CHIA :

ÉNERGIE VITALE ET AUTO-GUÉRISON.

Traduit de l'anglais par Marie-Béatrice Jehl.
Format 15 x 21 ; 224 pages ; illustré.

L'énergie vitale, ou ch'i, est la force primordiale de vie. Chez l'enfant, elle circule librement et tout naturellement. Puis, au fil des années, du fait des tensions physiques et psychologiques auxquelles nous sommes soumis, des blocages énergétiques se forment, introduisant dans notre organisme des dysfonctionnements avec leur cortège de maladies et de mal-être en général.

Or, voici que nous est enfin offerte une méthode permettant d'**éveiller à nouveau cette circulation.** En nous concentrant sur les différents points de deux canaux énergétiques essentiels, dits Gouverneur et de Fonction, en les reliant ensemble, l'énergie circule en anneau, partant du nombril et y revenant (exactement comme lorsque nous étions enfants). Ce circuit porte le nom d'Orbite microcosmique ; étant branché sur les divers organes vitaux, y compris le cerveau, quand l'énergie vitale le traverse, elle guérit et fortifie les uns vivifie l'autre.

La guérison physique et l'apaisement mental ne sont qu'une première étape et le fondement indispensable, disent les taoïstes, pour recevoir sans risque dans notre corps les énergies supérieures qui nous font progresser sur le chemin spirituel.

La méthode présentée dans ce livre est à la fois simple et sûre. Elle est partie intégrante du système taoïste interne, tradition vieille de plusieurs millénaires à laquelle Mantak Chia a été initié. Son livre est absolument unique, car il révèle, dans un langage clair, ce qui jusqu'à présent n'était transmis qu'oralement, donc tenu secret.

EXTRAIT DE LA TABLE DES MATIÈRES :

L'énergie curative du Tao – L'acupuncture et le yoga taoïste interne.

I. **La circulation énergétique et ses propriétés curatives** – L'éveil du ch'i, ou énergie vitale (les deux canaux énergétiques essentiels ; « Ouvrir les canaux » ; l'Orbite microcosmique...) – Conseils préliminaires (lieux, vêtements, nourriture, posture, respiration, attitude mentale...) – Le secret du sourire intérieur (le pouvoir de guérison du sourire ; apportez l'amour à vos organes vitaux ; apprenez à sourire intérieurement).

II. **La circulation de l'énergie curative dans l'orbite microcosmique** – L'ouverture du canal de fonction (l'éveil des points de guérison ; Shenjue ; Guanyuan et Zhongji ; Huiyin...) – L'ouverture du canal gouverneur (Changqiang ; Mingmen ; Jizhong ; Yuzhen ; Baihui ; Yintang...) – L'ouverture du l'Orbite microcosmique (inverser la circulation du ch'i ; Xuanji ; Shanzhong ; Zhongwan ; de la langue au palais...) – Le Grand Cycle céleste.

III. **Recommandations pratiques** – Établissez votre programme de travail (fréquence, durée ; créez la circulation ininterrompue et automatique du ch'i...) – Comment éviter les effets secondaires désagréables – Réponses aux questions les plus fréquentes.

IV. **Les effets curatifs de la circulation énergétique** – Commentaires et témoignages de médecins – Témoignages d'élèves – Interviewes de pratiquants.

V. **Pratiques supérieures du taoisme interne** – Yoga taoïste et yoga de la kundalini – Les sept étapes du yoga taoïste interne – Table des centres énergétiques – Les effets du yoga taoïste interne sur le système hormonal.

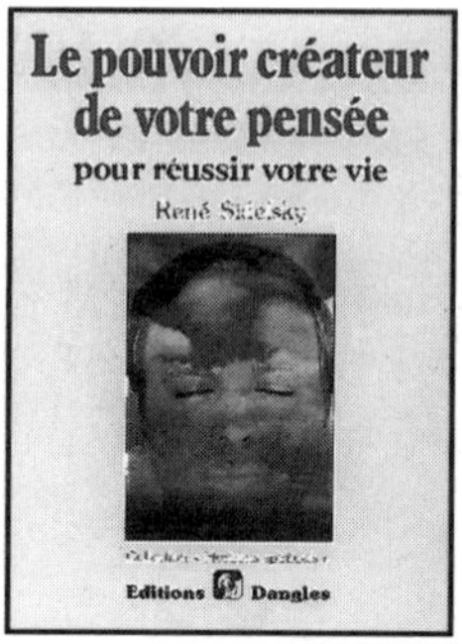

Chez le même éditeur :

René SIDELSKY :

LE POUVOIR CRÉATEUR DE VOTRE PENSÉE pour réussir votre vie.

Format 15 x 21 ; 304 pages, illustré.

La qualité de notre vie est déterminée par la qualité de nos pensées, par leur justesse et leur adéquation. Par notre manière de penser, nous créons à chaque instant le monde dans lequel nous vivons : plus notre conception de l'univers et de la vie est proche de la réalité, plus elle est bénéfique, source d'harmonie et de puissance, car alors nos énergies et nos actions vont dans le même sens que les formidables énergies qui sous-tendent l'univers et la vie. Des conceptions fausses produisent des effets inverses. D'où l'importance, pour la qualité de notre vie, de distinguer les pensées erronées des pensées justes, adéquates et bénéfiques pour pouvoir ainsi choisir ces dernières qui nous réussissent.
La pensée est créatrice : tout ce qui a été créé par les êtres humains depuis l'origine de l'humanité a d'abord été pensé, imaginé. **Notre vie aussi est le résultat de notre manière de penser.** Nous sommes de ce fait responsables de notre état d'être et, simultanément, nous disposons du pouvoir de toute réalisation. En apprenant à l'aide de ce livre vécu comment utiliser d'une manière bénéfique le pouvoir créateur de votre pensée, vous aurez le moyen de vous accomplir et de réussir votre vie sur tous les plans.

Par des méthodes précises, simples, faciles à mettre en œuvre et extraordinairement efficaces, **vous pourrez utiliser l'immense pouvoir créateur de votre pensée** pour façonner votre vie et créer un monde dans lequel vous aimerez vivre et évoluer. Engagé sur cette voie, vous deviendrez un centre de conscience, de joie et d'amour que vous rayonnerez alors autour de vous, pour le plus grand bien de ceux qui vous entourent. La Vérité et sa quête rendent libre et heureux.

EXTRAIT DE LA TABLE DES MATIÈRES :

RÉUSSIR SA VIE PAR LA MAITRISE DE LA PENSÉE – Qu'est-ce que réussir sa vie ? – La vocation de l'être humain – Un tremplin vers l'ultime réussite – Le pouvoir créateur de l'univers, de la vie, de la pensée – Décalogue de la maîtrise de la pensée...

LES TECHNIQUES DE LA MAITRISE DE LA PENSÉE – Être vigilant dans ses pensées – Affirmations négatives à corriger – L'accent sur le positif – Savoir reconnaître une pensée vraie d'une fausse – Critères d'une pensée juste et bénéfique – Aller directement au bien – L'échelle de vérité – Méthode du « nouveau point de vue » – Pratique par écrit – Méthode du « comme si » – Autosuggestion – Méthode d'« exploration » – L'inconscient, demeure d'une prodigieuse sagesse – Méthode « des trois personnes » – Éléments d'analyse transactionnelle – Méthodes de visualisation – Le langage par images – La force de l'imagination – Autres méthodes pratiques – « L'oiseau migrateur » – Comment vaincre les résistances aux méthodes – L'empreinte de la naissance – L'utilité du rebirth...

DOMAINES PRÉCIS D'APPLICATION – Difficultés d'identité – Spasmophilie – Réussite dans les études, motivation – L'argent – L'action sur les autres par la pensée – Guérison mentale des affections physiques – Relation à la nourriture – Image du corps, image de soi – Vie professionnelle – Vie de couple et sexuelle – Communication – Vie familiale – Vie spirituelle...

Chez le même éditeur :

Eva PIERRAKOS :

LE CHEMIN DE LA TRANSFORMATION.

Traduit de l'américain par Patrick Favro.
Format 15 x 21 ; 304 pages.

Se transformer reste l'enjeu plus ou moins clairement exprimé de quiconque se lance sur un chemin de **développement personnel.** On se rêve meilleur, c'est-à-dire heureux... et là, les hydres intérieures qui sommeillent en nous se redressent pour nous barrer la route. Ces fantômes destructeurs et inhibants ont pour noms toutes nos peurs, blocages, doutes, interdits... La peur est une protection, et l'on préfère s'y cramponner plutôt que de s'aventurer sur des chemins inconnus. Combien même le croirait-on, on s'aperçoit bien vite que l'on ne possède pas les clefs pour ouvrir les portes de ses propres prisons. Reste alors à trouver le bon "guide" qui aura suffisamment de sagesse, de connaissance et d'indulgence pour nous faire évoluer vers la partie lumineuse de notre être.
Tout cela, Eva Pierrakos, épouse du célèbre psychanalyste reichien John Pierrakos, l'a découvert, en elle-même d'abord, puis à travers la fréquentation des patients et disciples de son mari et enfin par **channeling.** Dans son discours, on sent très nettement le savoir psychologique et l'expérience pratique. Elle exprime avec des paroles claires et dédramatisantes tous les mécanismes qui nous retiennent prisonniers, et nous livre simplement les possibilités de déverrouillage. Elle ne juge pas nos parts d'ombre, elle les constate et les décrit précisément pour mieux les désamorcer. Elle nous apprend à nous aimer d'abord tels que nous sommes, avec toutes nos imperfections, puis nous invite à nous transformer.
Se transformer n'est plus un rêve... Le travail d'Eva Pierrakos, empreint d'amour, nous rassure sur le fait que **l'évolution est toujours possible.**

EXTRAIT DE LA TABLE DES MATIÈRES :

Qu'est-ce que le Chemin ? – L'aspiration à un état de conscience plus vaste...
L'image idéale de soi – Le Moi supérieur – Le tyran intérieur – Le renoncement – Retour à soi...
Recréer et surmonter les blessures de l'enfance.
Le vrai Dieu et l'image de Dieu – Dieu est en vous et crée à travers vous...
L'unité et la dualité – Le plan unifié – Les obstacles – L'ego contre le centre divin...
L'amour, Éros et l'instinct sexuel – L'attraction érotique – La peur de l'amour – La quête de l'autre âme – Le vrai mariage – La séparation – Le choix du partenaire...
Le sens spirituel des relations – Champs de conscience – Interactions destructrices...
La croissance émotionnelle et sa fonction – L'isolement – Processus de croissance...
Les vrais et les faux besoins – Réveiller nos potentialités – La frustration – Les faux besoins...
Des possibilités infinies, limitées par la dépendance émotionnelle – La motivation négative – Lâcher prise et s'ouvrir – Pour vous libérer de vos entraves...
Le sens spirituel des crises – L'énergie autogène des émotions négatives – Message des crises...
La signification du mal et sa transcendance – Acceptation correcte du mal – La transformation...
L'estime de soi – Autocomplaisance et rejet de soi – Respect de soi – Instinctivité...
L'ego, le moi inférieur et le Moi supérieur – L'attitude méditative – Rééducation du moi destructif – Réconcilier les paradoxes...
Le lien entre l'ego et la puissance universelle – La crainte du moi véritable – Renoncer à l'ego – Honte et falsification – Symbolisme biblique de la nudité...
La conscience : éblouissement par la création – Intellect, cœur et volonté – Purification – Comment échapper à la création d'idées négatives...
Le vide créateur – S'ouvrir à la nouvelle conscience – La plénitude – Pénétrer le vide – Le nouvel être – Commencer une vie nouvelle...

Chez le même éditeur :

Will PARFITT :

COMMENT ABATTRE NOS MURS INTÉRIEURS.

L'élimination de nos blocages.

Traduit de l'anglais par Caroline Van Landschoot.
Format 15 x 21 – 288 pages – illustré.

Chacun a en soi des barrières – ou « murs intérieurs » – qui toutes nous entravent dans la réalisation de notre vrai et plein potentiel ; elles peuvent être issues de notre enfance, de notre éducation, d'expériences passées, de notre relation aux autres ou nous pouvons tout simplement les dresser nous-même, inconsciemment. L'auteur envisage ici le processus de transformation et d'évolution personnelles sous l'angle d'une **chute progressive de ces murs – ou blocages.**

La démarche proposée est ordonnée, progressive et prend en compte l'être humain dans sa totalité. Elle nous apprend d'abord à nous situer par rapport au monde extérieur, à nous vivre à la fois séparés de ce monde et en relation avec lui. Ensuite, nous sommes conduits à l'exploration de notre être dans ses différents aspects ou couches et dans ses facultés essentielles : conscient et inconscient, mémoire, désirs, perceptions, imagination, corps, attachements, volonté et pouvoir, intuitions, leurres, énergies subtiles... afin de nous constituer un canevas solide de réflexion et d'expérience. Puis nous nous tournons à nouveau vers le monde extérieur pour intégrer nos acquis dans la double relation extérieur/intérieur et intérieur/extérieur.

Le fondement théorique est ici psychologique (psychosynthèse, gestalt, psychologie transpersonnelle surtout) et ésotérique. Will Parfitt (psychothérapeute et cabaliste) est spécialiste de l'un et l'autre domaine, et son travail s'appuie sur des connaissances sûres et étendues. Sa vision de l'homme et de l'univers est très actuelle, rejoignant également celle qui a cours chez les nouveaux scientifiques. Les **nombreux exercices** – de progression judicieuse – sont conçus avec soin et plaisants à exécuter. L'ensemble est capable de transformer radicalement notre vie par l'élimination progressive de nos blocages.

EXTRAIT DE LA TABLE DES MATIÈRES :

Pourquoi devons-nous abattre nos murs ? – Révéler le spirituel qui nous habite – Notre rapport au possible...
Le champ de l'existence – Exploration du temps et de l'espace – La perception du champ existentiel...
Trouver son chemin – Les huit circuits de vie – L'Arbre de vie – La recherche d'un guide – Le "guide intérieur"...
Il était une fois... – Racines et structures du passé – Destin contre libre arbitre – L'autoprogrammation...
Le désir séparateur – Matrices d'expérience – Vous pouvez dire, faire et être... – Energies archétypales...
Choisir d'être là – La perception – La projection – Le silence intérieur – Le rêve lucide – La méditation...
Changer votre monde – Les symboles – Les images mentales dirigées – Écarter les énergies négatives...
Matière et matrice – Le temple vivant – La respiration – L'énergie sexuelle – Guérir de nos peurs...
Le moi non dépendant – Les attachements – Le cycle de la vie – L'auto-identification...
La liberté de choisir – Les six étapes du choix – Liberté d'accepter ou de refuser – Remercier l'obstacle...
Surmonter les résistances – La fabulation – La réalité – Le sens de la relativité – Les murs de peurs...
Toucher terre – L'enracinement de l'énergie – Le contact – L'intuition – Le sens de la justesse...
Les corps subtils – Corps éthérique et astral – Les énergies curatives – Les chakras et leur énergie...
De personne à personne – Reconnaître et respecter l'autre – Rôles et relations – Les rapports familiaux – La réalité personnelle – Les relations sexuelles – L'expression entre personnes...
La conscience collective – Les rayons de l'âme – L'Étoile du Moi – La prise de conscience globale...
Évolution et synthèse – Exploration du futur – L'énergie d'Amour – L'énergie de Vie – L'énergie de Liberté – L'énergie de Lumière – Le rituel – Le mystique et le magicien – Le bien-être – Devenir Un...

Chez le même éditeur :

Nerys DEE :

COMMENT INTERPRÉTER VOS RÊVES.

Tous les éléments pratiques pour décrypter le symbolisme de vos songes.

Traduit de l'anglais ; format 15 x 21 ; 384 pages.

Qu'ils soient prémonitoires ou de simples allusions à des événements ordinaires, tous les rêves ont un point commun : **transmettre un message.** Le rêve est en effet un moyen d'expression privilégié de l'inconscient à l'adresse du rêveur lui-même qui se trouve être ainsi la seule personne capable d'en saisir le sens profond. Ces charades nocturnes – dans lesquelles réel et imaginaire sont mêlés – anticipent fréquemment des événements dans le seul but de **nous y préparer,** nous permettant ainsi, grâce à ces mises en évidence de pièges ou de comportements critiquables, de mieux réagir sans être pris au dépourvu.

Ce guide pratique est une étude en profondeur, mais néanmoins simple du langage symbolique des rêves. L'auteur, experte en analyse des songes, étudie ici leur mécanisme, de même que les techniques auxquelles recourir afin de mieux s'en souvenir, les manipuler et les comprendre. Partant de ses multiples expériences, elle s'appuie sur de nombreux exemples de rêves authentiques afin d'examiner sous tous leurs aspects les sens cachés de leurs différents types de messages. Ce manuel vous propose une série d'exercices qui, progressivement, vous apprendront à vous remémorer vos rêves, à les retranscrire, à les **interpréter** et, finalement, à les influencer. Vous pourrez ainsi faire de vos rêves vos meilleurs alliés. Un important **dictionnaire analytique de 800 mots clefs** vous permettra de décrypter rapidement la plupart des images oniriques courantes.

EXTRAIT DE LA TABLE DES MATIÈRES :

Première partie : **LE MONDE DES REVES**
Définition des rêves – Pouvoir et message des rêves – Le sommeil et les rêves – La source originelle – Rappel et journal des rêves – Incubation et préparation du rêve – Messagers du rêve – Prière ou affirmation positive – Rêve lucide – La conscience de rêver – Transformer et contrôler un rêve – Les rêves qui n'en sont pas – Les faux réveils – Marcher et parler en dormant – Rêves répétitifs – Un rêve dans le rêve – Les rêves-feuilletons – Télépathie et télékinésie – Rêves et santé – Rêves prophétiques et prémonitions – Le langage des rêves – Puissance des images – Personnages symboliques – Rêves du passé – Modes d'expression verbale – Décodage métaphorique personnel – L'identification des rêves – Rêves littéraux, symboliques, mixtes – L'influence du Moi inconscient – L'origine des rêves et leurs pouvoirs – Signes, symboles et archétypes – Thèmes, mises en scène et messages des rêves – Vos rêves vous appartiennent – L'artiste intérieur – Réalisme ou abstraction – Décodage d'un songe – Nos zones de vie oubliées – Personnages connus – Animaux – Figures archétypales – Anima et animus – Du rêve collectif au message individuel – L'inconscient collectif – Déplacements, bâtiments, eau – Psychologie des rêves – Nature des rêves – Conscience corporelle et cosmique – Les rêves et la mort – Le mystère du sommeil – Les visions – Excursion dans une autre dimension…

Deuxième partie : **L'INTERPRÉTATION DES REVES**
La confrontation de vos rêves (langage de l'inconscient, l'interprète) – Les rêves littéraux – Les rêves symboliques (dix thèmes forts) – Rêves de voyages – Découverte de soi par les rêves – Rêves d'animaux – Les choses de la vie (amour, sexe, famille, bébés…) – Rêves de monstres et de créatures mythologiques – Cauchemars – Rêves-solution et de guérison – Rêves prophétiques – Rêves psychiques (psychométrie, projection psychique, rêves collectifs, rêves télépathiques, rencontres avec les défunts, projection astrale…).

Troisième partie : **DICTIONNAIRE DES REVES**
De « Abandon » à « Zoo », plus de 800 mots clefs de songes analysés et explicités.

Chez le même éditeur :

Michel NICOLE (magnétiseur) :

INITIATION AU MAGNÉTISME CURATIF.

Comment soulager et guérir par le magnétisme humain.

Format 15 x 21 ; 208 pages ; illustré (photos).

Le magnétisme curatif (ou art de guérir par l'imposition des mains) remonte aux origines de l'homme. Il est avant tout une méthode *naturelle* de soins (encore trop méconnue), mais également un mode de vie et une philosophie.
Dans cet ouvrage pratique, Michel Nicole (lui-même magnétiseur) expose clairement les principes et les techniques de cet art, s'appuyant sur son expérience, ses certitudes et ses réussites. Il commence par le début : bref historique, réalité expérimentale du magnétisme et tests simples en vue de découvrir, chez vous, un éventuel don de magnétiseur. Ensuite, il explique comment développer et optimiser ce don : alimentation, hygiène de vie, recharge énergétique, relaxation, respiration, contrôle des sens, discipline morale... Puis il explique en détails, avec photos à l'appui, la technique des diverses « passes magnétiques », leurs indications thérapeutiques, le déroulement d'une séance et d'un traitement complet, les précautions à prendre, l'aspect psychologique d'une relation malade/magnétiseur, etc. Il termine par l'éthique et la déontologie indispensables, les rapports avec la médecine officielle, la législation et donne des indications concrètes sur les démarches à effectuer en vue d'une éventuelle installation professionnelle.
Nous sommes tous magnétiseurs en puissance, avec un don plus ou moins développé dès la naissance. Or, comme tout autre don, le magnétisme personnel doit être cultivé, amplifié et maîtrisé par ceux qui souhaitent le mettre au service du soulagement et de la guérison de leur prochain. Ce guide pratique en fournit les moyens.

EXTRAIT DE LA TABLE DES MATIÈRES :

Qu'est-ce que le magnétisme curatif ? – Une force aux origines inconnues – Une discipline morale – Vouloir agir pour le bien – Le rayonnement humain...
Alimentation et hygiène de vie du magnétiseur.
Recharge énergétique – Limites de chacun – Méditation – Relaxation – Autosuggestion et volonté – Isolement et calme – Sexualité – L'esprit positif...
Expériences de magnétisation – Momification – Moteur à fluide de Tromelin...
La force morale du magnétiseur – Le dernier espoir du malade – Rôle psychologique...
Comment identifier et révéler un éventuel don – Signes révélateurs – Tests préliminaires – Tests sur affections légères – Test du pendule – Les plantes...
Les différentes méthodes – Classique, hypnotique, orientale, empirique...
Magnétiser... comment ? – Imposition palmaire, digitale – Applications – Passes à petit et à grand courant, transversales – Projections – Souffle chaud et froid...
Déroulement d'un traitement – Découverte du patient – Éventuelles réactions au traitement – La « prise de contact » – Traitement complet – Délais d'effet...
Le magnétisme et la loi.
Affections pouvant être traitées par magnétisme – La relation malade/magnétiseur – Objectivité – Importance du « feeling »...
Dangers et précautions à prendre – La déperdition énergétique – Le transfert d'affections – Durée des séances – L'excès est nocif – Dosage et réactions...
Conseils au débutants – Savoir rester objectif – L'humilité – La rémunération des services – L'installation du magnétisme (cabinet, formalités)...

Chez le même éditeur :

Paul-Clément JAGOT :

COMMENT DÉVELOPPER VOTRE MAGNÉTISME PERSONNEL.

Votre influence invisible : comment l'augmenter et l'utiliser.

Format 15 x 21 ; 192 pages.

En quelques heures, ce livre vous mettra à même de comprendre clairement le subtil mécanisme par lequel s'engendre et s'irradie l'influence que nous exerçons tous – consciemment ou non – les uns sur les autres. La première partie vous révélera les sources profondes du pouvoir personnel. Vous y trouverez les indications nécessaires pour vérifier expérimentalement, au moyen de **techniques simples** et **immédiatement utilisables,** le fait que vous influez autour de vous dans une mesure déjà appréciable, laquelle peut être considérablement renforcée.
Dans la seconde partie, l'auteur livre le secret de **l'extériorisation méthodique du magnétisme personnel,** tant dans la vie privée que sociale ou professionnelle. La mise en pratique de ces techniques vous assurera ascendant, autorité et attractivité sur tous ceux qui vous entourent et dont vous dépendez.

La troisième partie **l'art d'influer psychiquement,** d'une manière secrète et silencieuse, aussi bien sur un groupe que sur un individu isolé, de près comme de loin.
Dans vos rapports avec les autres, ce que vous désirez vous devient accessible, car ce guide pratique expose concrètement l'origine des succès les plus brillants, les plus constants et les plus stables.

EXTRAIT DE LA TABLE DES MATIÈRES :

Première partie : **NOTIONS GÉNÉRALES**
Origine et définition – Chacun de nous exerce une influence – Les formes d'attirance – L'ardeur psychique – Rôle des qualifications éthiques – Intensité sans harmonie = choc en retour...
De la théorie à la pratique – Influence ou magnétisme ? – Effets de l'influence extérieure – Les sources de l'énergie – Faites votre auto-analyse – Vous êtes qualifié pour réussir.

Deuxième partie : **PRINCIPES ET TECHNIQUES**
Le calme et l'assurance – Méfaits de l'agitation – Moyens physiologiques – Contrôlez vos sensations – Recherchez l'harmonie – Attitude mentale à adopter – L'ouverture au monde...
L'éducation du regard – S'immuniser d'abord – Premiers essais – Magnétisme physique et regard – Exercices classiques d'influence directe – La fascination...
Suggestion et autosuggestion – Qualité mentale – Suggestion verbale – Suggestion écrite – Suggestion affirmative – Autosuggestion – Écueils à éviter – Je peux et je veux.
L'apparence et le comportement – L'image du corps – La maîtrise de soi – Sens de la mesure – L'attitude – L'éducation – Persistance et combativité – La période d'adaptation.

Troisième partie : **MAGNÉTISME PERSONNEL ET INFLUENCE INVISIBLE**
Votre influence invisible – Vie psychique – Sources de l'intensité – Pour dirigervotre influence – « Cohérer » vos forces mentales – Vérifications expérimentales – Directives pratiques essentielles.
Faculté d'isolement – L'étape du ralentissement – Interruptions de la pensée – Vide mental – Extériorisation – Obstacles à surmonter – Importance de la maîtrise intérieure...
Comment augmenter votre puissance – Formation de l'énergie psychique – Mode passif et mode actif – Rétention de l'énergie psychique – Comment exercer votre aptitude à vouloir...
De l'attention à la concentration – Automatismes – Attention spontanée et volontaire – Exercices d'attention – Concentration ou attention ? – Entraînement élémentaire et supérieur...
L'influence directe en mode actif – Actions à distance et en profondeur – Comment influer psychiquement sur quelqu'un – Déroulement d'une séance complète – Magnétisme curatif...

Chez le même éditeur :

Kurt TEPPERWEIN :

MÉTHODE DE TRAINING MENTAL.

Comment transformer positivement votre vie.

Format 15 x 21 ; 208 pages ; illustré.

Notre existence est un constant processus créateur, sur tous les plans. Or, c'est notre pensée, reflétant nos désirs, goûts et objectifs, qui est à l'origine de toutes nos créations, conscientes ou inconscientes ; il suffit donc de mieux l'orienter, de la renforcer et de la concentrer pour voir beaucoup de nos aspirations se transformer en réalités concrètes.

Le professeur Kurt Tepperwein, psychologue et hypnothérapeute allemand, praticien de santé et directeur de l'Institut international de travaux et de recherches sur l'hypnose, est l'un des spécialistes mondiaux des **techniques de programmation mentale en vue du développement personnel.**

La méthode qu'il a mise au point et qu'il enseigne – le « training mental » – est la synthèse de plusieurs disciplines utilisées en synergie : suggestopédie, méthode alpha, pensée positive, techniques de visualisation, psychologie, méditation, relaxation dynamique... Elle éveille toutes nos potentialités subconscientes et ouvre des horizons nouveaux et insoupçonnés. Vous apprendrez point par point comment créer en vous cet « état de conscience créatif » qui vous permettra d'atteindre vos objectifs sur tous les plans, comment éliminer les blocages, freins et appréhensions pour libérer le meilleur de vous-même.

EXTRAIT DE LA TABLE DES MATIÈRES :

Principes et fonctionnements – Vous déterminez vous-même votre destin – Puissance du désir et de la foi – Vivre veut surtout dire apprendre – Semez et vous récolterez...
Conditions psychologiques de la réussite – Libérez-vous de vos sentiments de culpabilité – Prenez votre temps – La vraie liberté – L'importance du pardon...
Précisez et définissez votre objectif – L'harmonie – Votre plus grand désir – Laissez votre inconscient choisir – Evaluez les conséquences – La ferme volonté de réussir...
Motivation et pensée positive – L'enthousiasme – Techniques de motivation – Concentrez votre énergie – Comment éliminer les programmes mentaux nuisibles...
Les secrets de training mental – Attitude corporelle – Apprenez à vous détendre – Le pouvoir de concentration – Canalisez votre énergie – La force du désir...
Respiration et énergie vitale – Respiration profonde – La pleine respiration rythmique...
Etat de conscience créatif – Technique – Gagner l'appui de votre inconscient...
Faites travailler votre inconscient – Testez et entraînez vos facultés – La radiesthésie...
Comment formuler et visualiser votre désir – Technique du mantra – Une image exprime plus que mille mots – Comment pratiquer la visualisation...
Accédez au « centre » de vous-même – Langage du symbole – Éventuels obstacles...
Le pouvoir de la foi et des émotions – Dynamisez votre souhait – La force de la conviction – Éliminez les émotions négatives...
Transformation intérieure – Votre sanctuaire caché – La conscience cosmique...
Comment stimuler votre activité mentale – Le temps des réalisations concrètes – Délaissez vos anciennes habitudes – Le mérite – Le bien-fondé de vos actions...
Comment pratiquer le training mental – Les huit étapes – Technique des 21 jours – Méthode « rapide » – Ayez toujours conscience de réussir...
Pensée créatrice et art de vivre – Choix entre négatif et positif – Face aux difficultés – Expériences douloureuses – L'âge – Éliminez le négatif, recherchez le positif en tout...

Chez le même éditeur :

Josephine M. HARPER & R. Michael MILLER :

COMMENT DÉVELOPPER VOTRE ÉNERGIE PSYCHIQUE.

Méthode pratique d'accroissement de vos pouvoirs énergétiques.

Traduit de l'anglais par Martine Hervieux Damon.
Format 15 x 21 ; 176 pages ; illustré (photos).

Les pouvoirs psychiques – leurs manifestations et leurs potentialités – font partie de notre patrimoine génétique. **Nous sommes tous médiums,** à des degrés divers. Pour certains d'entre nous ces potentialités sont latentes mais, pour la plupart, nous les utilisons au quotidien sans même en avoir conscience. Bien souvent, nous n'identifions pas nos intuitions et nos perceptions en tant que telles, pas plus que nous ne faisons le lien entre elles et les pouvoirs spectaculaires que possèdent certains individus. **Tous les êtres vivants produisent de l'énergie psychique et la transmettent ;** cet échange participe de la communication entre les êtres humains. L'intégration de ces potentialités et leur développement passent nécessairement par l'apprentissage d'une **méthode d'utilisation consciente et maîtrisée.** Ce manuel – unique en son genre – vous guide pas à pas dans un cours progressif de développement de vos capacités psychiques. Il vous montrera comment cette énergie émane de tous les êtres vivants en un échange incessant, et vous apprendra comment vous pouvez *concrètement* la percevoir, la contrôler, la développer et la mettre en œuvre dans vos rapports avec les autres.

Au travers d'exercices à deux ou en groupe (travailler avec un partenaire permet d'obtenir un feed-back), illustrés par des photographies étonnantes, vous apprendrez :
- A prendre conscience de votre énergie psychique, puis à la contrôler...
- La purification psychique de vous-même, des autres, d'un lieu, d'un objet...
- La communication psychique (télépathie) entre plusieurs personnes, la perception des charges émotionnelles, des résistances, des autres énergies...
- La syntonisation (harmonisation) psychique avec une autre personne, l'absorption et l'émission d'énergie, l'harmonisation d'un groupe...
- La perception visuelle des énergies, le modelage des formes d'énergie, la psychométrie (clairvoyance)...
- Comment éviter les déperditions d'énergie (écran de protection, position de sécurité), l'autodéfense psychique contre les énergies négatives (enveloppe de protection, test de résistance, isolation de soi ou des autres...).

EXTRAIT DE LA TABLE DES MATIÈRES :

Principes de l'énergie psychique – Echanges d'énergie – L'absorption – Positions de contact avec le sol – Circulation de l'énergie – Pour accroître votre énergie ou celle d'un ami...
Purification psychique – La chute d'eau – Gommage – Purification des autres, d'un lieu, des bijoux – Test musculaire – Effets physiques des émotions...
Communication psychique – Emission et perception des pensées – Charges émotionnelles – Perception de l'énergie directe – Emotions et résistance physique...
Syntonisation psychique – Vos rapports avec les autres – Méthodes de rapport d'énergie...
Niveau supérieur de perception – Energie et modelage des formes – Perception visuelle – Psychométrie de niveau supérieur (clairvoyance générale ou précise)...
Pour éviter la déperdition d'énergie – Causes et symptômes – Canaux d'énergie – Position de sécurité – Mise en place d'un écran de sécurité – Fermeture des points d'échange...
Autodéfense psychique – Purification d'un lieu – Rapports, échanges et déperdition d'énergie – Protection d'un groupe – Défense contre les agressions d'un groupe...